新时代
新征程
新伟业

辛向阳　贺新元◎主编

人民日报出版社

北京

图书在版编目（CIP）数据

新时代 新征程 新伟业 / 辛向阳, 贺新元主编
. -- 北京 : 人民日报出版社, 2024.1
ISBN 978-7-5115-7854-9

Ⅰ.①新… Ⅱ.①辛… ②贺… Ⅲ.①中国特色－社
会主义建设模式－文集 Ⅳ.①D616-53

中国国家版本馆CIP数据核字(2023)第097203号

书　　名：新时代　新征程　新伟业
　　　　　XINSHIDAI XINZHENGCHENG XINWEIYE
主　　编：辛向阳　贺新元

出 版 人：刘华新
策 划 人：欧阳辉
责任编辑：周海燕　孙　祺
装帧设计：元泰书装

出版发行：人民日报出版社
社　　址：北京金台西路2号
邮政编码：100733
发行热线：（010）65369509 65369512 65363531 65363528
邮购热线：（010）65369530 65363527
编辑热线：（010）65369518
网　　址：www.peopledailypress.com
经　　销：新华书店
印　　刷：大厂回族自治县彩虹印刷有限公司
法律顾问：北京科宇律师事务所　（010）83622312

开　　本：710mm×1000mm　　　1/16
字　　数：260千字
印　　张：19.25
版　　次：2024年1月第1版
印　　次：2024年1月第1次印刷

书　　号：ISBN 978-7-5115-7854-9
定　　价：58.00元

目 录

下 篇

以中国式现代化推进中华民族伟大复兴

上　篇

新时代十年的伟大变革

新时代　新征程　新伟业

开辟马克思主义中国化时代化新境界

林建华

一个民族要走在时代前列，就一刻不能没有理论思维，一刻不能没有正确思想指引。马克思主义是为人类求解放的科学思想理论体系，是我们党立党立国、兴党兴国的根本指导思想。党的百年奋斗历史和实践告诉我们，中国共产党为什么能，中国特色社会主义为什么好，归根到底是马克思主义行，是中国化时代化的马克思主义行。

马克思主义中国化，就是把马克思主义基本原理同中国具体实际相结合、同中华优秀传统文化相结合；马克思主义创立于 19 世纪，它要研究 19 世纪的问题，它还要研究 20 世纪、21 世纪的问题，这就是马克思主义时代化。马克思主义时代化，就是适应时代的需求、引领时代的发展。马克思主义中国化时代化的接续推进与中国化时代化的马克思主义的不断创新，是一个相辅相成、相得益彰的过程。在这一过程中，中国共产党人不断谱写马克思主义中国化时代化新篇章，实现马克思主义中国化时代化新飞跃，开辟马克思主义中国化时代化新境界。

马克思主义中国化时代化是一个不断推进的过程，是一个追求真理、揭示真理、笃行真理的过程。在这一过程中，中国共产党人始终坚持以科学的态度对待科学、以真理的精神追求真理，致力于"解决中国问题，创造些新的东西"。毛泽东同志指出，中国革命斗争的胜利要靠中国同志了解中国情况。邓小平同志指出，中国的事情要按照中国的情况来办，要依靠中国人自己的力量来办。习近平总书记强调，马克思主义的中国篇章是中国共产党人依靠自身力量实践出来的，贯穿其中的一个基本点就是中国的问题必须从中国基本国情出发，由中国人自己来解答。马克思主义中国化时代化书写的就是马克思主义的中国篇章。在这一过程中，中国共产党人先后创立了毛泽东思想、邓小平理论，形成了"三个代表"重要思想、科学发展观，创立了习近平新时代中国特色社会主义思想，先后创造了新民主主义革命的伟大成就、社会主义革命和建设的伟大成就、改革开放和社会主义现代化建设的伟大成就、新时代中国特色社会主义的伟大成就。真理源于实践，真理之光照亮复兴之路。推进马克思主义中国化时代化的过程，就是揭示中国共产党为什么能，中国特色社会主义为什么好，归根到底是马克思主义行，是中国化时代化的马克思主义行的逻辑理路的过程。

习近平新时代中国特色社会主义思想谱写了马克思主义中国化时代化新篇章，实现了马克思主义中国化时代化新的飞跃。"一切划时代的体系的真正的内容都是由于产生这些体系的那个时期的需要而形成起来的。"党的十八大以来，面对世界之变、时代之变、历史之变，面对中国之问、世界之问、人民之问、时代之问，着眼解决新时代党和国家事业发展的一系列重大理论和实践问题，以习近平同志为主要代表的中国共产党人创立了习近平新时代中国特色社会主义思想。党的十九大、十九届六中全会提出的"十个明确"、"十四个坚持"、"十三个方面成就"概括了这一思想的主要内容。这一思想，指导新时代中国采取一系列战略性举措，推进一系列变革性实践，实现一系列突破性进展，取得一系列标志性成果。这一思想，统揽改革发展稳定、内政外交国防、治党治国治军，贯通马克思主义哲学、政治经济学、科学社会主义，深刻体现中国特色社会主义道路、理论、制度、文化的内在统一，深刻反映中国特色社会主义历史逻辑、理论逻辑、实践逻辑的有机统一。这一思想，以全新视野深化了对共产党执政规律、社会主义建设规律、人类社会发展规律的认识，是马克思主义中国化时代化的重大理论创新成果。

　　牢牢把握习近平新时代中国特色社会主义思想的世界观和方法论。马克思主义、中国化时代化的马克思主义，是中国共产党人的"真经"。马克思主义之所以行，是因为它揭示了客观世界特别是人类社会发展的一般规律，为我们认识世界、改造世界提供了科学的世界观和方法论。中国化时代化的马克思主义之所以行，是因为它立足时代特征、扎根中国大地，赋予马克思主义这一科学真理新的生命活力。党的二十大报告再次强调要把马克思主义基本原理同中国具体实际相结合、同中华优秀传统文化相结合。要"把马克思主义思想精髓同中华优秀传统文化精华贯通起来、同人民群众日用而不觉的共同价值观念融通起来，不断赋予科学理论鲜明的中国特色"。世界观是人们对整个世界的总体看法和根本观点，方法论是指导人们认识世界、改造世界的最一般、最根本的思维方式和思维理念。世界观与方法论是一致的，有什么样的世界观就有什么样的方法论。世界观指导方法论，方法论贯彻世界观。与方法论相比，世界观更具有根本性。真学真懂真信真用习近平新时代中国特色社会主义思想，不仅要"知其言"，还要"知其义"，更要"知其原义"；不仅要"知其然"，还要"知其所以然"，更要"知其所以必然"。这个"义"和"原义"，"所以然"和"所以必然"，其中最主要的就是习近平新时代中国特色社会主义思想的世界观和方法论，即必须坚持人民至上、必须坚持自信自立、必须坚持守正创新、必须坚持问题导向、必须坚持系统观念、必须坚持胸怀天下。只有完整、系统、深刻地把握习近平新时代中国特色社会主义思想的世界观和方法论，以及贯穿其中的立场观点方法，我们才能真正领悟习近平新时代中国特色社会主义思想的精髓要义，才能真正领悟习近平新时代中国特色社会主义思想的道理学理哲理，才能真正运用习近平新时代中国特色社会主义思想来指导实践、推动工作，奋进新征程，建功新时代。

（作者为中国社会科学院马克思主义研究院副院长、教授）

（《贵州日报》2022 年 10 月 27 日第 T4 版）

"五个牢牢把握"：学习二十大精神的"金钥匙"

林建华

学习贯彻党的二十大精神，是当前和今后相当长一个时期党和国家的首要政治任务。习近平总书记在参加党的二十大广西代表团讨论时强调，学习贯彻党的二十大精神，要牢牢把握过去 5 年工作和新时代 10 年伟大变革的重大意义，牢牢把握新时代中国特色社会主义思想的世界观和方法论，牢牢把握以中国式现代化推进中华民族伟大复兴的使命任务，牢牢把握以伟大自我革命引领伟大社会革命的重要要求，牢牢把握团结奋斗的时代要求。"五个牢牢把握"，是学习贯彻党的二十大精神的"金钥匙"，具有方法论的重要指导意义。

牢牢把握过去 5 年工作和新时代 10 年伟大变革的重大意义，坚定历史自信，增强历史自觉，把握历史主动

党的十九大以来的 5 年是极不寻常、极不平凡的 5 年。5 年间，我们党团结带领全国人民，攻克了许多长期没有解决的难题，办成了许多

事关长远的大事要事，推动党和国家事业取得举世瞩目的重大成就。过去5年是新时代10年的重要组成部分。新时代10年，党和国家事业取得历史性成就、发生历史性变革，并集中体现在理论创新、党的领导、战略部署、脱贫攻坚、新发展理念、全面深化改革等16个方面。实践证明，党的十八大以来，党中央的大政方针和工作部署是完全正确的。

新时代10年的伟大变革，在党史、新中国史、改革开放史、社会主义发展史、中华民族发展史上具有重要里程碑意义。新时代的伟大成就是党和人民一道拼出来、干出来、奋斗出来的，根本在于有以习近平同志为核心的党中央掌舵领航，根本在于有习近平新时代中国特色社会主义思想科学指引。

成就来之不易，经验弥足珍贵。只有牢牢把握过去5年工作和新时代10年伟大变革的重大意义，我们才能更好地理解新时代中国特色社会主义所处的历史方位，进一步增强全党全国各族人民的自信心、自豪感以及志气、骨气、底气，使全体党员干部深刻领悟"两个确立"的决定性意义，增强"四个意识"、坚定"四个自信"、做到"两个维护"，坚定不移推进中华民族伟大复兴历史进程。基于此，在新时代新征程上，我们要进一步坚定历史自信，增强历史自觉，把握历史主动，奋力谱写新时代中国特色社会主义更加绚丽的华章。

牢牢把握习近平新时代中国特色社会主义思想的世界观和方法论，深刻领会党的创新理论蕴含的道理学理哲理

科学的思想理论，引领伟大的实践探索；非凡的伟大变革，推动理论创新的前行步伐。党的十八大以来，我们党勇于进行理论探索和创新，以全新的视野深化对共产党执政规律、社会主义建设规律、人类社

会发展规律的认识，取得重大理论创新成果，集中体现为习近平新时代中国特色社会主义思想。

真学真懂真信真用习近平新时代中国特色社会主义思想，不仅要"知其言"，还要"知其义"，更要"知其原义"；不仅要"知其然"，还要"知其所以然"，更要"知其所以必然"。这个"义"和"原义"、"所以然"和"所以必然"，其中最主要的就是习近平新时代中国特色社会主义思想的世界观和方法论。

党的二十大报告指出："继续推进实践基础上的理论创新，首先要把握好新时代中国特色社会主义思想的世界观和方法论，坚持好、运用好贯穿其中的立场观点方法。"具体而言，其一，必须坚持人民至上，站稳人民立场、把握人民愿望、尊重人民创造、集中人民智慧。其二，必须坚持自信自立，从中国基本国情出发，由中国人自己来解决中国的问题、创造些新的东西。其三，必须坚持守正创新，敢于说前人没有说过的新话，敢于干前人没有干过的事情，以新的理论指导新的实践。其四，必须坚持问题导向，增强问题意识，科学对待问题，懂得理论的根本任务是回答并指导解决问题。其五，必须坚持系统观念，不断提高一系列思维能力，把握好一系列关系，认清我国基本国情，为前瞻性思考、全局性谋划、整体性推进党和国家各项事业提供科学思维方法。其六，必须坚持胸怀天下，既为中国人民谋幸福、为中华民族谋复兴，同时也为人类谋进步、为世界谋大同，全面建设更加美好的中国、推动建设更加美好的世界。

这"六个必须坚持"，系统诠释了习近平新时代中国特色社会主义思想的根本立场、精神品格、科学态度、实践要求、思想方法、崇高境界，以及其内蕴的道理学理哲理，深刻揭示了习近平新时代中国特色社会主义思想的精髓要义。

牢牢把握以中国式现代化推进中华民族伟大复兴的使命任务，明确中国共产党要干什么的根本问题

历史总是在接力中前进的，一代人有一代人的使命任务。一百多年来，中国共产党团结带领中国人民进行的一切奋斗、一切牺牲、一切创造，归结起来就是一个主题：实现中华民族伟大复兴。百年主题，矢志不渝，这在世界政党发展史上是绝无仅有的。党的二十大报告强调，从现在起，中国共产党的中心任务就是团结带领全国各族人民全面建成社会主义现代化强国、实现第二个百年奋斗目标，以中国式现代化全面推进中华民族伟大复兴。

进入新时代以来，党对建设社会主义现代化国家在认识上不断深入、战略上不断成熟、实践上不断丰富，成功推进和拓展了中国式现代化。党的二十大报告创造性提出了中国式现代化的本质要求，即坚持中国共产党领导，坚持中国特色社会主义，实现高质量发展，发展全过程人民民主，丰富人民精神世界，实现全体人民共同富裕，促进人与自然和谐共生，推动构建人类命运共同体，创造人类文明新形态。中国式现代化，归根到底是中国共产党领导的社会主义现代化，而不是什么别的现代化。

现代化与中华民族伟大复兴紧密连在一起，都是中国共产党人的百年追求。建设社会主义现代化国家是新中国成立以来中国共产党从"一五"计划到"十四五"规划一以贯之的主题。中国式现代化扎根中国大地，切合中国实际。明确中国式现代化的中国特色、本质要求和重大原则，丰富和发展了习近平新时代中国特色社会主义思想，反映了以中国式现代化全面推进中华民族伟大复兴的历史自觉，回答了中国共产

党要干什么的根本问题。只有牢牢把握以中国式现代化推进中华民族伟大复兴的使命任务，才能使我们党在新时代新征程上既不走封闭僵化的老路，也不走改旗易帜的邪路，从而更好地坚持把国家和民族发展放在自己力量的基点上、把中国发展进步的命运牢牢掌握在自己手中，在走符合中国国情的正确道路上行稳致远。

牢牢把握以伟大自我革命引领伟大社会革命的重要要求，确保中国共产党永远不变质、不变色、不变味

全面建设社会主义现代化国家、全面推进中华民族伟大复兴，关键在党。坚持党的全面领导是坚持和发展中国特色社会主义的必由之路。坚持党的全面领导，就要做到坚决维护党中央权威和集中统一领导，把党的领导落实到党和国家各项事业各领域各方面各环节，使党始终成为风雨来袭时全体人民最可靠的主心骨。

党的十八大以来，党中央以"十年磨一剑"的定力推进全面从严治党，以"得罪千百人，不负十四亿"的使命担当推进史无前例的反腐败斗争，打出一套自我革命的"组合拳"。经过不懈努力，党找到了自我革命这一跳出治乱兴衰历史周期率的第二个答案，自我净化、自我完善、自我革新、自我提高能力显著增强，管党治党宽松软状况得到根本扭转。

中国共产党人的事业没有休止符，全面从严治党永远在路上，党的自我革命永远在路上，决不能松劲歇脚、疲劳厌战。我们要永葆赶考的清醒和坚定，时刻保持解决大党独有难题的清醒和坚定，深刻认识党面临的执政考验、改革开放考验、市场经济考验、外部环境考验将长期存在，精神懈怠危险、能力不足危险、脱离群众危险、消极腐败危险将长

期存在。我们必须牢牢把握反腐败斗争新的阶段性特征，防范形形色色的利益集团成伙作势、"围猎"腐蚀还任重道远；有效应对腐败手段隐形变异、翻新升级还任重道远；彻底铲除腐败滋生土壤、实现海晏河清还任重道远；清理系统性腐败、化解风险隐患还任重道远，必须永远吹冲锋号，坚持不敢腐、不能腐、不想腐一体推进，锲而不舍落实中央八项规定精神，持续深化纠治"四风"。

在新时代新征程上，全党同志务必不忘初心、牢记使命，务必谦虚谨慎、艰苦奋斗，务必敢于斗争、善于斗争，以伟大自我革命引领伟大社会革命，确保党永远不变质、不变色、不变味，确保始终成为中国特色社会主义事业坚强领导核心，在走好新的赶考路上交出永载史册的答卷，不断谱写中华民族千秋伟业新篇章。

牢牢把握团结奋斗的时代要求，创造新的伟业，开辟美好未来

团结奋斗是中国人民创造历史伟业的必由之路。团结才能胜利，奋斗才会成功。党的十八大以来，我们党紧紧依靠人民，稳经济、促发展，战贫困、建小康，控疫情、抗大灾，应变局、化危机，攻克一个个看似不可攻克的难关险阻，创造一个个令人刮目相看的人间奇迹。

牢牢把握团结奋斗的时代要求，必须坚持全心全意为人民服务的根本宗旨，树牢群众观点，贯彻群众路线，尊重人民首创精神，坚持一切为了人民、一切依靠人民，从群众中来、到群众中去，始终保持同人民群众的血肉联系，始终接受人民批评和监督，始终同人民同呼吸、共命运、心连心，不断巩固全国各族人民大团结，加强海内外中华儿女大团结，同心共圆中国梦。

新时代新征程，只有牢牢把握团结奋斗的时代要求，才能以自信自强、守正创新、踔厉奋发、勇毅前行的精神状态，继续高举中国特色社会主义伟大旗帜，撸起袖子加油干、风雨无阻向前行，不折不扣、脚踏实地、一步一个脚印把党的二十大作出的重大决策部署付诸行动、见诸成效。空谈误国、实干兴邦。我们靠团结奋斗创造了辉煌历史，还要靠团结奋斗开辟美好未来。正如习近平总书记所要求的，全党全国各族人民要在党的旗帜下团结成"一块坚硬的钢铁"，心往一处想、劲往一处使，推动中华民族伟大复兴号巨轮乘风破浪、扬帆远航。

（作者为中国社会科学院马克思主义研究院副院长、教授）

（《北京日报》2022 年 10 月 31 日第 13 版）

弘扬全人类共同价值，推动构建人类命运共同体

龚　云

中国共产党是为中国人民谋幸福、为中华民族谋复兴的政党，也是为人类谋进步、为世界谋大同的政党。党的二十大报告提出"促进世界和平与发展，推动构建人类命运共同体"，并将"推动构建人类命运共同体"作为中国式现代化的本质要求之一。构建人类命运共同体理念，是回答和解决当今世界面临的时代之问的中国方案，是给世界人民带来福祉的人间正道，引领了中国特色大国外交理论与实践创新，为人类社会实现共同发展、持续繁荣、长治久安绘制了蓝图，体现了中国将自身发展与世界发展相统一的全球视野、世界胸怀和大国担当。

回答和解决世界之问、时代之问的中国方案

马克思、恩格斯曾指出，各民族的原始封闭状态由于日益完善的生产方式、交往以及因交往而自然形成的不同民族之间的分工消灭得越是彻底，历史也就越是成为世界历史。当今世界仍然处于马克思所说的大

的历史时代。

　　世界百年未有之大变局呼唤人类命运与共。当前，世界之变、时代之变、历史之变正以前所未有的方式展开，人类社会面临前所未有的挑战。一方面，和平、发展、合作、共赢的历史潮流不可阻挡，人心所向、大势所趋决定了人类前途终归光明。另一方面，恃强凌弱、巧取豪夺、零和博弈等霸权霸道霸凌行径危害深重，和平赤字、发展赤字、安全赤字、治理赤字加重，人类社会面临前所未有的挑战。世界又一次站在历史的十字路口，何去何从取决于各国人民的抉择。当今世界正在经历百年未有之大变局，这场变局不限于一时一事、一国一域，而是深刻而宏阔的时代之变。时代之变和世纪疫情相互叠加，世界进入新的动荡变革期。如何战胜疫情？如何建设疫后世界？这是世界各国人民共同关心的重大问题，也是必须回答的紧迫的重大课题。

　　全球性问题推动人类全球协作。当今世界面临的全球性问题数量之多、规模之大、程度之深前所未有，世界各国人民的前途命运越来越紧密地联系在一起。宇宙只有一个地球，人类共有一个家园。当今世界充满不确定性不稳定性，人们对未来既充满期待又倍感困惑。世界怎么了、我们怎么办？这是全世界都在思考的问题。正如习近平总书记所指出的："人类面临的所有全球性问题，任何一国想单打独斗都无法解决，必须开展全球行动、全球应对、全球合作。"

　　全球治理体系变革催生人类命运共同体理念。全球治理体系变革正处在历史转折点上。国际力量对比正在发生深刻变化，新兴市场国家和一大批发展中国家快速发展，国际影响力不断增强，是近代以来国际力量对比中最具革命性的变化。经济全球化深入发展，把世界各国利益和命运更紧密地联系在一起，形成了你中有我、我中有你的利益共同体。现在，世界上的事情越来越需要各国共同商量着办，建立国际机制、遵守国际规则、追求国际正义成为多数国家的共识。很多问题不再局限于一国内部，很多挑战也不再是一国之力所能应付，全球性挑战需要共商共建共享。加强全球治理、推进全球治理体系变革是大势所趋，而全球治理体系变革离不开正确理念的引领。

党的十八大以来，习近平总书记深刻把握新时代中国和世界发展大势，统筹中华民族伟大复兴战略全局和世界百年未有之大变局，代表中国共产党人和中华民族提出了中国方案："世界上的问题错综复杂，解决问题的出路是维护和践行多边主义，推动构建人类命运共同体。"人类命运共同体，顾名思义，就是每个民族、每个国家的前途命运都紧紧联系在一起，应该风雨同舟、荣辱与共，努力把我们生于斯、长于斯的这个星球建成一个和睦的大家庭，把世界各国人民对美好生活的向往变成现实。构建人类命运共同体，核心要义就是要建设持久和平、普遍安全、共同繁荣、开放包容、清洁美丽的世界。推动构建人类命运共同体，不是以一种制度代替另一种制度，不是以一种文明代替另一种文明，而是不同社会制度、不同意识形态、不同历史文化、不同发展水平的国家在国际事务中利益共生、权力共享、责任共担，形成共建美好世界的最大公约数。构建人类命运共同体，既是一个历史过程，也是一个长远目标。只要各方树立这个理念，一起来规划，一起来实践，一点一滴坚持努力，日积月累不懈奋斗，构建人类命运共同体的崇高目标就一定能够实现。

引领时代潮流和人类前进方向的鲜明旗帜

构建人类命运共同体，成为新时代中国对外工作的总目标，得到国际社会日益广泛的认同与支持。十年来，这一倡议得到越来越多国家和人民欢迎和认同，成为引领时代潮流和人类前进方向的鲜明旗帜，展现出光明灿烂的前景。

2017年10月，党的十九大报告把推动构建人类命运共同体作为新时代坚持和发展中国特色社会主义的基本方略之一，并写入新修改的《中国共产党章程》，体现了我们党对人类命运的责任意识，彰显了我们党维护世界和平、促进共同发展的使命担当。2018年3月，第十三届全国人民代表大会第一次会议通过的《中华人民共和国宪法修正案》的序言部分写入推动构建人类命运共同体内容，这是1982年宪法公布实施后，首次充实完善宪法中关于外交政策方面的内容，使构建人类命运共同体思想上升为国家意志。

2017年2月10日，联合国社会发展委员会第55届会议协商一致通过"非洲发展新伙伴关系的社会层面"决议，呼吁国际社会本着合作共赢和构建人类命运共同体的精神，加强对非洲经济社会发展的支持，这是联合国决议首次写入构建人类命运共同体内容；2017年3月17日，联合国安理会一致通过关于阿富汗问题第2344号决议，强调应本着合作共赢精神推进地区合作，以有效促进阿富汗及地区安全、稳定和发展，构建人类命运共同体，这是安理会决议首次纳入人类命运共同体内容；2017年3月23日，联合国人权理事会第34次会议通过关于"经济、社会、文化权利"和"粮食权"两个决议，明确表示要构建人类命运共同体，这是人权理事会决议首次写入构建人类命运共同体内容；2017年6月22日，联合国人权理事会通过由中国提出、70余国联署的"发展对享有所有人权的贡献"决议，首次将"发展促进人权"理念引入国际人权体系，明确构建人类命运共同体是国际社会的共同愿望；2017年9月11日，第71届联合国大会通过关于"联合国与全球经济治理"决议，重申联合国应本着合作共赢精神，继续发挥核心作用，寻求应对全球性挑战的共同之策，构建人类命运共同体；2017 年 10 月 30 日，第 71 届联合国大会通过的"不首先在外层空间放置武器"和"防止外层空间军备竞赛的进一步切实措施"的两份决议写入构建人类命运共同体内容；2021 年 11 月，"人类命运共同体"写入第 76 届联合国大会裁军与国际安全委员会"不首先在外空部署武器"决议，这是联大决议连续 5 年写入"人类命运共同体"理念。构建人类命运共同体内容载入联合国多项决议，有助于使这一中国理念变成全球性共识，对于通过国际法途径来推动构建人类命运共同体具有重要和深远意义。

构建人类命运共同体从根本上回应了世界各国追求发展进步的普遍诉求，凝聚了各国人民建设美好未来的最大公约数，日益受到国际社会的广泛欢迎和支持。联合国前任秘书长潘基文认为："习近平主席的讲话强调这样一个愿景：构建人类命运共同体，这为所有联合国会员国提供了启发。"第 71 届联合国大会主席彼得·汤姆森指出，构建人类命运共同体，是"人类在这个星球上的唯一未来"。俄罗斯中国友好协会副主席谢尔盖·萨纳科耶夫表示，"构建人类命运共同体理念具有重要的现实意义，为人类走出当前危机指明方向，为推动世界和平发展、繁荣进步提供启迪"。哈佛大学费正清中国研究中心研究员罗斯·特里尔评价称，人类命运共同体理念展现了中国对同世界各国关系长远发展的战略考量，为国际格局新秩序的建立带来新动力。

在世界发展处在新的十字路口之际，构建人类命运共同体理念为"世界向何处去"这一"元问题"打开了新的思考视角，擘画了新的愿景。这份中国方略，闪耀着中华优秀传统文化光芒，继承了新中国外交优良传统，彰显出国际主义的崇高追求。它超越一国一域的狭隘视角、传统现实主义的理论窠臼，超越了冷战思维、零和博弈、文明冲突的陈旧观念，以系统观念、辩证思维看待"自我"与"他者"、"多元"与"一体"的关系，以深邃的历史眼光、博大的天下情怀思考关乎人类前途命运的重大课题。构建人类命运共同体是大势所趋，更是人心所向。在国家层面，中国与越来越多的伙伴构建双边命运共同体；在地区范围，周边、亚太、中国—东盟、上合组织、中非、中拉、中阿、中国—太平洋岛国命运共同体等已结出丰硕成果；在全球领域，中方倡议构建网络空间命运共同体、核安全命运共同体、海洋命运共同体、人类卫生健康共同体等得到积极响应。

在新征程上继续推动构建人类命运共同体

当前，我们所处的时代充满挑战，也充满希望。党的二十大继续高举构建人类命运共同体旗帜。世界各国人民应该一道努力，回应时代呼唤，加强全球治理，以创新引领发展，朝着构建人类命运共同体的方向不断迈进。

弘扬全人类共同价值。和平、发展、公平、正义、民主、自由，是全人类的共同价值，也是联合国的崇高目标。目标远未完成，人类仍须努力。习近平总书记指出："和平与发展是我们的共同事业，公平正义是我们的共同理想，民主自由是我们的共同追求。"这体现了中华文明和衷共济、和合共生的一贯追求，反映了新时代中国对人类文明发展和前途命运的深沉思考，寄托着各国人民对美好生活的共同企盼。在包容"不同"中寻求"共同"，在尊重"差异"中谋求"大同"，正是"共同价值"超越所谓"普世价值"、文明交流互鉴理念打破"西方中心论"的进步意义所在。全人类共同价值将中华民族鲜明的价值追求延展至世界维度，契合了世界各国人民的共同利益、共同理想、共同追求，为解决人类社会面临的问题挑战提供了重要启迪。

遵循国际社会基本原则。新征程上，多边主义要守正出新、面向未来，既要坚持多边主义的核心价值和基本原则，也要立足世界格局变化，着眼应对全球性挑战需要，在广泛协商、凝聚共识基础上改革和完善全球治理体系。习近平总书记指出："纵观近代以来的历史，建立公正合理的国际秩序是人类孜孜以求的目标。从360多年前《威斯特伐利亚和约》确立的平等和主权原则，到150多年前日内瓦公约确立的国际人道主义精神；从70多年前联合国宪章明确的四大宗旨和七项原则，到60多年前万隆会议倡导的和平共处五项原则，国际关系演变积累了一系列公认的原则。这些原则应该成为构建人类命运共同体的基本遵循。"具体来说，应该遵循主权平等、沟通协商、法治正义、开放包容、人道主义等原则。

坚持全方位推进。构建人类命运共同体，关键在行动。新征程上，国际社会要在伙伴关系、安全格局、经济发展、文明交流、生态建设等方面共同努力。坚持对话协商，建设一个持久和平的世界。各国要相互尊重、平等协商，坚决摒弃冷战思维和强权政治；坚持共建共享，建设一个普遍安全的世界。各方应该树立共同、综合、合作、可持续的安全观，统筹应对传统和非传统安全威胁，反对一切形式的恐怖主义。坚持共建共享，建设一个共同繁荣的世界。各国应该坚持你好我好大家好的理念，推进经济全球化，创造全人类共同发展的良好条件，共同推进世界各国发展繁荣，让发展成果惠及世界各国，让人人享有富足安康。坚持交流互鉴，建设一个开放包容的世界。坚持世界是丰富多彩的、文明是多样的理念，让人类创造的各种文明交相辉映，编织出斑斓绚丽的图景，共同打破阻碍人类交往的精神隔阂，让各种文明和谐共存，让人人享有文化滋养。坚持绿色低碳，建设一个清洁美丽的世界。要倡导绿色、低碳、循环、可持续的生产生活方式，构筑尊崇自然、绿色发展的生态体系，保护好人类赖以生存的地球家园。

推动建设新型国际关系。构建人类命运共同体是目标和方向，建设相互尊重、公平正义、合作共赢的新型国际关系是前提和路径，实质是要走出一条国与国交往的新路，并为构建人类命运共同体开辟道路、创造条件。坚持共同享受尊严，国家不分大小、强弱、贫富一律平等，尊重各国人民自主选择发展道路的权利，反对干涉别国内政，维护国际公平正义；坚持共同享受发展成果，每个国家在谋求自身发展的同时，要积极促进其他各国发展；坚持共同享受安全保障，各国要同心协力，妥善应对各种问题和挑战，单打独斗不行，迷信武力更不行，合作安全、集体安全、共同安全才是解决问题的正确选择；坚持世界的命运必须由各国人民共同掌握，各国主权范围的事情只能由本国政府和人民去管，世界上的事情只能由各国政府和人民共同商量来办。

"青山一道同云雨，明月何曾是两乡。"人类只有一个地球，人类也只有一个共同的未来。无论是应对眼下的危机，还是共创美好的未来，人类都需要同舟共济、团结合作。实践一再证明，人类和平发展进步的潮流不可阻挡，任何以邻为壑的做法，任何单打独斗的思路，任何孤芳自赏的傲慢，最终都必然归于失败。全球应该命运与共，让多边主义火炬照亮人类前行之路，站在历史正确的一边，站在人类进步的一边，向着构建人类命运共同体、共同建设美好世界前进。

（作者为中国社会科学院马克思主义研究院副院长、研究员）

（《解放日报》2022 年 10 月 31 日特刊 15 版）

新时代十年伟大变革具有里程碑意义

戴立兴　代　鑫

党的二十大报告指出："新时代十年的伟大变革，在党史、新中国史、改革开放史、社会主义发展史、中华民族发展史上具有里程碑意义。"[①] 这一论断科学定义了新时代十年伟大变革的历史意义，具体可以从以下三个方面来理解。

新时代十年伟大变革对于中华民族伟大复兴具有里程碑意义

习近平总书记指出："一百年来，中国共产党团结带领中国人民进行的一切奋斗、一切牺牲、一切创造，归结起来就是一个主题：实现中华民族伟大复兴。"[②] 从我们党的百年奋斗不同阶段所取得的成就出发，衡量新时代十年伟大变革的历史意义，就能从更加宏阔的历史视角清晰

[①] 习近平：《高举中国特色社会主义伟大旗帜 为全面建设社会主义现代化国家而团结奋斗——在中国共产党第二十次全国代表大会上的报告》，人民出版社 2022 年版，第 15 页。

[②] 习近平：《在庆祝中国共产党成立 100 周年大会上的讲话》，人民出版社 2021 年版，第 3 页。

看出，新时代十年伟大变革在我们党推动实现中华民族伟大复兴的历史进程中具有的里程碑意义。

在新民主主义革命时期，我们党取得的成就主要包括两个方面：一方面，创立并建设了一个伟大的党，开创了党的建设的伟大工程；另一方面，找到了一条正确革命道路，完成了新民主主义革命任务，成立了中华人民共和国。中国人民从此站立起来了，中华民族的发展从此开启了新的历史纪元。

在社会主义革命和建设时期，我们党主要做了两件大事：一是领导确立了社会主义制度，二是领导进行了社会主义建设。这一时期，我国实现了中华民族有史以来最为广泛而深刻的社会变革，实现了一穷二白、人口众多的东方大国大步迈进社会主义社会的伟大飞跃。党在社会主义革命和建设中取得的独创性理论成果和巨大成就，为在新的历史时期开创中国特色社会主义提供了宝贵经验、理论准备、物质基础。

在改革开放和社会主义现代化建设新时期，我们党所取得的最大成就，是成功走出了中国特色社会主义道路。这一时期，我国实现了从生产力相对落后到经济总量跃居世界第二的历史性突破，实现了人民生活从温饱不足到总体小康、奔向全面小康的历史性跨越，实现了中华民族从站起来到富起来的伟大飞跃。

新时代十年伟大变革的里程碑意义，在于确保了中华民族伟大复兴进入不可逆转的历史进程。这十年，我们党紧紧依靠人民，实现了一系列突破性进展，取得了一系列标志性成果，稳经济、促发展，战贫困、建小康，控疫情、抗大灾，应变局、化危机，攻克了一个个看似不可攻克的艰难险阻，经受住了各种风险挑战考验，创造了一个个令人刮目相看的人间奇迹，党和国家事业取得历史性成就、发生历史性变革，推动我国迈上全面建设社会主义现代化国家新征程。这十年，脱贫攻坚、全面建成小康社会目标如期实现，这是中国共产党和中国人民团结奋斗赢得的历史性胜利，是彪炳中华民族发展史册的历史性胜利，也是对世界具有深远影响的历史性胜利。新时代十年伟大变革，为实现中华民族伟大复兴提供了更为完善的制度保证、更为坚实的物质基础、更为主动的精神力量，中华民族迎来了从站起来、富起来到强起来的伟大飞跃。

进入新时代以来，党对建设社会主义现代化国家在认识上不断深入、战略上不断成熟、实践上不断丰富，成功推进和拓展了中国式现代化。党的二十大报告提出："从现在起，中国共产党的中心任务就是团结带领全国各族人民全面建成社会主义现代化强国、实现第二个百年奋斗目标，以中国式现代化全面推进中华民族伟大复兴。"[1]围绕新时代新征程党的中心任务，党的二十大报告科学系统阐述了中国式现代化的中国特色、本质要求、战略安排和重大原则。中国式现代化扎根中国大地，切合中国实际。我们要在党的领导下，牢牢把握以中国式现代化推进中华民族伟大复兴的使命任务，始终把国家和民族发展放在自己力量的基点上，把中国发展进步的命运牢牢掌握在自己手中，牢牢把握团结奋斗的时代要求，坚定信心、守正创新，奋力谱写全面建设社会主义现代化国家和中华民族伟大复兴新篇章。

新时代十年伟大变革对于党的建设具有里程碑意义

新时代，党在革命性锻造中更加坚强有力，党的建设实现了具有里程碑意义的巨大变革。

党的领导全面加强。党的十八大以来，我国坚持和加强党的全面领

---

[1] 习近平：《高举中国特色社会主义伟大旗帜 为全面建设社会主义现代化国家而团结奋斗——在中国共产党第二十次全国代表大会上的报告》，人民出版社 2022 年版，第 21 页。

导，把党的领导贯穿到治国理政的全部活动中，党的领导制度体系不断健全完善，党的领导方式更加科学，党总揽全局、协调各方的领导核心作用得到充分发挥，党的领导存在的弱化、虚化、淡化问题从根本上得到了扭转。特别是坚持以党的政治建设为统领，深刻领悟"两个确立"的决定性意义，真正做到"两个维护"，确保了党的领导核心地位不断巩固。

党在革命性锻造中更加坚强有力。党的十八大以来，我们党以自我革命精神推进全面从严治党，刹住了一些过去被认为不可能刹住的歪风，纠治了一些多年未除的顽瘴痼疾，消除了党、国家、军队内部存在的严重隐患，开辟了新时代党的自我革命的新境界。表现在：以党的政治建设为统领，在根本政治方向上开辟了党的自我革命新境界；以思想建设为党的基础性建设，在淬炼锐利思想武器上开辟了党的自我革命新境界；强化纪律和作风约束，在丰富有效途径上开辟了党的自我革命新境界；以雷霆之势反腐惩恶，在打好攻坚战、持久战上开辟了党的自我革命新境界；夯实党的组织基础，在锻造敢于斗争、善于斗争、勇于自我革命的干部队伍上开辟了党的自我革命新境界；构建制度规范体系，在制度保障上开辟了党的自我革命新境界。在实现中华民族伟大复兴的关键时刻，党经受深刻洗礼锻造得更加坚强有力，形成强大前进动能。

探索出跳出历史周期率的成功道路。党的十八大以来，面对"四大危险""四大考验"，我们党积极探索跳出治乱兴衰历史周期率的答案。在推进全面从严治党、党的自我革命基础上，习近平总书记总结指出，对于如何跳出历史周期率问题，毛泽东同志在延安的窑洞里给出了第一个答案，这就是"只有让人民来监督政府，政府才不敢松懈"；"经过不懈努力，党找到了自我革命这一跳出治乱兴衰历史周期率的第二个答案"①。这两个答案是一致的、不矛盾的，统一于新时代坚持和发展中国特色社会主义的伟大实践。新时代，我们党以全面从严治党作为党自我革命的创新举措，严的主基调得到全面贯彻，同一切影响党的先进性、弱化党的纯洁性的问题作坚决斗争，党在革命性锻造中更加坚强，探索出一条长期执政条件下跳出历史周期率的成功道路，确保党不变质、不变色、不变味。

全面从严治党引领保障作用充分发挥。党的十八大以来，我们党始终坚持以伟大自我革命引领伟大社会革命，面对决胜全面建成小康社会、决战脱贫攻坚的历史重任和新冠疫情等风险挑战，我们党在大战大考中推进全面从严治党，有力发挥各级党组织领导核心作用、战斗堡垒作用和广大党员先锋模范作用，全面从严治党的政治引领和政治保障作用充分发挥，党的政治优势、组织优势和制度优势全面转化为制胜优势，推动新时代中国特色社会主义伟大事业不断发展。

党的二十大报告指出："全面建设社会主义现代化国家、全面推进中华民族伟大复兴，关键在党。"②我们党作为世界上最大的马克思主义执政党，要始终赢得人民拥护、巩固长期执政地位，必须时刻保持解决大党独有难题的清醒和坚定，持之以恒推进全面从严治党，深入推进新时代党的建设新的伟大工程，落实新时代党的建设总要求，健全全面从严治党体系，完善党的自我革命制度规范体系，以党的自我革命引领社会革命，确保我们党始终成为中国特色社会主义的坚强领导核心。

---

① 习近平：《高举中国特色社会主义伟大旗帜 为全面建设社会主义现代化国家而团结奋斗——在中国共产党第二十次全国代表大会上的报告》，人民出版社 2022 年版，第 14 页。

② 习近平：《高举中国特色社会主义伟大旗帜 为全面建设社会主义现代化国家而团结奋斗——在中国共产党第二十次全国代表大会上的报告》，人民出版社 2022 年版，第 63 页。

新时代十年伟大变革基础上形成的新思想具有里程碑意义

马克思主义是我们党和国家的根本指导思想。党的二十大报告指出："中国共产党为什么能，中国特色社会主义为什么好，归根到底是马克思主义行，是中国化时代化的马克思主义行。"[①] 这一论断，深刻揭示了推进党的指导思想不断与时俱进的重要意义。

在新民主主义革命时期，以毛泽东同志为主要代表的中国共产党人，开辟了农村包围城市、武装夺取政权的正确革命道路，创立了毛泽东思想，为夺取新民主主义革命胜利指明了正确方向。在社会主义革命和建设时期，我们党结合新的实际丰富和发展毛泽东思想，提出关于社会主义建设的一系列重要思想，这些独创性理论成果至今仍有重要指导意义。毛泽东思想是马克思主义中国化的第一次历史性飞跃。在改革开放和社会主义现代化建设新时期，我们党创立了中国特色社会主义理论体系，以邓小平同志为主要代表的中国共产党人，围绕什么是社会主义、怎样建设社会主义这一根本问题，成功开创了中国特色社会主义，创立了邓小平理论；党的十三届四中全会以后，以江泽民同志为主要代表的中国共产党人，形成了"三个代表"重要思想，成功把中国特色社会主义推向 21 世纪；党的十六大以后，以胡锦涛同志为主要代表的中国共产党人，形成了科学发展观，成功在新形势下坚持和发展了中国特色社会主义。

党的十八大以来，我们党勇于进行理论探索和创新，取得重大理论创新成果，集中体现为创立了习近平新时代中国特色社会主义思想。

---

① 习近平：《高举中国特色社会主义伟大旗帜 为全面建设社会主义现代化国家而团结奋斗——在中国共产党第二十次全国代表大会上的报告》，人民出版社 2022 年版，第 16 页。

习近平新时代中国特色社会主义思想是当代中国马克思主义、二十一世纪马克思主义，是中华文化和中国精神的时代精华，是马克思主义中国化时代化的最新理论成果，实现了新的飞跃，在马克思主义中国化时代化发展史上具有重要里程碑意义。党的十九大、十九届六中全会提出的"十个明确""十四个坚持""十三个方面成就"概括了这一思想的主要内容，必须长期坚持并不断丰富发展。

新时代十年的伟大变革，是在习近平新时代中国特色社会主义思想科学指引下取得的。新时代新征程，我们正意气风发迈上全面建设社会主义现代化国家新征程，向第二个百年奋斗目标进军，以中国式现代化全面推进中华民族伟大复兴，更加需要以习近平新时代中国特色社会主义思想为指引。这一重要思想是我们在前进道路上应对一切不确定性的最大确定性。

第一，关于伟大复兴的国情，强调中国仍处于并将长期处于社会主义初级阶段的判断，中国特色社会主义进入新时代，面临新的社会矛盾，科学回答了伟大复兴"从何处出发"的历史方位问题，使伟大复兴建立在清醒的方位判断基础之上。

第二，关于伟大复兴的奋斗目标，强调要建成富强民主文明和谐美丽的社会主义现代化强国，科学回答了伟大复兴"什么样子"的问题，使伟大复兴有了明确而丰富的具体内涵。

第三，关于伟大复兴的实现路径，强调以中国式现代化全面推进中华民族伟大复兴，全面建成社会主义现代化强国的总的战略安排是"分两步走"，科学回答了"怎么实现"伟大复兴的问题，使伟大复兴建立在科学实施的基础之上。

第四，关于伟大复兴的价值取向，强调人民至上的根本政治立场，坚持以人民为中心的发展思想，不断增强人民的获得感、幸福感、安全感，不断推进全体人民共同富裕，科学回答了伟大复兴"为了谁"的问题，使伟大复兴有了正确的价值追求。

第五，关于伟大复兴的领导力量，强调关键在党，科学回答了"谁来领导"伟大复兴的问题，使伟大复兴有了坚强的组织保证。

新时代新征程，必须牢牢把握习近平新时代中国特色社会主义思想的世界观和方法论，坚持好、运用好贯穿其中的立场观点方法。党的二十大报告强调，必须坚持人民至上、必须坚持自信自立、必须坚持守正创新、必须坚持问题导向、必须坚持系统观念、必须坚持胸怀天下，我们要认真领会其内含的丰富道理学理哲理，做到知其言更知其义、知其然更知其所以然，切实把党的创新理论贯彻落实到党和国家工作各方面全过程。

（作者分别为中国社会科学院马克思主义研究院研究员、中国社会科学院马克思主义研究院助理研究员）

（《世界社会主义研究》2022 年第 11 期）

开辟马克思主义中国化时代化新境界

贺新元

马克思主义是我们立党立国、兴党兴国的根本指导思想，但我们党并不拘泥于经典作家的具体论述，而是坚持不懈地推进马克思主义中国化时代化。新时代十年，以习近平同志为核心的党中央，深刻把握国际国内形势的新变化和实践新要求，从理论和实践的结合上深刻回答了关系党和国家事业发展、党治国理政的一系列重大时代课题，取得了一系列重大创新成果，集中体现为习近平新时代中国特色社会主义思想，实现了马克思主义中国化时代化新的飞跃，开辟了马克思主义中国化时代化新境界。

马克思主义必须本土化和时代化才能更好指导各国具体实践

实现马克思主义本土化和时代化是坚持和发展马克思主义的一般规律。马克思主义的科学性和真理性决定了其伟大的历史使命，其伟大历史使命决定了马克思主义的世界性。马克思主义在世界传播落地容易，但要扎根开花结果，必须本土化和时代化，要与具体国家和民族的历史文化、现实实践和时代特征相结合，只有这样，才能正确回答时代和实践不断提出的重大问题，才能始终保持其强大的生命力并实现其历史使命。这是从世界社会主义发展史中得出的一般性规律。马克思、恩格斯曾一再强调并告诫后人，他们的理论不是教条而是行动指南，"是进一步研究的出发点和供这种研究使用的方法"①。马克思主义不可能穷尽真理，而是不断为寻求真理、追求真理、揭示真理、笃行真理和发展真理开辟道路。依循着这条道路，俄国布尔什维克党在经济文化较为落后的俄国领导了十月革命，使科学社会主义由理论变为现实，并创立了列宁主义。列宁主义是以列宁为主要代表的俄国布尔什维克党人把马克思主义基本原理与俄国具体实际和当时帝国主义战争的时代特征相结合的理论产物，是俄国化时代化的马克思主义。

世界社会主义运动实践告诉我们，只要放弃马克思主义，或者在坚持和发展马克思主义过程中，没有把马克思主义基本原理同本国具体实际相结合、同本国优秀传统文化相结合、同时代特征相结合，社会主义事业就会遭到不同程度的挫折，如苏联解体、东欧剧变；只要坚持马克思主义，并始终把马克思主义基本原理同本国具体实际相结合、同本国优秀传统文化相结合、同时代特征相结合，社会主义事业就会不断发展，如中国和朝鲜、越南、老挝、古巴。在马克思主义本土化时代化进程中，做得最好的当数中国。在当时，与俄国经济文化同样落后的中国，在十月革命送来的马列主义指导下，诞生了中国共产党。在中国共产党领导下，创造了新民主主义革命的伟大成就、社会主义革命和建设的伟大成就、改革开放和社会主义现代化建设的伟大成就、新时代中国特色

---

① 《马克思恩格斯文集》第 10 卷，人民出版社 2009 年版，第 691 页。

社会主义的伟大成就，在不断深化对共产党执政规律、社会主义建设规律、人类社会发展规律的认识中，不断推进马克思主义中国化时代化，相继创立了毛泽东思想、邓小平理论，形成了"三个代表"重要思想、科学发展观，创立了习近平新时代中国特色社会主义思想。

"两个结合"是对马克思主义中国化时代化的规律性认识，既有特殊性又具普遍性

习近平总书记在庆祝中国共产党成立 100 周年大会上首次提出要把马克思主义基本原理同中国具体实际相结合、同中华优秀传统文化相结合，即"两个结合"的重大政治命题，随后这一命题被写进党的十九届六中全会决议。党的二十大报告进一步对"两个结合"做了系统阐述。

把马克思主义基本原理同中国具体实际相结合，是中国共产党在百余年历史中形成的一条最宝贵的经验，也是我们党事业不断走向成功的法宝。在新民主主义革命时期，中国共产党人逐步认识到马克思主义来到中国必须"中国化"。毛泽东同志指出："离开中国特点来谈马克思主义，只是抽象的空洞的马克思主义。因此，使马克思主义在中国具体化，使之在其每一表现中带着必须有的中国的特性，即是说，按照中国的特点去应用它"[1]。毛泽东同志将其总结为把马克思主义基本原理与中国具体实际相结合。坚持这种"结合"方法，我们党形成了一系列重大理论成果，并在它们指导下找到了适合中国国情的新民主主义革命道路、社会主义革命道路、社会主义建设道路和中国特色社会主义道路，成功推进和拓展了中国式现代化，推动中华民族伟大复兴进入不可逆转的历史

---

[1] 《毛泽东选集》第 2 卷，人民出版社 1991 年版，第 534 页。

进程，使科学社会主义在 21 世纪的中国焕发出强大的生机活力。这个过程就是把马克思主义基本原理同中国不断变化的具体实际相结合的过程。在我们党的早期历史上，也曾经出现过脱离中国实际、生搬硬套、照搬外国经验的教条主义和唯马克思主义经典著作的本本主义，使我们的事业一度遭受严重挫折。我们党一直引以为戒，强调不能把马克思主义当成一成不变的教条，强调我们必须坚持解放思想、实事求是、与时俱进、求真务实，一切从实际出发。

把马克思主义基本原理同中华优秀传统文化相结合，是马克思主义中国化时代化的重要特质。进入新时代，以习近平同志为核心的党中央继续坚持和拓展"结合"方法，在新实践中把马克思主义基本原理同中国具体实际相结合、同中华优秀传统文化相结合，创立了习近平新时代中国特色社会主义思想。习近平总书记把"一个结合"拓展为"两个结合"，这是我们党的理论的又一重大创新，标志着我们党的理论创新进入新阶段。第二个结合具有深厚的历史基础。1943 年 5 月，党中央明确提出"要使得马克思列宁主义这一革命科学更进一步地和中国革命实践、中国历史、中国文化深相结合起来"[①]。实际上，在毛泽东思想和中国特色社会主义理论体系的形成和创立过程中，中华优秀传统文化从来没有缺席过，一直在发挥重要作用。马克思主义之所以能与中华优秀传统文化相结合，一个非常重要的因素是科学社会主义的价值观主张同中华优秀传统文化具有高度契合性。第二个结合必将使我们党的理论与中华文明更紧密地结合起来，并获得无比充沛的思想文化资源；必将使我们党的理论更深地扎根于中国大地，扎根于亿万中国人民的心中。习近平新时代中国特色社会主义思想是马克思主义基本原理同中国具体实际

---

① 《建党以来重要文献选编（1921—1949）》第 20 册，中央文献出版社 2011 年版，第 318—319 页。

相结合、同中华优秀传统文化相结合的光辉典范，是马克思主义中国化时代化的最新理论成果，开辟了马克思主义中国化时代化新境界。

"两个结合"是对历史的深刻总结和对规律的深刻揭示，更是对未来理论发展的正确引领，代表了中国共产党人新的觉悟、新的认识高度，体现了中国共产党和中国人民强烈的文化自信与文化自觉。"两个结合"作为我们党对马克思主义中国化时代化的规律性认识，具有中国特色，体现出鲜明的特殊性。同时，"两个结合"也体现出普遍性，能为其他国家的工人阶级政党坚持和运用马克思主义提供基本遵循。"两个结合"在开辟马克思主义中国化时代化新境界的同时，也将为马克思主义在其他国度的本土化时代化带来广阔前景。

在新征程中继续推进马克思主义中国化时代化的基本遵循

在党的二十大报告中，习近平总书记提出，要"不断谱写马克思主义中国化时代化新篇章"①，并从"两个结合"、世界观和方法论两个层面明确了其基本遵循。

从"两个结合"层面来看。不断推进马克思主义中国化时代化，必须同中国具体实际相结合。在结合过程中，必须坚持马克思主义，以马克思主义为指导，这不是要我们去背诵和重复其具体结论和词句，更不能把马克思主义当作一成不变的教条，而是要运用其科学的世界观和方法论解决中国的具体问题。在结合过程中，必须坚持解放思想、实事求是、与时俱进、求真务实，一切从实际出发，着眼于解决新时代改革开放和社会主义现代化建设的实际问题，不断回答中国之问、世界之问、

---

① 习近平：《高举中国特色社会主义伟大旗帜　为全面建设社会主义现代化国家而团结奋斗——在中国共产党第二十次全国代表大会上的报告》，人民出版社 2022 年版，第 18 页。

人民之问、时代之问，作出符合中国实际和时代要求的正确回答，得出符合客观规律的科学认识，形成与时俱进的理论成果，以更好指导中国实践。

不断推进马克思主义中国化时代化，必须同中华优秀传统文化相结合。马克思主义只有植根本国、本民族历史文化沃土，才能保持强大生命力。中华优秀传统文化蕴含的天下为公、民为邦本、为政以德、革故鼎新、任人唯贤、天人合一、自强不息、厚德载物、讲信修睦、亲仁善邻等，是中国人民在长期生产生活中积累的宇宙观、天下观、社会观、道德观的重要体现，同科学社会主义理论主张具有高度契合性。我们党在推进马克思主义中国化时代化的历史进程中，必须坚定历史自信、文化自信，坚持古为今用、推陈出新，要以马克思主义真理力量激活中华优秀传统文化，把马克思主义思想精髓同中华优秀传统文化精华贯通起来、同人民群众日用而不觉的共同价值观念融通起来，一方面使中华优秀传统文化再次焕发出蓬勃的生机与活力，另一方面使马克思主义从中华优秀传统文化中获得丰富的文化滋养，进而不断赋予科学理论更鲜明的中国特色、中国风格、中国气派，不断夯实马克思主义中国化时代化的历史基础和群众基础，让马克思主义在中国牢牢扎根。

从世界观和方法论层面来看。马克思主义基本原理同中国具体实际相结合、同中华优秀传统文化相结合，必须坚持运用辩证唯物主义和历史唯物主义。辩证唯物主义和历史唯物主义是马克思主义的世界观和方法论，是人们观察、分析和解决问题的科学方法。用马克思主义观察时代、解读时代、引领时代，主要是就其世界观和方法论而言的。习近平新时代中国特色社会主义思想坚持辩证唯物主义和历史唯物主义的世界观和方法论，在致力于科学解释当今世界的过程中形成了自己的世界观，在运用其世界观积极改造当今世界的过程中形成了自己的方法论。

　　实践没有止境，理论创新也没有止境。在新征程新的实践基础上继续推进马克思主义中国化时代化，首先要把握好习近平新时代中国特色社会主义思想的世界观和方法论，坚持好、运用好贯穿其中的立场观点方法。

　　其一，必须坚持人民至上。人民群众是历史的创造者，是历史的主体，人民性是马克思主义的本质属性，党的理论是来自人民、为了人民、造福人民的理论，人民的创造性实践是理论创新的不竭源泉。实践告诉我们，一切脱离人民的理论都是苍白无力的，一切不为人民造福的理论都是没有生命力的。在推进理论创新过程中，我们要站稳人民立场、把握人民愿望、尊重人民创造、集中人民智慧，继续创造出能够指导人民认识世界和改造世界的理论，创造出能够为人民所喜爱、所认同、所拥护的理论。

　　其二，必须坚持自信自立。中国人民和中华民族从近代以后的深重苦难走向伟大复兴的光明前景，从来就没有教科书，更没有现成答案。党的百年奋斗成功道路是党领导人民独立自主探索开辟出来的，马克思主义的中国篇章是中国共产党人依靠自身力量实践出来的，贯穿其中的一个基本点就是中国的问题必须从中国基本国情出发，由中国人自己来解答。我们要坚持对马克思主义的坚定信仰、对中国特色社会主义的坚定信念，坚定道路自信、理论自信、制度自信、文化自信，以更加积极的历史担当和创造精神为发展马克思主义作出新的贡献，既不能刻舟求剑、封闭僵化，也不能照抄照搬、食洋不化。

　　其三，必须坚持守正创新。守正与创新辩证统一。守正是创新的基础，守正指的是守马克思主义之正和毛泽东思想、邓小平理论、"三个代表"重要思想、科学发展观、习近平新时代中国特色社会主义思想之正，守中华优秀传统文化之正，离开守正的创新，是偏离方向的创新，这样的创新人民不需要；创新是守正的目的，守正不是守住老祖宗而不敢越雷池一步，而是在保证理论的一脉相承性上更好地创新发展，敢于说前人没有说过的新话，敢于干前人没有干过的事情，不断创造出新的理论以指导新的实践。我们正在从事的是前无古人的伟大事业，守正才能不迷失方向、不犯颠覆性错误，创新才能把握时代、引领时代。我们要以科学的态度对待科学、以真理的精神追求真理，坚持马克思主义基本原理不动摇，坚持党的全面领导不动摇，坚持中国特色社会主义不动摇，紧跟时代步伐，顺应实践发展，以满腔热忱对待一切新生事物，不断拓展认识的广度和深度。

其四，必须坚持问题导向。"问题就是事物的矛盾。哪里有没有解决的矛盾，哪里就有问题。"[1] 问题是时代的声音，回答并指导解决问题是理论的根本任务。在新征程上，我们所面临问题的复杂程度、解决问题的艰巨程度明显加大，对理论创新提出全新要求。因此，要增强问题意识，及时捕捉发现并聚焦实践遇到的新问题、改革发展稳定存在的深层次问题、人民群众急难愁盼的问题、国际变局中的重大问题、党的建设面临的突出问题，不断提出真正解决问题的新理念新思路新办法，以不断推进党的理论创新。

其五，必须坚持系统观念。习近平总书记指出："系统观念是具有基础性的思想和工作方法。"[2] 习近平新时代中国特色社会主义思想的创立就是坚持系统观念的结果。只有用普遍联系的、全面系统的、发展变化的观点观察事物，才能把握事物发展规律。我国依然是一个发展中大国，仍处于社会主义初级阶段，正在经历广泛而深刻的社会变革，推进改革发展、调整利益关系，往往牵一发而动全身。在新征程上，我们要

---

[1] 《毛泽东选集》第3卷，人民出版社1991年版，第839页。
[2] 《十九大以来重要文献选编》中，中央文献出版社2021年版，第785页。

始终坚持系统观念，要善于通过历史看现实、透过现象看本质，把握好全局和局部、当前和长远、宏观和微观、主要矛盾和次要矛盾、特殊和一般的关系，不断提高战略思维、历史思维、辩证思维、系统思维、创新思维、法治思维、底线思维能力，为前瞻性思考、全局性谋划、整体性推进党和国家各项事业提供科学思想方法。

其六，必须坚持胸怀天下。"大道之行，天下为公"是中华民族的天下观。中国共产党是为中国人民谋幸福、为中华民族谋复兴的党，也是为人类谋进步、为世界谋大同的党。在新征程上，我们要永远站在历史正确的一边、站在人类进步的一边，要拓展世界眼光，深刻洞察人类发展进步潮流，积极回应各国人民普遍关切，为解决人类面临的共同问题作出贡献，以海纳百川的宽广胸襟借鉴吸收人类一切优秀文明成果，同世界各国人民一道，推动人类历史车轮向着光明的前途前进，同世界上一切进步力量携手前进，推动建设更加美好的世界。

（作者为中国社会科学院马克思主义研究院马克思主义中国化

研究部副主任、研究员）

（《世界社会主义研究》2022 年第 11 期）

习近平新时代中国特色社会主义思想的世界观和方法论

林建华

党的二十大是在全党全国各族人民迈上全面建设社会主义现代化国家新征程、向第二个百年奋斗目标进军的关键时刻召开的一次十分重要的大会，是一次高举旗帜、凝聚力量、团结奋进的大会。习近平总书记在大会上所作的报告，是党和人民智慧的结晶，是党团结带领全国各族人民夺取中国特色社会主义新胜利的政治宣言和行动纲领，是马克思主义的纲领性文献。学习宣传贯彻党的二十大精神，是当前和今后一个时期全党全国的首要政治任务，事关党和国家事业继往开来，事关中国特色社会主义前途命运，事关中华民族伟大复兴。习近平总书记强调，学习贯彻党的二十大精神，要牢牢把握新时代中国特色社会主义思想的世界观和方法论①。《中共中央关于认真学习宣传贯彻党的二十大精神的决定》强调，学习宣传贯彻党的二十大精神，要深刻领会开辟马克思主义

---

① 《习近平在参加党的二十大广西代表团讨论时强调 心往一处想劲往一处使推动中华民族伟大复兴号巨轮乘风破浪扬帆远航》，《人民日报》2022 年 10 月 18 日第 1 版。

中国化时代化新境界，把着力点聚焦到把握好马克思主义中国化时代化最新成果的世界观和方法论，坚持好、运用好贯穿其中的立场观点方法上①。这就是要求我们弄清楚、弄明白党的创新理论蕴含的道理学理哲理，持之以恒以"六个必须坚持"，即必须坚持人民至上、必须坚持自信自立、必须坚持守正创新、必须坚持问题导向、必须坚持系统观念、必须坚持胸怀天下来武装头脑、指导实践、推动工作、谋求发展。

马克思主义为人类求解放的历史使命与近代中国社会的历史任务高度契合

党的二十大报告单列一个部分论述"开辟马克思主义中国化时代化新境界"，深刻总结我们党坚持和发展马克思主义的历史经验。习近平总书记在党的二十大报告中指出："中国共产党为什么能，中国特色社会主义为什么好，归根到底是马克思主义行，是中国化时代化的马克思主义行。"② 马克思主义是我们立党立国、兴党兴国的根本指导思想。马克思主义是中国共产党人的"真经"。拥有马克思主义科学理论指导是我们党坚定信仰信念、把握历史主动的根本所在。历史地看，推进马克思主义中国化时代化是一个追求真理、揭示真理、笃行真理的过程。

党的十八大后不久，习近平总书记指出："一个国家实行什么样的主义，关键要看这个主义能否解决这个国家面临的历史性课题。"③19世纪40年代，在对现实资本主义社会的彻底批判和未来共产主义社会的

---

① 《中共中央关于认真学习宣传贯彻党的二十大精神的决定》，《人民日报》2022年10月31日第1版。

② 习近平：《高举中国特色社会主义伟大旗帜 为全面建设社会主义现代化国家而团结奋斗——在中国共产党第二十次全国代表大会上的报告》，人民出版社2022年版，第16页。

③ 《习近平谈治国理政》第一卷，外文出版社2018年版，第22页。

科学论证中，马克思、恩格斯创立了马克思主义。此后，马克思主义跨越 19 世纪、20 世纪、21 世纪，传遍欧洲、亚洲、美洲、非洲、大洋洲。一部马克思主义发展史，就是马克思主义不断根据时代、实践、认识发展而不断发展的历史，也是不断吸收人类历史上一切优秀思想文化成果不断丰富的历史。马克思主义深刻揭示了自然界、人类社会、人类思维发展的普遍规律。马克思主义博大精深，归根到底就是一句话，为人类求解放。马克思主义理论不是教条而是行动指南，必须运用其科学真理解决各国面临的实际问题。1840 年鸦片战争以后，中国逐步成为半殖民地半封建社会，争取民族独立、人民解放与实现国家富强、人民幸福成为近代中国两大历史任务。面对这一历史任务，各种各样的主义和方案都尝试过，但都失败了，都没能从根本上改变中国的前途命运。马克思曾指出："理论在一个国家实现的程度，总是取决于理论满足这个国家的需要的程度。"[①] 总结中国共产党 28 年奋斗史，毛泽东同志指出："十月革命一声炮响，给我们送来了马克思列宁主义。十月革命帮助了全世界的也帮助了中国的先进分子，用无产阶级的宇宙观作为观察国家命运的工具，重新考虑自己的问题。"[②] 马克思列宁主义植根中国并展现出强大力量，既具有历史必然性，也具有现实可能性，主要体现在：其一，马克思主义担负的历史使命与近代中国面临的历史任务高度契合；其二，近代中国与十月革命前的俄国国情相同或者近似，十月革命后的苏俄（以及苏联）对中国采取了不同于帝国主义国家的政策。马克思列宁主义来到中国，意味着开启了马克思主义中国化时代化的历史进程，并不断开辟马克思主义中国化时代化新境界。

我们党深刻认识到，近代中国社会的主要矛盾是帝国主义和中华民

① 《马克思恩格斯选集》第 1 卷，人民出版社 1995 年版，第 11 页。
② 《毛泽东选集》第 4 卷，人民出版社 1991 年版，第 1471 页。

族的矛盾、封建主义和人民大众的矛盾。实现中华民族伟大复兴，必须进行反帝反封建斗争，首先实现民族独立、人民解放。以毛泽东同志为主要代表的中国共产党人，把马克思列宁主义基本原理同中国具体实际相结合，对经过艰苦探索、付出巨大牺牲所积累的一系列独创性经验进行了理论概括，开辟了农村包围城市、武装夺取政权的正确革命道路，创立了毛泽东思想，为夺取新民主主义革命的胜利指明了正确方向。中华人民共和国成立后，毛泽东同志又提出把马克思列宁主义基本原理同中国具体实际进行"第二次结合"，以毛泽东同志为主要代表的中国共产党人，结合新的实际丰富和发展毛泽东思想，提出了关于社会主义建设的一系列重要思想。毛泽东思想是马克思列宁主义在中国的创造性运用和发展，是被实践证明了的关于中国革命和建设的正确的理论原则和经验的总结，是马克思主义中国化的第一次历史性飞跃。在改革开放和社会主义现代化建设新时期，我们党从新的实践和时代特征出发，坚持和发展马克思主义，科学回答了建设中国特色社会主义的发展道路、发展阶段、根本任务、发展动力、发展战略、政治保证、祖国统一、外交和国际战略、领导力量和依靠力量等一系列基本问题，形成了中国特色社会主义理论体系，实现了马克思主义中国化新的飞跃。

习近平新时代中国特色社会主义思想是马克思主义中国化时代化最新成果

时代是思想之母，实践是理论之源。党的十八大以来，中国特色社会主义进入新时代。面对国内外形势新变化和实践新要求，以习近平同志为主要代表的中国共产党人，坚持把马克思主义基本原理同中国具体实际相结合、同中华优秀传统文化相结合，坚持毛泽东思想、邓小平理论、"三个代表"重要思想、科学发展观，深刻总结并充分运用我们党百年积淀的历史经验特别是新时代 10 年创造的新鲜经验，从理论和实践的结合上深刻回答了关系党和国家事业发展、党治国理政的一系列重大时代课题，创立了习近平新时代中国特色社会主义思想。

我们党勇于进行理论探索和创新。习近平总书记就新时代坚持和发展什么样的中国特色社会主义、怎样坚持和发展中国特色社会主义，建设什么样的社会主义现代化强国、怎样建设社会主义现代化强国，建设什么样的长期执政的马克思主义政党、怎样建设长期执政的马克思主义政党等重大时代课题进行了深邃思考、科学判断、正确回答，提出了一系列原创性的治国理政新理念新思想新战略，贯通马克思主义哲学、政治经济学、科学社会主义，以全新的视野深化了对共产党执政规律、社会主义建设规律、人类社会发展规律的认识。党的十九大、十九届六中全会提出的"十个明确"、"十四个坚持"、"十三个方面成就"概括了习近平新时代中国特色社会主义思想的主要内容。它们彼此呼应、相互贯通，明确了新时代坚持和发展中国特色社会主义的总目标、总任务、总体布局、战略布局和发展方向、发展方式、发展动力、战略步骤、外部条件、政治保证等基本问题，构成了系统全面、逻辑严密、内涵丰富、内在统一的科学理论体系，必须长期坚持并不断丰富发展。习近平总书记是习近平新时代中国特色社会主义思想的主要创立者。伟大时代产生伟大理论，伟大理论指引伟大实践。习近平新时代中国特色社会主义思想指导新时代中国采取一系列战略性举措，推进一系列变革性实践，实现一系列突破性进展，取得一系列标志性成果，推动我国迈上全面建设社会主义现代化国家新征程，实现了马克思主义中国化时代化新的飞跃，开辟了马克思主义中国化时代化新境界。

中国共产党成立 100 多年来，马克思主义中国化时代化的接续推进与中国化时代化的马克思主义的接续创新相辅相成、相得益彰。习近平新时代中国特色社会主义思想是马克思主义中国化时代化的最新成果，是当代中国马克思主义、21 世纪马克思主义。今天，我们之所以说马克思主义行、中国化时代化的马克思主义行，是因为马克思主义揭示了客观世界特别是人类社会发展的一般规律，为我们认识世界、改造世界提供了科学的世界观和方法论；中国化时代化的马克思主义在中国落地扎根、深入人心，赋予了马克思主义这一普遍真理新的生命活力。正如习近平总书记在党的二十大报告中所指出的："党的百年奋斗成功道路是党领导人民独立自主探索开辟出来的，马克思主义的中国篇章是中国共产党人依靠自身力量实践出来的，贯穿其中的一个基本点就是中国的问题必须从中国基本国情出发，由中国人自己来解答。"[①] 历史已经证明并将继续证明，马克思主义没有辜负中国，中国没有辜负马克思主义，正如同社会主义没有辜负中国，中国没有辜负社会主义。

深刻把握习近平新时代中国特色社会主义思想的世界观和方法论

实践没有止境，理论创新也没有止境。不断谱写马克思主义中国化时代化新篇章，是新时代中国共产党人的庄严历史责任。习近平总书记在党的二十大报告中指出："继续推进实践基础上的理论创新，首先要把握好新时代中国特色社会主义思想的世界观和方法论，坚持好、运用好贯穿其中的立场观点方法。"[②] 党的二十大报告对其进行了科学概括和

---

① 习近平：《高举中国特色社会主义伟大旗帜 为全面建设社会主义现代化国家而团结奋斗——在中国共产党第二十次全国代表大会上的报告》，人民出版社 2022 年版，第 19 页。
② 习近平：《高举中国特色社会主义伟大旗帜 为全面建设社会主义现代化国家而团结奋斗——在中国共产党第二十次全国代表大会上的报告》，人民出版社 2022 年版，第 18—19 页。

高度提炼，即必须坚持人民至上、必须坚持自信自立、必须坚持守正创新、必须坚持问题导向、必须坚持系统观念、必须坚持胸怀天下。这"六个必须坚持"，对于我们深刻领悟习近平新时代中国特色社会主义思想的道理学理哲理具有重要意义。

世界观是人们对世界的总的根本的观点。方法论是指导人们认识世界、改造世界的最一般、最根本的思维方式和思维理念。世界观与方法论是一致的，有什么样的世界观就有什么样的方法论。辩证唯物主义和历史唯物主义是马克思主义根本的世界观和方法论。首先，辩证唯物主义和历史唯物主义是无产阶级的科学世界观和方法论。其次，辩证唯物主义和历史唯物主义是马克思主义理论科学体系的哲学基础。马克思、恩格斯运用唯物史观的基本原理，着重剖析资本主义社会，揭示了资本主义经济发展的规律，形成了科学的剩余价值学说；揭露了资本主义剥削的秘密，得出了资本主义必然灭亡、社会主义必然胜利的结论。在此基础上，马克思、恩格斯又运用辩证唯物主义和历史唯物主义的基本原理，提出了无产阶级的历史使命，阐明了无产阶级革命和无产阶级专政理论以及无产阶级建党学说，从而创立了科学社会主义理论。习近平总书记在党的二十大报告中指出："中国共产党人深刻认识到，只有把马克思主义基本原理同中国具体实际相结合、同中华优秀传统文化相结合，坚持运用辩证唯物主义和历史唯物主义，才能正确回答时代和实践提出的重大问题，才能始终保持马克思主义的蓬勃生机和旺盛活力。"[①]

马克思主义政党的一切理论和奋斗，都必须致力于实现以无产阶级和劳动者为主体的广大人民的根本利益，这是马克思主义鲜明的政治立场。首先，这是由马克思主义理论的本性决定的。其次，这是由无产阶

---

① 习近平：《高举中国特色社会主义伟大旗帜 为全面建设社会主义现代化国家而团结奋斗——在中国共产党第二十次全国代表大会上的报告》，人民出版社 2022 年版，第 17 页。

级的历史使命决定的。唯物史观认为，无产阶级是一个被资本主义统治的锁链彻底束缚住了的阶级，无产阶级的革命和无产阶级自身的解放同人类社会发展的规律、人类的彻底解放的必然趋势是完全一致的。无产阶级只有解放全人类，才能最后彻底解放它自己。最后，是否始终站在广大人民的立场上，是唯物史观与唯心史观的分水岭，也是判断马克思主义政党的试金石。习近平总书记在纪念马克思诞辰 200 周年大会上强调："我们要始终把人民立场作为根本立场，把为人民谋幸福作为根本使命，坚持全心全意为人民服务的根本宗旨，贯彻群众路线，尊重人民主体地位和首创精神，始终保持同人民群众的血肉联系，凝聚起众志成城的磅礴力量，团结带领人民共同创造历史伟业。"①

习近平新时代中国特色社会主义思想的世界观和方法论与马克思主义的世界观和方法论既一脉相承又与时俱进。真学真懂真信真用习近平新时代中国特色社会主义思想，不仅要"知其言"，还要"知其义"，更要"知其原义"；不仅要"知其然"，还要"知其所以然"，更要"知其所以必然"。这个"义"和"原义"、"所以然"和"所以必然"，最主要的就是习近平新时代中国特色社会主义思想的世界观和方法论。如果不能够完整、系统、深刻地把握习近平新时代中国特色社会主义思想的世界观和方法论及贯穿其中的立场观点方法，我们就不能真正领悟习近平新时代中国特色社会主义思想的精髓要义，就不能真正领悟蕴含于习近平新时代中国特色社会主义思想之中的道理学理哲理，就不能真正用习近平新时代中国特色社会主义思想武装头脑、指导实践、推动工作、谋求发展。

必须坚持人民至上。人民性是马克思主义的本质属性。马克思主义

---

① 习近平：《在纪念马克思诞辰 200 周年大会上的讲话》，《人民日报》2018 年 5 月 5 日第 2 版。

第一次创立了人民实现自身解放的思想体系。在中国共产党人的视域中，"人民"二字的分量最重。党的理论创新与人民的创造性实践、人民的美好幸福生活紧密联系在一起。因此，我们要站稳人民立场、把握人民愿望、尊重人民创造、集中人民智慧，形成为人民所喜爱、所认同、所拥有的理论。坚持人民至上，是贯穿习近平新时代中国特色社会主义思想的一条红线和主线，是新时代中国共产党人的根本价值取向。习近平总书记强调，"我们党来自人民、植根人民，人民群众的支持和拥护是我们胜利前进的不竭力量源泉"①，强调"始终要把人民放在心中最高的位置，始终全心全意为人民服务，始终为人民利益和幸福而努力工作"②。坚持人民至上，归根到底，就是使党的创新理论成为指导人民认识世界和改造世界的强大思想武器。

必须坚持自信自立。自信是我们党在长期斗争中铸就的精神气质，自立是我们立党立国的重要原则。贯穿党的百年奋斗的一个基本点就是中国的问题必须从中国基本国情出发，由中国人自己来解答。习近平新时代中国特色社会主义思想生动体现了独立自主的探索和实践精神，贯穿着走自己的路的坚定决心和信心，特别是坚定中国特色社会主义道路自信、理论自信、制度自信、文化自信。坚定历史自信、增强历史主动，既不能刻舟求剑、封闭僵化，也不能照抄照搬、食洋不化。坚持自信自立，归根到底，就是在历史自觉中解决中国的实际问题，为发展马克思主义作出新的贡献。

必须坚持守正创新。我们从事的是前无古人的伟大事业。只有守正，才能不迷失方向，不犯颠覆性错误；只有创新，才能把握时机，引领时代。贯穿守正创新的一个主要点，就是坚持马克思主义基本原理不动

---

① 《习近平谈治国理政》第三卷，外文出版社 2020 年版，第 523 页。
② 《习近平谈治国理政》第三卷，外文出版社 2020 年版，第 139 页。

摇，坚持党的全面领导不动摇，坚持中国特色社会主义不动摇，同时敢于说前人没有说过的新话，敢于干前人没有干过的事情，以新的理论指导新的实践，以新的实践创造新的理论。对待马克思主义，既不能采取教条主义或本本主义的态度，也不能采取实用主义或经验主义的态度。坚持守正创新，归根到底，就是既不能削足适履，也不能削履适足，还不能赤脚走路，而必须按足制履、制履适足，穿合适的鞋子，走前景光明的新途和正道，即以科学的态度对待科学、以真理的精神追求真理。唯有如此，才能行稳致远。

必须坚持问题导向。问题是时代的声音。思维始于问题，创新始于问题，发展始于问题。2006 年 11 月 24 日，习近平同志在《浙江日报》"之江新语"专栏发表的短评《问题就是时代的口号》中指出："每个时代总有属于它自己的问题，只要科学地认识、准确地把握、正确地解决这些问题，就能够把我们的社会不断推向前进。"①增强问题意识，科学对待问题，对问题进行分类分层，聚焦实践遇到的新问题、改革发展稳定存在的深层次问题、人民群众急难愁盼问题、国际变局中的重大问题、党的建设面临的突出问题，是新时代中国共产党人必须直面的现实任务。坚持问题导向，归根到底，就是深刻懂得理论的根本任务是回答并指导解决问题，不断提出真正解决问题的新理念新思路新办法，不断开创党和国家事业发展的新局面。

必须坚持系统观念。系统观念是辩证唯物主义的重要认识论和方法论，是具有基础性的思想和工作方法。新时代中国正经历着我国历史上最为广泛而深刻的社会变革，正在进行着人类历史上最为宏大而独特的实践创新，全面深化改革、调整利益关系，往往牵一发而动全身。因此，

---

① 习近平：《之江新语》，浙江人民出版社 2007 年版，第 235 页。

我们要不断提高战略思维、历史思维、辩证思维、系统思维、创新思维、法治思维、底线思维能力，把握好全局和局部、当前和长远、宏观和微观、主要矛盾和次要矛盾、特殊和一般的关系，真正做到通过历史看现实、透过现象看本质。坚持系统观念，归根到底，就是认清我国基本国情，知其所来、识其所在、明其将往，为前瞻性思考、全局性谋划、整体性推进党和国家各项事业提供科学思维方法。

必须坚持胸怀天下。中国共产党是为中国人民谋幸福、为中华民族谋复兴的党，也是为人类谋进步、为世界谋大同的党。在 100 多年奋斗历程中，我们党始终以世界眼光关注人类前途命运，始终站在历史正确一边，站在人类进步一边。今天，面对世界之变、时代之变、历史之变，我们必须回答中国之问、世界之问、人民之问、时代之问，提供中国答案，贡献中国智慧。坚持胸怀天下，归根到底，就是坚持海纳百川，期冀美美与共，铸牢中华民族共同体意识，全面建设富强民主文明和谐美丽的社会主义现代化中国；推动构建人类命运共同体，致力建设持久和平、普遍安全、共同繁荣、开放包容、清洁美丽的世界。

"六个必须坚持"，深刻揭示了习近平新时代中国特色社会主义思想根本立场、精神品格、科学态度、实践要求、思想方法、崇尚境界，它们构成了相互联系、内在统一的有机整体，体现了习近平新时代中国特色社会主义思想的精髓要义，是在实践基础上不断开辟马克思主义中国化时代化新境界必须遵循和把握的世界观和方法论、必须坚持好和运用好的立场观点方法。总之，"六个必须坚持"既是深刻理解习近平新时代中国特色社会主义思想必须牢牢把握的基本点和"金钥匙"，也是继续推进实践基础上的理论创新必须始终坚持的基本点和"金钥匙"，同时标志着新时代党的创新理论更加成熟、党的理论创新更加自信。"六个必须坚持"的提出，使习近平新时代中国特色社会主义思想的科学理论体系拥有了坚实的哲学基础。在新时代新征程上，我们要增强政治自觉、思想自觉、行动自觉，坚持不懈用习近平新时代中国特色社会主义思想武装头脑、指导实践、推动工作、谋求发展，同心同德、勇毅前行，全面建设社会主义现代化国家、全面推进中华民族伟大复兴历史进程。

（作者为中国社会科学院马克思主义研究院副院长、教授）

（《思想教育研究》2022 年第 11 期）

深入推进新时代党的建设新的伟大工程

林建华

中国共产党团结带领中国人民已经走过一百多年辉煌奋斗历程。没有中国共产党，就没有新中国，更没有中华民族伟大复兴，这是已被历史证明并将继续被历史证明的真理。中国共产党自成立之日起，持续加强和推进党的建设，百余年矢志不移，这在世界政党发展史上是绝无仅有的。习近平总书记在党的二十大报告中强调，必须持之以恒推进全面从严治党，深入推进新时代党的建设新的伟大工程，以党的自我革命引领社会革命。这是以习近平同志为核心的党中央统筹两个大局，立足世界之变、时代之变、历史之变，锚定新时代中国共产党面临的主要任务特别是新征程上的中心任务，科学总结我们党一百多年奋斗的伟大成就和历史经验，包括新时代十年的历史性成就、历史性变革和新鲜经验作出的战略擘画，具有重要的战略意义和深远影响。

深入推进新时代党的建设是完成新征程党的中心任务的必然要求

"铁肩担道义，妙手著文章。"中国共产党一经成立，就立志于中华民族千秋伟业，致力于人类和平与发展崇高事业，百余年不改其心、不移其志。

察势者明，趋势者智。长于分析研判形势，精于明确目标任务，是我们党的鲜明特点和优点。习近平总书记指出，谋划和推进党和国家各项工作，必须深入分析国内国际大势，科学把握面临的战略机遇和风险挑战。

帝国主义和中华民族的矛盾、封建主义和人民大众的矛盾是近代中国社会的两大主要矛盾，与之相对应，争取民族独立、人民解放和实现国家富强、人民幸福是近代中国社会两大历史任务。中国共产党一经成立，就义无反顾地肩负起这两大历史任务。聚焦聚力实现中华民族伟大复兴的主题，在不同历史时期，这两大任务有着阶段性的主要内涵和具体表现形式。在新民主主义革命时期，党面临的主要任务是反对帝国主义、封建主义、官僚资本主义，争取民族独立、人民解放。完成这一主要任务的标志是中华人民共和国的成立，这为实现中华民族伟大复兴创造了根本的社会条件。从民族独立到民族复兴，实现国家富强、人民幸福，是一个进行时。国家富强、民族复兴、人民幸福，紧密地连在一起。在社会主义革命和建设时期，党面临的主要任务是实现从新民主主义到社会主义的转变，进行社会主义革命，推进社会主义建设。完成这一任务的标志是中国共产党在全国范围执掌政权，经由社会主义改造而确立社会主义基本制度，从而为实现中华民族伟大复兴奠定了根本的政治前提和制度基础。在改革开放和社会主义现代化建设时期，党面临的主要任务是继续探索建设社会主义的正确道路，解放和发展生产力，使人民摆脱贫困，尽快富裕起来。完成这一任务的标志就是提出"走自己的路，建设中国特色社会主义"的科学命题，实行改革开放，从而为实现中华民族伟大复兴提供了充满活力的体制保证和快速发展的物质条件。党的十八大以来，中国特色社会主义进入新时代。党面临的主要任务是实现第一个百年奋斗目标，开启实现第二个百年奋斗目标新征程，朝着实现中华民族伟大复兴的宏伟目标继续前进。

党的二十大是在全党全国各族人民迈上全面建设社会主义现代化国家新征程、向第二个百年奋斗目标进军的关键时刻召开的一次十分重要的大会。新征程开启的最主要标志就是中国共产党团结带领全国人民完成脱贫攻坚、全面建成小康社会的历史任务，实现第一个百年奋斗目标。党的二十大以高举中国特色社会主义伟大旗帜，全面贯彻习近平新时代中国特色社会主义思想，弘扬伟大建党精神，自信自强、守正创新，踔厉奋发、勇毅前行，为全面建设社会主义现代化国家、全面推进中华民族伟大复兴而团结奋斗为主题。围绕这一主题，党的二十大报告提出，从现在起，中国共产党的中心任务就是团结带领全国各族人民全面建成社会主义现代化强国、实现第二个百年奋斗目标，以中国式现代化全面推进中华民族伟大复兴。

中国特色社会主义最本质的特征是中国共产党领导，中国特色社会主义制度的最大优势是中国共产党领导，坚持党的全面领导是坚持和发展中国特色社会主义的必由之路，中国式现代化的本质要求首先就是坚持中国共产党领导。完成中心任务，关键在党。因此，深入推进新时代党的建设新的伟大工程是完成新征程中心任务的必然要求。

深入推进新时代党的建设是解决大党独有难题的关键依靠

中国共产党是世界上最大的政党、最大的马克思主义执政党，大就要有大的样子。中国共产党是中国工人阶级的先锋队，同时是中国人民和中华民族的先锋队，大党也有大党之重。习近平总书记在党的二十大报告中指出："要始终赢得人民拥护、巩固长期执政地位，必须时刻保持解决大党独有难题的清醒和坚定。"党的十八大以来，习近平总书记紧紧围绕"建设什么样的长期执政的马克思主义政党、怎样建设长期执政的马克思主义政党"这一重大时代课题，提出一系列原创性的新理念新思想新战略，标志着我们党对共产党建设规律、管党治党规律的认识提高到了新的水平，并在实践中解决了党内许多突出问题，推进全面从严治党取得显著成效。习近平总书记在党的二十大报告中指出："必须持之以恒推进全面从严治党，深入推进新时代党的建设新的伟大工程，以党的自我革命引领社会革命。"这是新时代中国共产党人独有的清醒和坚定。

胸怀国之大者、党之大者，面对如何解决我们这样一个大党的独有难题，中国共产党人是认识论者，也是实践论者。在党的二十大报告中，习近平总书记进一步坚持和继承、创新和发展了新时代党的建设的思想理论。习近平总书记强调，我们要落实新时代党的建设总要求，健全全面从严治党体系，全面推进党的自我净化、自我完善、自我革新、自我提高，使我们党坚守初心使命，始终成为中国特色社会主义事业的坚强领导核心。

一是坚持和加强党中央集中统一领导，忠实履行这一全党共同的政治责任。中国共产党是执政党。事在四方，要在中央。新时代新征程，必须健全总揽全局、协调各方的党的领导制度体系，确保全党在政治立场、政治方向、政治原则、政治道路上同党中央保持高度一致，确保党的团结统一；加强党的政治建设，严明政治纪律和政治规矩；增强党内政治生活的政治性、时代性、原则性、战斗性，用好批评和自我批评武器，持续净化党内政治生态。这是党的政治建设这一根本性建设在新时代新征程上的明确要求，旨在确保在思想上政治上行动上同以习近平同志为核心的党中央保持高度一致，带领全党全国各族人民为全面建设社会主义现代化国家、全面推进中华民族伟大复兴而团结奋斗。

二是坚持不懈用习近平新时代中国特色社会主义思想凝心铸魂，深入推进新时代新征程上党的创新理论武装。这是党的思想建设的根本任务，旨在用习近平新时代中国特色社会主义思想统一思想、统一意志、统一行动。围绕这一根本任务，要加强理想信念教育，教育引导全体党员牢记党的宗旨和使命，解决好世界观、人生观、价值观这个总开关问题，自觉做共产主义远大理想和中国特色社会主义共同理想的坚定信仰者和忠实实践者。习近平总书记强调："坚定理想信念是终身课题，需要常修常炼，要信一辈子、守一辈子。"要坚持学思用贯通、知信行统一，把习近平新时代中国特色社会主义思想转化为坚定理想、锤炼党性和指导实践、推动工作的强大力量。

三是完善党的自我革命制度规范体系。推进全面从严治党，既要解决思想问题，也要解决制度问题。习近平总书记在党的二十大报告中强调"坚持制度治党、依规治党"，并将其作为坚定不移全面从严治党、完善党的自我革命制度规范体系的一项重要举措。没有规矩不成其为政党，更不成其为马克思主义政党。制度治党、依规治党是中国共产党在 100 多年奋斗中形成的一条宝贵经验。新时代新征程，新的赶考之路，全面建设社会主义现代化国家、全面推进中华民族伟大复兴对制度治党、依规治党提出新的更高要求，必须完善党内法规制度体系，精准集约高效推进建章立制工作；增强党内法规权威性和执行力，推动党内法规落实落地，将制度优势转化为治理效能；形成坚持真理、修正错误，发现问题、纠正偏差的机制，健全党自我革命的实现机制和保障机制。

四是建设堪当民族复兴重任的高素质干部队伍。治国之要，首在用人。习近平总书记指出："全面建设社会主义现代化国家，必须要有一支政治过硬、适应新时代要求、具备领导现代化建设能力的干部队伍。"打铁必须自身硬。新时代新征程，打最硬的铁必须是铁打的人，首先是干部政治素质要过硬。坚持把政治标准这条"硬杠杠"放在首位，突出把好政治关、廉洁关，确保干部政治上站得稳、靠得住、能放心。加强干部斗争精神和斗争本领养成，着力增强防风险、迎挑战、抗打压能力，带头担当作为，做到平常时候看得出来、关键时刻站得出来、危难关头豁得出来。习近平总书记强调，斗争精神、斗争本领不是与生俱来的。刀在石上磨，人在事上练。我们的党员干部要在复杂严峻的斗争中经风雨、见世面、壮筋骨，依靠顽强斗争打开事业发展新天地，以实际行动奋进新征程、建功新时代。归根到底，就是要抓好后继有人这个根本大计，形成人才辈出的大好局面。

五是增强党组织政治功能和组织功能。党是组织的总和，我们党按照马克思主义建党原则，建立起了包括党的中央组织、地方组织、基层组织在内的严密组织体系。截至2021年底，中国共产党已经拥有9600多万名党员、490多万个基层党组织。这是世界上任何其他政党都不具有的独特优势和强大力量。习近平总书记在党的二十大报告中对各级党组织特别是基层党组织提出了新的更高要求，对新经济组织、新社会组织、新就业群体党的建设提出了明确要求。新时代新征程，增强党组织政治功能和组织功能，旨在严密党的组织体系、厚植党的执政根基，巩固党执政的阶级基础、群众基础、社会基础，确保党的领导"如身使臂，如臂使指"。

六是坚持以严的基调强化正风肃纪。"严"是我们党的鲜亮底色和独特优势，是新时代党的建设的重要经验，必须坚定不移长期坚持。正风肃纪既是严肃严格的执纪执法工作，也是艰苦细致的思想政治工作。因此，必须坚持党性党风党纪一起抓，促进党员干部在正风肃纪中增强党性，通过增强党性提高正风肃纪的自觉性坚定性。新时代新征程，抓党的作风建设，只有进行时，没有完成时，归根到底，就是全面推进党的自我净化、自我完善、自我革新、自我提高，始终与人民群众想在一起、干在一起，始终同人民同呼吸、共命运、心连心，始终得到人民群众的爱戴和拥护。

七是坚决打赢反腐败斗争攻坚战持久战。习近平总书记在党的二十大报告中强调："坚持不敢腐、不能腐、不想腐一体推进，同时发力、同向发力、综合发力。"这是对新时代反腐败斗争成功经验的深刻总结，是对标本兼治管党治党规律的深刻揭示。习近平总书记强调，以零容忍态度反腐惩恶，更加有力遏制增量，更加有效清除存量，坚决查处政治问题和经济问题交织的腐败，坚决防止领导干部成为利益集团和权势团体的代言人、代理人，坚决治理政商勾连破坏政治生态和经济发展环境问题，决不姑息。新时代新征程，强调反腐败斗争没有休止符，必须永远吹冲锋号，归根到底，就是使广大党员干部清清白白做人、干干净净做事。

深入推进新时代党的建设是永葆党的先进性和纯洁性的根本保障

在党的二十大报告中，习近平总书记郑重提出，全党同志务必不忘初心、牢记使命，务必谦虚谨慎、艰苦奋斗，务必敢于斗争、善于斗争。"三个务必"是对毛泽东同志"两个务必"的继承和坚持、创新和发展，是聚焦党的二十大的主题和完成党的中心任务所发出的庄严告诫书和政治动员令，具有新的时代意蕴和旨归。"三个务必"构成深入推进新时代党的建设新的伟大工程的重要内容。

早在 1939 年 12 月，毛泽东同志就在《中国革命和中国共产党》中指出："领导中国民主主义革命和中国社会主义革命这样两个伟大的革命到达彻底的完成，除了中国共产党之外，是没有任何一个别的政党（不论是资产阶级的政党或小资产阶级的政党）能够担负的。而中国共产党则从自己建党的一天起，就把这样的两重任务放在自己的双肩之上了，并且已经为此而艰苦奋斗了整整十八年。"1939 年 10 月，毛泽东同志在《〈共产党人〉发刊词》中指出，为了中国革命的胜利，迫切地需要建设这样一个党，即"建设一个全国范围的、广大群众性的、思想上政治上组织上完全巩固的布尔什维克化的中国共产党"，并指出这是"伟大的工程"。1949 年 3 月，面对解放战争即将迎来全面胜利、党即将执掌全国政权的新形势，毛泽东在党的七届二中全会上郑重告诫全党："务必使同志们继续地保持谦虚、谨慎、不骄、不躁的作风，务必使同志们继续地保持艰苦奋斗的作风。"这就是"两个务必"的著名论断。

如果说"两个务必"是党出发赶考之际的座右铭，开启了建设新中国的历史征程，那么，"三个务必"就是党在新的赶考之路上的座右铭，开启了全面建设社会主义现代化国家新征程，同时全面推进中华民族伟大复兴历史进程。

在全党全国各族人民迈上全面建设社会主义现代化国家新征程、向第二个百年奋斗目标进军的关键时刻，面对中国共产党长期执政的新形势、新要求，习近平总书记在党的二十大报告中强调"坚定不移全面从严治党，深入推进新时代党的建设新的伟大工程"，提出"三个务必"，这是对中国共产党执政规律性认识和管党治党规律性认识的历史自信、历史自觉、历史主动。

"三个务必"具有丰富的新时代意蕴。其中，"务必不忘初心、牢记使命"是中国共产党人的出发点和落脚点，"务必谦虚谨慎、艰苦奋斗"是中国共产党人的政治品格和优良作风，"务必敢于斗争、善于斗争"是中国共产党人的精神状态和能力本领。"务必谦虚谨慎、艰苦奋斗"包含了中国共产党对长期执政规律的深刻认识，"务必不忘初心、牢记使命"和"务必敢于斗争、善于斗争"展示了百年大党与时俱进的鲜明特征，三者相互联系、相互贯通，是一个不可分割的有机整体。

新时代新征程，党的二十大强调坚定不移全面从严治党、深入推进新时代党的建设新的伟大工程，归根到底，旨在做到确保全党在以习近平同志为核心的党中央坚强领导下团结成"一块坚硬的钢铁"、步调一致向前进，确保党永葆先进性和纯洁性，确保党始终成为中国特色社会主义事业的坚强领导核心，巩固党的长期执政地位，使我们的红色江山世世代代传下去，使我们的中国特色社会主义巍巍巨轮乘风破浪、行稳致远。

（作者为中国社会科学院马克思主义研究院副院长、教授）

（《当代世界》2022 年第 11 期）

深刻领会习近平新时代中国特色社会主义思想的世界观和方法论

辛向阳

习近平总书记在党的二十大报告中明确指出："继续推进实践基础上的理论创新，首先要把握好新时代中国特色社会主义思想的世界观和方法论，坚持好、运用好贯穿其中的立场观点方法。"2022年10月17日，习近平总书记在参加党的二十大广西代表团讨论时强调，要"牢牢把握新时代中国特色社会主义思想的世界观和方法论"。这些重要论断对于我们在新时代不断谱写马克思主义中国化时代化新篇章具有重要意义。

一

党的二十大报告强调，必须坚持人民至上，必须坚持自信自立，必须坚持守正创新，必须坚持问题导向，必须坚持系统观念，必须坚持胸怀天下。这"六个必须坚持"就是习近平新时代中国特色社会主义思想的世界观和方法论的集中反映，是逻辑缜密的理论体系。习近平总书记在参加党的二十大广西代表团讨论时指出，对这 6 条，要在学习贯彻中认真领会，从而深入领会党的创新理论的道理学理哲理，做到知其言更知其义、知其然更知其所以然，切实把党的创新理论贯彻落实到党和国家工作各方面全过程。

"六个必须坚持"有着鲜明的人民立场。我们要站稳人民立场、把握人民愿望、尊重人民创造、集中人民智慧，形成为人民所喜爱、所认同、所拥有的理论。习近平新时代中国特色社会主义思想的人民立场具有丰富含义。比如，党的根基在人民、血脉在人民、力量在人民，人民是党执政兴国的最大底气；民心是最大的政治，正义是最强的力量；党的最大政治优势是密切联系群众，党执政后的最大危险是脱离群众；党代表中国最广大人民根本利益，没有任何自己特殊的利益，从来不代表任何利益集团、任何权势团体、任何特权阶层的利益，这是党立于不败之地的根本所在；始终坚持全心全意为人民服务的根本宗旨，坚持党的群众路线；始终牢记江山就是人民、人民就是江山，打江山守江山，守的是人民的心；等等。

"六个必须坚持"有着明确的基本观点。比如，坚持自信自立的观点。党的二十大报告指出："党的百年奋斗成功道路是党领导人民独立自主探索开辟出来的，马克思主义的中国篇章是中国共产党人依靠自身力量实践出来的，贯穿其中的一个基本点就是中国的问题必须从中国基本国情出发，由中国人自己来解答。"这一基本观点来源于独立自主这一中华民族精神之魂，这是我们立党立国的重要原则。走自己的路，是党百年奋斗得出的历史结论。党历来坚持独立自主开拓前进道路，坚持把国家和民族发展放在自己力量的基点上，坚持中国的事情必须由中国人民自己作主张、自己来处理。这一基本观点来源于我们对人类社会发展规律的科学认识。人类历史上没有一个民族、一个国家可以通过依赖外部力量、照搬外国模式、跟在他人后面亦步亦趋实现强大和振兴。那样做的结果，不是必然遭遇失败，就是必然成为他人的附庸。比如，坚持守正创新的观点。党的二十大报告指出，"我们要以科学的态度对待科学、以真理的精神追求真理"，"以满腔热忱对待一切新生事物，不断拓展认识的广度和深度，敢于说前人没有说过的新话，敢于干前人没有干过的事情，以新的理论指导新的实践"。守正就必须廓清附加在马克思主义身上的各种迷雾，坚守住马克思主义基本原理和科学社会主义基本原则；创新就是不断推动马克思主义中国化时代化，既推动理论创新、实践创新，又推动制度创新、文化创新。比如，坚持胸怀天下的观点。党的二十大报告指出："我们要拓展世界眼光，深刻洞察人类发展进步潮流，积极回应各国人民普遍关切，为解决人类面临的共同问题作出贡献，以海纳百川的宽阔胸襟借鉴吸收人类一切优秀文明成果，推动建设更加美好的世界。"这一基本观点是我们党一百多年历史经验的总结，党的十九届六中全会通过的《中共中央关于党的百年奋斗重大成就和历史经验的决议》指出："坚持胸怀天下。大道之行，天下为公。党始终以世界眼光关注人类前途命运，从人类发展大潮流、世界变化大格局、中国发展大历史正确认识和处理同外部世界的关系，坚持开放、不搞封闭，坚持互利共赢、不搞零和博弈，坚持主持公道、伸张正义，站在历史正确的一边，站在人类进步的一边。"这一基本观点来源于马克思主义的世界历史理论，来源于中华文明的特质禀赋和中华优秀传统文化。

　　"六个必须坚持"有着明确的科学方法。党的二十大报告指出："我们要增强问题意识，聚焦实践遇到的新问题、改革发展稳定存在的深层次问题、人民群众急难愁盼问题、国际变局中的重大问题、党的建设面

临的突出问题，不断提出真正解决问题的新理念新思路新办法。"坚持
问题导向的方法是新时代中国特色社会主义事业不断改革创新的理论
成果。坚持系统观念是具有基础性的思想和工作方法。这一方法论是马
克思主义事物普遍联系方法在实践中运用的思想结晶，也是改革的系统
性、整体性、协同性实践的理论升华，还是自然科学中的系统论的哲
学转化。这一方法要求我们在实际工作中处理好全局和局部、当前和长
远、宏观和微观、主要矛盾和次要矛盾、特殊和一般的关系。

二

习近平新时代中国特色社会主义思想的世界观和方法论，一以贯之
地强调辩证唯物主义和历史唯物主义。马克思主义最根本的世界观和方
法论是辩证唯物主义和历史唯物主义。在革命、建设、改革各个时期，
我们党始终坚持和运用辩证唯物主义和历史唯物主义的世界观和方法
论。习近平总书记在党的二十大报告中强调："坚持运用辩证唯物主义
和历史唯物主义，才能正确回答时代和实践提出的重大问题，才能始终
保持马克思主义的蓬勃生机和旺盛活力。"

当前，我们党要团结带领人民实现第二个百年奋斗目标、实现中华
民族伟大复兴的中国梦，必须更加自觉地坚持和运用辩证唯物主义世界
观和方法论。一定意义上说，在百年奋斗历程中，中国共产党人依靠马
克思主义世界观和方法论战胜了一切艰难险阻，取得了各个历史时期
的伟大成就，实现了中华民族从站起来、富起来到强起来的伟大飞跃。
党的十八大以来，习近平总书记向全党反复强调要学习马克思主义世
界观和方法论。2013 年 12 月 3 日，习近平总书记在十八届中央政治
局第十一次集体学习时指出，历史和现实都表明，只有坚持历史唯物

主义，我们才能不断把对中国特色社会主义规律的认识提高到新的水平，不断开辟当代中国马克思主义发展新境界。运用历史唯物主义基本原理和方法论，我们不断使全面深化改革向纵深发展。2015 年 1 月 23 日，习近平总书记在十八届中央政治局第二十次集体学习时指出，今天，我们党要团结带领人民实现"两个一百年"奋斗目标、实现中华民族伟大复兴的中国梦，必须不断接受马克思主义哲学智慧的滋养，更加自觉地坚持和运用辩证唯物主义世界观和方法论。学习掌握世界统一于物质、物质决定意识的原理，坚持从客观实际出发制定政策、推动工作；学习掌握事物矛盾运动的基本原理，不断强化问题意识，积极面对和化解前进中遇到的矛盾；学习掌握唯物辩证法的根本方法，不断增强辩证思维能力，提高驾驭复杂局面、处理复杂问题的本领；学习掌握认识和实践辩证关系的原理，坚持实践第一的观点，不断推进实践基础上的理论创新。学习和掌握辩证唯物主义世界观和方法论，使我们不仅能够提高解决改革发展稳定基本问题的本领，而且能够提高驾驭复杂局面、处理复杂局面的本领。2015 年 11 月 23 日，习近平总书记在十八届中央政治局第二十八次集体学习时指出，学习马克思主义政治经济学基本原理和方法论，有利于我们掌握科学的经济分析方法，认识经济运动过程，把握社会经济发展规律，提高驾驭社会主义市场经济能力，更好回答我国经济发展的理论和实践问题。2018 年 4 月 23 日，习近平总书记在十九届中央政治局第五次集体学习时指出，马克思主义理论的科学性和革命性源于辩证唯物主义和历史唯物主义的科学世界观和方法论，为我们认识世界、改造世界提供了强大思想武器，为世界社会主义指明了正确前进方向，等等。这一系列重要论述告诉我们：马克思主义世界观和方法论涵盖马克思主义哲学、政治经济学、科学社会主义等领域，既包括辩证唯物主义和历史唯物主义的科学世界观和方法论，又包括马克思主义政治经济学方法论和科学社会主义方法论；马克思主义关于世界的物质性及其发展规律、人类社会及其发展规律、认识的本质及其发展规律等原理，为我们研究把握哲学社会科学各个学科各个领域提供了基本的世界观、方法论；马克思主义世界观和方法论是我们深化对共产党执政规律、社会主义建设规律、人类社会发展规律认识的科学指南。

中国特色社会主义事业的每一步推进都需要马克思主义世界观和方法论的指导。马克思主义的世界观和方法论是真正符合工人阶级和最广大人民群众的根本利益的世界观和方法论。德国 19 世纪和 20 世纪初杰出的马克思主义理论家弗兰茨·梅林曾经在 1893 年讲过这样一段话："只有在无产阶级获得解放时，历史唯物主义才能达到它的全盛期，历史才能成为严格意义上的科学，它才能成为它本来应该是而一直未曾是的东西：人类的领路人和教导者。"梅林在这里道出了一个真理：辩证唯物主义和历史唯物主义世界观和方法论是最符合人民利益的世界观和方法论，在我们前进道路上会发挥出更加能动的作用。我们要坚持运用马克思主义科学的世界观和方法论解决中国实际问题，不断回答中国之问、世界之问、人民之问、时代之问，作出符合中国实际和时代要求的正确回答，得出符合客观规律的科学认识，形成与时俱进的理论成果，更好指导中国实践。

三

习近平新时代中国特色社会主义思想的世界观和方法论以其科学性、系统性的思想要求，以其必须坚持人民至上、必须坚持自信自立、必须坚持守正创新、必须坚持问题导向、必须坚持系统观念、必须坚持胸怀天下的立场观点方法为中国特色社会主义事业发展提供了根本遵循，对我们正确认识历史、认识发展、认识现代化、认识文明等重大问题具有科学指导意义。习近平新时代中国特色社会主义思想的世界观和方法论运用于对历史、对发展、对现代化、对文明的认识，丰富发展了马克思主义的正确的历史观、发展观、现代化观。习近平总书记指出："我们必须坚持正确的历史观、大局观、发展观，看清当前国际国内形势纷繁复杂现象下的本质，做到临危不乱、危中寻机、开拓进取、开辟新局，更好统筹中华民族伟大复兴战略全局和世界百年未有之大变局。"习近平总书记还指出："只有坚持以人民为中心的发展思想，坚持发展为了人民、发展依靠人民、发展成果由人民共享，才会有正确的发展观、现代化观。"这些重要论述就是习近平新时代中国特色社会主义思想的世界观和方法论在中国特色社会主义事业具体领域的具体体现。

习近平新时代中国特色社会主义思想的世界观和方法论运用于对历史发展的科学总结从而丰富发展了马克思主义的历史观。这一历史观澄清了对于中国历史的一些基本认识，特别是那种认为中华民族的历史就是僵化和封闭的历史，因而导致近代以来的落后，针对这种观点，习近平总书记深刻指出，"以数千年大历史观之，变革和开放总体上是中国的历史常态"；坚持守正创新，确立了认识改革开放前后历史的基本原则，这就是不能把改革开放前后两个时期对立起来，不能用改革开放后的历史时期否定改革开放前的历史时期，也不能用改革开放前的历史时期否定改革开放后的历史时期，"改革开放前的社会主义实践探索为改革开放后的社会主义实践探索积累了条件，改革开放后的社会主义实践探索是对前一个时期的坚持、改革、发展"。

习近平新时代中国特色社会主义思想的世界观和方法论运用于对

发展问题的认识从而丰富发展了马克思主义的发展观。党的十八大以来，习近平总书记紧紧抓住发展这一关系中国前途命运的根本问题，运用马克思主义世界观和方法论，提出了系统科学的发展观：坚持人民至上，就要践行以人民为中心的发展思想，不仅要实现有情的发展、有声的发展、有根的发展、有未来的发展、有胸怀的发展，还要实现更好的教育、更稳定的工作、更满意的收入、更可靠的社会保障、更高水平的医疗卫生服务、更便利的交通出行、更舒适的居住条件、更优美的环境、更丰富的精神文化生活，以及实现更加充实、更可持续的获得感、满足感、幸福感、安全感；提出了新发展理念，发展理念是战略性、纲领性、引领性的东西，是发展思路、发展方向、发展着力点的集中体现，"新发展理念是一个系统的理论体系，回答了关于发展的目的、动力、方式、路径等一系列理论和实践问题，阐明了我们党关于发展的政治立场、价值导向、发展模式、发展道路等重大政治问题"；提出了统筹发展与安全，始终把发展放在安全基础之上，包括经济自身安全、社会安全、公共卫生安全、产业链安全、供应链安全、粮食安全等，使发展更可持续、更有效率、更有活力、更有韧性。

习近平新时代中国特色社会主义思想的世界观和方法论运用于对现代化的认识从而丰富发展了马克思主义的现代化观。习近平新时代中国特色社会主义思想以其世界观和方法论去认识中国社会主义现代化的发展进程和客观规律，丰富发展了马克思主义现代化观：坚持自信自立，坚信世界上既不存在定于一尊的现代化模式，也不存在放之四海而皆准的现代化标准，不能用西方现代化的已有模式去框定后发国家现代化的道路，各国的现代化道路应该由本国人民自己选择；我们所推进的现代化，既有各国现代化的共同特征，更有基于国情的中国特色，中国式现代化是中国共产党领导的社会主义现代化，只有中国共产党能够克服一切艰难实现中国人的现代化梦想，"从第一个五年计划到第十四个五年规划，一以贯之的主题就是把我国建设成为社会主义现代化国家"。坚持系统观念，认为中国式现代化是具有中国特色的现代化，即中国式现代化是人口规模巨大的现代化，是全体人民共同富裕的现代化，是物质文明和精神文明相协调的现代化，是人与自然和谐共生的现代化，是走和平发展道路的现代化。中国式现代化的本质要求是：坚持中国共产党领导，坚持中国特色社会主义，实现高质量发展，发展全过程人民民主，丰富人民精神世界，实现全体人民共同富裕，促进人与自然和谐共生，推动构建人类命运共同体，创造人类文明新形态。中国式现代化切合中国实际，体现了共产党执政规律、社会主义建设规律、人类社会发展规律，为发展中国家走向现代化提供了全新选择。

习近平新时代中国特色社会主义思想的世界观和方法论运用于对文明的认识从而丰富发展了马克思主义的文明观。习近平新时代中国特色社会主义思想以其世界观和方法论去认识中华文明、亚洲文明、世界文明，丰富发展了马克思主义文明观：中华文明具有讲仁爱、重民本、守诚信、崇正义、尚和合、求大同的精神特质和发展形态，历来崇尚"以和邦国""和而不同""以和为贵"，历来把人的精神生活纳入人生和社会理想之中，中华文明孕育了中华民族的宝贵精神品格，培育了中国人民的崇高价值追求；坚持胸怀天下，以世界眼光看待人类文明，强调各种文明是平等的，文明只有姹紫嫣红之别，绝无高低优劣之分，更无先进落后之异，认为自己的人种和文明高人一等，执意改造甚至取代其他文明，在认识上是愚蠢的，在做法上是灾难性的；文明发展的本质要求就是交流互鉴，任何一种文明只有同其他文明交流互鉴、取长补短，才能保持旺盛生命活力，才能长盛不衰，才能不断营养自己，同时文明交流互鉴应该是对等的、平等的，应该是多元的、多向的，是取长补短的，而不是吸吮别人的血肥自己。习近平总书记指出："要坚持弘扬平等、互鉴、对话、包容的文明观，以宽广胸怀理解不同文明对价值内涵的认识，尊重不同国家人民对自身发展道路的探索，以文明交流超越文明隔阂，以文明互鉴超越文明冲突，以文明共存超越文明优越，弘扬中华文明蕴含的全人类共同价值，推动构建人类命运共同体。"平等、互鉴、对话、包容的文明观是超越文明优越、超越文明隔阂、超越文明冲突的文明观。

（作者为中国社会科学院马克思主义研究院党委书记、研究员）

（《红旗文稿》2022 年第 20 期）

坚持发扬斗争精神

刘志明

习近平总书记在党的二十大报告中指出，"我国发展进入战略机遇和风险挑战并存、不确定难预料因素增多的时期，各种'黑天鹅'、'灰犀牛'事件随时可能发生。我们必须增强忧患意识，坚持底线思维，做到居安思危、未雨绸缪，准备经受风高浪急甚至惊涛骇浪的重大考验"①，并强调，"统筹发展和安全，全力战胜前进道路上各种困难和挑战，依靠顽强斗争打开事业发展新天地"②。深入学习贯彻党的二十大精神，必须坚持发扬斗争精神，坚定斗争意志，敢于斗争、善于斗争，根据形势变化及时调整斗争策略，团结一切可以团结的力量，调动一切积极因素，不断夺取具有许多新的历史特点的伟大斗争新胜利。

---

① 习近平：《高举中国特色社会主义伟大旗帜 为全面建设社会主义现代化国家而团结奋斗——在中国共产党第二十次全国代表大会上的报告》，人民出版社 2022 年版，第 26 页。
② 习近平：《高举中国特色社会主义伟大旗帜 为全面建设社会主义现代化国家而团结奋斗——在中国共产党第二十次全国代表大会上的报告》，人民出版社 2022 年版，第 28 页。

没有斗争就没有胜利

中国共产党在国家内忧外患、民族危难之时诞生。党的一百多年历史，就是一部敢于斗争、敢于胜利的伟大斗争史，斗争精神贯穿于中国革命、建设、改革各个时期。一百多年来，党和人民以"为有牺牲多壮志，敢教日月换新天"的大无畏气概，绘就了人类发展史上的壮美画卷，书写了中华民族几千年历史上最恢宏的史诗，展现出中华民族伟大复兴前所未有的光明前景。党和人民取得的一切成就，不是天上掉下来的，更不是别人恩赐的，而是通过不断斗争取得的，没有斗争就没有胜利。

新时代十年，我们解决了许多影响党长期执政、国家长治久安、人民幸福安康的突出矛盾和问题，有效应对了严峻复杂的国际形势和接踵而至的巨大风险挑战，攻克了许多长期没有解决的难题，办成了许多事关长远的大事要事，推动党和国家事业取得历史性成就、发生历史性变革，推动我国迈上全面建设社会主义现代化国家新征程。毋庸置疑，这一切靠的是以习近平同志为核心的党中央以伟大的历史主动精神、巨大的政治勇气、强烈的责任担当，统筹国内国际两个大局，贯彻党的基本理论、基本路线、基本方略，统揽伟大斗争、伟大工程、伟大事业、伟大梦想，团结带领全党全军全国各族人民义无反顾进行具有许多新的历史特点的伟大斗争。

马克思指出："如果斗争只是在有极顺利的成功机会的条件下才着手进行，那末创造世界历史未免就太容易了。"[1] 世界上没有哪个党像我们这样，遭遇过如此多的艰难险阻，经历过如此多的生死考验，付出过

---

[1]《马克思恩格斯全集》第33卷，人民出版社1973年版，第210页。

如此多的惨烈牺牲。从 1921 年到 1949 年，中国共产党领导的革命队伍中有名可查的烈士就达 370 多万人。新时代，在脱贫攻坚一线，大批像黄文秀这样的优秀党员，用实际行动践行"随时准备为党和人民牺牲一切"的入党誓言；在抗击新冠疫情斗争中，无数共产党人挺身而出，为人民生命健康向险而行。在跨越百年的不懈奋斗中，那些定格在历史画卷中的面容永远熠熠发光，那些回荡在历史长空中的誓言依然雄浑嘹亮。一代又一代中国共产党人不怕牺牲、顽强拼搏的英雄事迹和崇高风范，如同一柄柄精神火炬，照亮了实现民族复兴的壮阔征途。

一百多年来，在应对各种困难挑战中，我们党始终遵循毛泽东同志提出的"斗争，失败，再斗争，再失败，再斗争，直至胜利"这样一条"人民的逻辑"[1]，锤炼了"不畏强敌、不惧风险、敢于斗争、勇于胜利的风骨和品质"[2]，这是我们党不可战胜的强大精神力量。

依靠斗争赢得未来

新时代，坚持和发展中国特色社会主义是一场艰巨而伟大的社会革命；新征程，团结带领全国各族人民全面建成社会主义现代化强国、实现第二个百年奋斗目标，以中国式现代化全面推进中华民族伟大复兴是我们党的中心任务。我们的事业是伟大的，我们的蓝图是宏伟的，坚忍不拔才能胜利，半途而废必将一事无成。想一帆风顺推进我们的事业，想顺顺当当实现我们的宏伟蓝图，是不可能的。我们必须勇于进行具有许多新的历史特点的伟大斗争，准备付出更为艰巨、更为艰苦的努力。

在前进道路上，我们面临的形势和环境极其复杂和严峻，我们肩负

---

[1]《毛泽东选集》第 4 卷，人民出版社 1991 年版，第 1487 页。
[2] 习近平：《在党史学习教育动员大会上的讲话》，《求是》2021 年第 7 期。

的任务极其繁重和艰巨，可以说是"世所罕见、史所罕见"。我们面临的"四大考验"不可能凭空消失，仍将长期存在；我们面临的"四种危险"同样不可能凭空消失，也仍将长期存在。我们面临的风险挑战更多更复杂，正所谓诸多矛盾交织叠加，各种风险挑战接踵而至。另外，考虑到各种敌对势力绝不会让我们顺顺利利实现中华民族伟大复兴，我们必须深刻认识，实现伟大梦想必须进行伟大斗争，前进道路上的斗争必将无时不在、无处不有。我们要时刻做好斗争准备，骨头要硬、决不胆怯，敢于出击、敢战能胜。历史也昭示我们，"唯有主动迎战、坚决斗争才有生路出路，才能赢得尊严、求得发展，逃避退缩、妥协退让只会招致失败和屈辱，只能是死路一条"①。

总之，虽然我们党依靠斗争创造了历史，但是，"我们千万不能在一片喝彩声、赞扬声中丧失革命精神和斗志，逐渐陷入安于现状、不思进取、贪图享乐的状态"②。志不求易者成，事不避难者进。新时代新征程，我们更要依靠斗争赢得未来，依靠顽强斗争打开事业发展新天地。需要指出的是，我们讲的斗争，不是为了斗争而斗争，也不是为了一己私利而斗争，而是为了实现人民对美好生活的向往、实现中华民族伟大复兴知重负重、苦干实干、攻坚克难。③这种知重负重、苦干实干、攻坚克难的方方面面的工作就是斗争。

永葆斗争精神

习近平总书记指出："人无精神则不立，国无精神则不强。唯有精

---

① 《总体国家安全观学习纲要》，学习出版社、人民出版社2022年版，第37页。
② 习近平：《牢记初心使命，推进自我革命》，《求是》2019年第15期。
③ 习近平：《在"不忘初心、牢记使命"主题教育总结大会上的讲话》，《求是》2020年第13期。

神上站得住、站得稳,一个民族才能在历史洪流中屹立不倒、挺立潮头。"① 历史经验告诉我们,一个政党,一个国家,一支队伍,如果失去了斗争意志,是非常可怕的,离危亡也就不远了。新时代新征程,我们要把握应对风险挑战的战略主动,战胜前进道路上的一切艰难险阻,善于在危机中育新机、于变局中开新局,继续办好发展和安全两件大事,以中国式现代化推进中华民族伟大复兴,夺取中国特色社会主义新胜利,必须保持战略定力,永葆"只争朝夕、奋发有为""越是艰险越向前"和"狭路相逢勇者胜"的斗争精神。

永葆斗争精神,要具备无私的品格和无畏的勇气。无私者无畏,无畏者才能斗争。斗争是一种责任,敢于负责才叫真斗争。要发扬历史主动精神,在机遇面前主动出击,不犹豫、不观望;在困难面前迎难而上,不推诿、不逃避;在风险面前积极应对,不畏缩、不躲闪。要心怀"国之大者",站在全局和战略的高度想问题、办事情,坚持一切工作都以贯彻落实党中央决策部署为前提,坚持局部服从全局、自觉为大局担当,绝不能为了局部利益损害全局利益、为了暂时利益损害根本利益和长远利益。

斗争精神不是与生俱来的。严格的思想淬炼、政治历练、实践锻炼是党员领导干部永葆斗争精神的不二法门。党员领导干部唯有经过复杂严峻斗争的磨砺和锻炼,才有可能练胆魄、磨意志、长才干,真正锻造成为习近平总书记所说的"烈火真金"。党员领导干部要学懂弄通做实党的创新理论,掌握马克思主义立场观点方法,尤其是习近平新时代中国特色社会主义思想的世界观和方法论,夯实敢于斗争、善于斗争的思想根基,理论上清醒,政治上才能坚定,斗争起来才有底气、才有

---

① 习近平:《论中国共产党历史》,中央文献出版社 2021 年版,第 41 页。

力量。要坚持党的原则第一、党的事业第一、人民利益第一，不断强化政治担当，面对大是大非敢于亮剑，面对矛盾敢于迎难而上，面对危机敢于挺身而出，面对失误敢于承担责任，面对歪风邪气敢于坚决斗争、善于斗争，做勇于斗争的"战士"，不做爱惜羽毛的"绅士"，始终保持共产党人不信邪、不怕鬼、不当软骨头和敢于斗争的风骨、气节、操守、胆魄，"在事关中国特色社会主义前途命运的大是大非问题上坚定不移，在改革发展稳定工作中敢于碰硬，在全面从严治党上敢于动硬，在维护国家核心利益上敢于针锋相对，不在困难面前低头，不在挑战面前退缩，不拿原则做交易，不在任何压力下吞下损害中华民族根本利益的苦果"①。要着力增强防风险、迎挑战、抗打压能力，带头担当作为，做到平常时候看得出来、关键时刻站得出来、危难关头豁得出来。

我们坚信，新时代新征程，只要在党的坚强领导下全党全国各族人民安不忘危、存不忘亡、乐不忘忧，时刻保持警醒，增强斗争意识，永葆斗争精神，不断增强志气、骨气、底气，始终不信邪、不怕鬼、不怕压，始终知难而进、迎难而上，始终团结一心、众志成城，始终敢于斗争、善于斗争，根据形势变化及时调整斗争策略，我们就一定能够抓住和用好历史机遇，下好先手棋、打好主动仗，牢牢掌握我国发展和安全主动权，战胜前进道路上的一切困难挑战，在新中国成立一百年时建成富强民主文明和谐美丽的社会主义现代化强国，继续创造令人刮目相看的新的奇迹。

（作者为中国社会科学院马克思主义研究院马克思主义中国化研究部主任、研究员）

（《世界社会主义研究》2022 年第 11 期）

---

① 《习近平新时代中国特色社会主义思想学习纲要》，学习出版社、人民出版社 2019 年版，第 56 页。

"两个确立"是党团结奋斗的根本保证

于海青　祁建朋

党的二十大报告强调，团结奋斗是中国人民创造历史伟业的必由之路。要确保全党在新时代新征程上高度团结、接续奋斗，必须确立习近平同志党中央的核心、全党的核心地位，确立习近平新时代中国特色社会主义思想的指导地位。"两个确立"是党在新时代取得的重大政治成果，是全党在思想上政治上行动上同以习近平同志为核心的党中央保持高度一致，为创造新的历史伟业而团结奋斗的根本保证。

"两个确立"为全党团结统一提供领导核心和理论武装

确立领导核心是马克思主义政党实现组织巩固和步调统一的基本前提。早在建设世界上第一个无产阶级政党时，马克思、恩格斯就十分强调"集中"思想和权威原则。列宁认为造就一批有经验、有威信的党的领袖对于无产阶级的意志统一具有关键意义。毛泽东明确反对"一国三公"，指出要建立领导核心，"领导核心只能有一个"。邓小平指出"任何一个领导集体都要有一个核心，没有核心的领导是靠不住的"。

迈进新征程，全党要团结成"一块坚硬的钢铁"，首要的是确立习近平同志党中央的核心、全党的核心地位。唯有如此，上下贯通、执行有力的组织体系才有核心支撑，9800 多万党员队伍才有紧紧拥护和对标看齐的核心领导，个人服从组织、局部服从全局、全党服从中央的组织原则在具体工作实践中才有核心指向，全党才能产生强大凝聚力和向心力。确立习近平同志党中央的核心、全党的核心地位是新时代党的组织建设的基本要求，是全党必须遵守维护的组织纪律和政治纪律，是党的组织原则和组织制度的重要发展。它为各层级各领域各方面的共产党员组织起来、团结起来提供了坚强核心，使全党在自觉维护核心、捍卫领袖、服从领导中实现高度团结统一。

以科学的理论武装头脑是党始终保持思想统一、意志统一的宝贵经验。从毛泽东思想到邓小平理论、"三个代表"重要思想、科学发展观再到习近平新时代中国特色社会主义思想，党总是在不断推进马克思主义中国化时代化的过程中武装头脑、消除分歧、凝聚共识。习近平新时代中国特色社会主义思想是当代中国马克思主义、二十一世纪马克思主义，是中华文化和中国精神的时代精华。确立习近平新时代中国特色社会主义思想的指导地位，意味着全体党员世界观、人生观、价值观的培育塑造有了崭新的思想旗帜和思想武器，在面对中国之问、世界之问、人民之问、时代之问时能够形成科学观点和统一认识。全面贯彻这一思想成果，学习其中包含的世界观和方法论，学会用好贯穿其中的立场观点方法，全党对新时代坚持和发展中国特色社会主义的前进方向、基本原则、战略部署、策略方法更加明确，对马克思主义的信仰、对社会主义和共产主义的信念，对中国特色社会主义道路的信心更加坚定，党内存在的各种错误思想观点为之荡涤一空，全党思想意志在真学真懂真信真用中达到空前统一。

"两个确立"为全党接续奋斗提供战略定力和行动指南

"两个确立"是全党应对一切不确定性的最大确定性。这种最大确定性，是压舱石，通过深刻领悟"两个确立"的决定性意义、坚决做到"两个维护"实现高度政治认同，全党在中华民族伟大复兴战略全局与世界百年未有之大变局的交织激荡中能够始终保持政治稳定、持重笃行；是掌舵人，通过自觉遵守政治规矩和政治纪律，维护党中央定于一尊、一锤定音的领导权威，全党在面对波澜壮阔的人民实践和历史转折飞跃的重大关头能够叱咤风云、无有留难；是航行图，通过掌握习近平新时代中国特色社会主义思想，全党在面对浩浩汤汤的时代大潮和风云变幻的全球局势时能够明晰历史方位、时代经纬和道路航向。正因为有了压舱石、掌舵人和航行图，巍巍巨轮才能在面对风高浪急甚至惊涛骇浪时始终保持清醒与坚定，沿着正确道路乘风破浪、行稳致远。

"两个确立"是全党战胜各种风险挑战的强大斗争武器。所谓"奋斗"，不仅要奋发进取，还要敢于斗争。面对外部势力和平演变、极限讹诈打压手段不断升级，全面深化改革带来的矛盾挑战加剧，全党只有发扬斗争精神，敢于斗争、善于斗争，才能克服一切艰难险阻。

"两个确立"是全党始终把握历史主动的根本所在。历史发展自有其规律，但处于其中的人并非完全消极被动，通过充分发挥主观能动性，人们能够在利用规律和把握大势中创造条件、不断奋进。习近平新时代中国特色社会主义思想是在深刻揭示共产党执政规律、社会主义建设规律和人类社会发展规律的基础上指导人们认识世界和改造世界的最新理论成果，贯穿其中的战略思维、系统思维、辩证思维等科学思维方法对于分析时代、把握大势有着重要价值。进入新时代，以习近平同志为核心的党中央展现了强烈历史主动精神和巨大政治勇气。全党要坚决做到"两个维护"，把握历史发展规律和大势，始终掌握党和国家事业发展的历史主动。

"两个确立"凝聚全党全军全国各族人民的磅礴伟力

"两个确立"不是自上而下造出来的，而是自下而上长出来的，有着深厚的群众基础和现实基础，反映了全党全军全国各族人民的共同意愿。

坚持人民至上是"两个确立"的鲜明标识。习近平总书记始终将人民放在心中最高位置。"人民中心论""人民幸福论""人民江山论"等无不彰显一个卓越的马克思主义政治家、思想家、战略家"无我""为民"的赤子情怀。习近平新时代中国特色社会主义思想是站稳人民立场、把握人民愿望、尊重人民创造、集中人民智慧、指导人民奋斗的理论。其中的"十个明确""十四个坚持""十三个方面成就"无不贯穿着坚持人民至上的价值理念。可以说，"两个确立"是新时代新征程上立党为公、执政为民的重要政治前提，是实现人民群众对美好生活向往的根本政治保证。

新时代十年的伟大变革是"两个确立"的有力检验。党的十八大以来，全党在以习近平同志为核心的党中央坚强领导下，全面贯彻习近平新时代中国特色社会主义思想，团结带领人民群众展开了"天翻地覆慨而慷"的伟大变革，在改革发展稳定、内政外交国防、治党治国治军等各个方面取得了突破性进展、标识性成果、历史性成就。新时代十年的伟大变革雄辩地证明，"两个确立"对于党和国家的事业发展具有决定性意义，是被伟大实践证明了的受到全党全军全国各族人民衷心拥护的重大政治成果。它能够充分激发亿万民众的政治凝聚力和发展自信心，凝聚起全党全军全国各族人民的创造伟力，为全面建成社会主义现代化强国、实现中华民族伟大复兴而团结奋斗！

（作者单位分别为中国社会科学院马克思主义研究院、

山东大学马克思主义学院）

（《中国社会科学报》2022 年 11 月 25 日第 6 版）

新时代十年伟大变革的历史性成就与宝贵经验

宋月红

习近平总书记在党的二十大报告中科学总结新时代十年的伟大变革，指出十年来我们经历了对党和人民事业具有重大现实意义和深远历史意义的三件大事，一是迎来中国共产党成立一百周年，二是中国特色社会主义进入新时代，三是完成脱贫攻坚、全面建成小康社会的历史任务，实现第一个百年奋斗目标；强调党在革命性锻造中更加坚强有力，中国人民焕发出更为强烈的历史自觉和主动精神，实现中华民族伟大复兴进入了不可逆转的历史进程，科学社会主义在二十一世纪的中国焕发出新的蓬勃生机。新时代十年的伟大变革，在党史、新中国史、改革开放史、社会主义发展史、中华民族发展史上具有里程碑意义，推动我国迈上全面建设社会主义现代化国家新征程。

影响深远的历史性成就

党的十八大以来，以习近平同志为核心的党中央团结带领人民，高举中国特色社会主义伟大旗帜，坚定不移推进中华民族伟大复兴历史进程，党和国家事业取得历史性成就、发生历史性变革，开创了中国特色社会主义新时代。

坚持把马克思主义基本原理同中国具体实际相结合、同中华优秀传统文化相结合，以全新的视野深化对共产党执政规律、社会主义建设规律、人类社会发展规律的认识，创立了习近平新时代中国特色社会主义思想，实现了马克思主义中国化时代化新的飞跃。

全面加强党的领导，党的政治领导力、思想引领力、群众组织力、社会号召力显著增强。加强党的全面领导和党中央集中统一领导，系统完善党的领导制度体系，充分发挥党总揽全局、协调各方的领导核心作用。党在革命性锻造中更加坚强有力，思想上更加统一、政治上更加团结、行动上更加一致。

以中国式现代化推进中华民族伟大复兴，不断丰富和发展人类文明新形态。紧紧围绕我国社会主要矛盾，对新时代党和国家事业发展作出科学完整的战略部署，统揽伟大斗争、伟大工程、伟大事业、伟大梦想，统筹推进"五位一体"总体布局，协调推进"四个全面"战略布局，统筹发展和安全，推动物质文明、政治文明、精神文明、社会文明和生态文明协调发展，成功推进和拓展了中国式现代化。

打赢人类历史上规模最大的脱贫攻坚战，历史性地解决了绝对贫困问题。坚持精准扶贫、尽锐出战，组织实施人类历史上规模最大、力度最强的脱贫攻坚战。全国八百三十二个贫困县全部摘帽，十二万八千个贫困村全部出列，近一亿农村贫困人口实现脱贫，提前十年实现联合国二〇三〇年可持续发展议程减贫目标，创造了人类减贫史上的奇迹，实现了小康这个中华民族的千年梦想。

我国经济实力实现历史性跃升，进入创新型国家行列。提出并贯彻新发展理念，着力推进高质量发展，推动构建新发展格局，实施供给侧结构性改革，制定一系列具有全局性意义的区域重大战略。我国经济总量稳居世界第二位，谷物总产量稳居世界首位，粮食安全、能源安全得到有效保障，城镇化率提高。加快推进科技自立自强，基础研究和原始创新不断加强，一些关键核心技术实现突破，战略性新兴产业发展壮大。

全面深化改革，国家治理体系和治理能力现代化水平明显提高。推动改革全面发力、多点突破、蹄疾步稳、纵深推进，实现改革由局部探索、破冰突围到系统集成、全面深化的转变，各领域基础性制度框架基本确立，许多领域实现历史性变革、系统性重塑、整体性重构。

实行更加积极主动的开放战略，形成更大范围、更宽领域、更深层次对外开放格局。推动规则、规制、管理、标准等制度型开放，构建互利共赢、多元平衡、安全高效的开放型经济体系，不断增强我国国际经济合作和竞争新优势，开创了我国改革开放新局面。

全面发展全过程人民民主，人民当家作主更为扎实。坚持走中国特色社会主义政治发展道路，全面推进社会主义民主政治制度化、规范化、程序化，社会主义协商民主广泛开展。坚持依法治国、依法执政、依法行政共同推进，坚持法治国家、法治政府、法治社会一体建设，社会主义法治国家建设深入推进，全面依法治国总体格局基本形成，中国特色社会主义法治体系不断健全，法治中国建设开创新局面。

确立和坚持马克思主义在意识形态领域指导地位的根本制度，意识形态领域形势发生全局性、根本性转变。建设具有强大凝聚力和引领力的社会主义意识形态，建设社会主义文化强国。着力解决意识形态领域党的领导弱化问题，立破并举、激浊扬清，就意识形态领域许多方向性、战略性问题作出部署，牢牢掌握意识形态工作领导权，全党全国各族人民文化自信明显增强、精神面貌更加奋发昂扬。

深入贯彻以人民为中心的发展思想，人民生活全方位改善。以保障和改善民生为重点加强社会建设，尽力而为、量力而行，在幼有所育、学有所教、劳有所得、病有所医、老有所养、住有所居、弱有所扶上持续用力。坚守底线、突出重点、完善制度、引导预期，注重加强普惠性、基础性、兜底性民生建设，推进基本公共服务均等化。建成世界上规模最大的教育体系、社会保障体系、医疗卫生体系。社会治理社会化、法治化、智能化、专业化水平大幅度提升，发展了人民安居乐业、社会安定有序的良好局面。人民群众获得感、幸福感、安全感更加充实、更有保障、更可持续，共同富裕取得新成效，书写了社会长期稳定奇迹。

坚持绿水青山就是金山银山的理念，生态环境保护发生历史性、转折性、全局性变化。坚持走生产发展、生活富裕、生态良好的文明发展道路。推进山水林田湖草沙一体化保护和系统治理，建立健全自然资源资产产权制度、国土空间开发保护制度、生态文明建设目标评价考核制度和责任追究制度、生态补偿制度、河湖长制、林长制、环境保护"党政同责"和"一岗双责"等制度，生态文明制度体系更加健全。全方位、全地域、全过程加强生态环境保护，美丽中国建设迈出重大步伐。

贯彻总体国家安全观，国家安全领导体制和法治体系、战略体系、政策体系不断完善。维护国家主权、安全、发展利益，完善集中统一、高效权威的国家安全领导体制，建立国家安全工作协调机制和应急管理机制，国家安全得到全面加强。共建共治共享的社会治理制度进一步健全，经受住了来自政治、经济、意识形态、自然界等方面的风险挑战考验，平安中国建设迈向更高水平，为党和国家兴旺发达、长治久安提供了有力保证。

贯彻新时代党的强军思想，人民军队现代化水平和实战能力显著提升。坚持党对人民军队的绝对领导，确立党在新时代的强军目标，贯彻新时代军事战略方针，推进政治建军、改革强军、科技强军、人才强军、依法治军。深化国防和军队改革，重构人民军队领导指挥体制、现代军事力量体系、军事政策制度，加快国防和军队现代化建设，统筹加强各方向各领域军事斗争，人民军队体制一新、结构一新、格局一新、面貌一新，中国特色强军之路越走越宽广。

全面准确推进"一国两制"实践，牢牢把握两岸关系主导权和主动权。坚持和完善"一国两制"制度体系，维护宪法和基本法确定的特别行政区宪制秩序，落实中央对特别行政区全面管治权，坚定落实"爱国者治港""爱国者治澳"，推动香港进入由乱到治走向由治及兴的新阶段，香港、澳门保持长期稳定发展良好态势。提出新时代解决台湾问题的总体方略，促进两岸交流合作，坚决反对"台独"分裂行径，坚决反对外部势力干涉，推动两岸关系朝着正确方向发展。

全面推进中国特色大国外交，我国国际影响力、感召力、塑造力显著提升。统筹国内国际两个大局，完善外交总体布局，对中国特色大国外交作出战略谋划，推动建设新型国际关系，推动构建人类命运共同体，弘扬和平、发展、公平、正义、民主、自由的全人类共同价值。积极参与全球治理体系改革和建设，坚定维护国际公平正义，旗帜鲜明反对一切霸权主义和强权政治，毫不动摇反对任何单边主义、保护主义、霸凌行径。中国特色大国外交全面推进，构建人类命运共同体成为引领时代潮流和人类前进方向的鲜明旗帜。

深入推进全面从严治党，找到了自我革命这一跳出治乱兴衰历史周期率的第二个答案。办好中国的事情，关键在党，关键在全面从严治党。党提出和落实新时代党的建设总要求，以党的政治建设统领党的建设各项工作，坚持思想建党和制度治党同向发力，形成比较完善的党内法规体系。持之以恒正风肃纪，开展了史无前例的反腐败斗争，不敢腐、不能腐、不想腐一体推进，反腐败斗争取得压倒性胜利并全面巩固。以伟大自我革命引领伟大社会革命，党的自我净化、自我完善、自我革新、自我提高能力显著增强。

厚重宝贵的历史经验

新时代十年伟大变革的历史性成就，是党领导人民团结奋斗出来的，根本在于习近平总书记掌舵领航，在于习近平新时代中国特色社会主义思想科学指引。党确立习近平同志党中央的核心、全党的核心地位，确立习近平新时代中国特色社会主义思想的指导地位，反映了全党全军全国各族人民共同心愿，对新时代党和国家事业发展、对推进中华民族伟大复兴历史进程具有决定性意义。

坚持和加强党的全面领导。党的领导是中国特色社会主义最本质的特征和中国特色社会主义制度的最大优势。新时代新征程上，最紧要的是深刻领悟"两个确立"的决定性意义，增强"四个意识"、坚定"四个自信"、做到"两个维护"，自觉在思想上政治上行动上同以习近平同志为核心的党中央保持高度一致。坚决维护党中央权威和集中统一领导，把党的领导落实到党和国家事业各领域各方面各环节，使党始终成为人民最可靠的主心骨，确保我国社会主义现代化建设正确方向。

全面深入贯彻习近平新时代中国特色社会主义思想。习近平新时代中国特色社会主义思想是当代中国马克思主义、二十一世纪马克思主义，是中华文化和中国精神的时代精华。坚持对马克思主义的坚定信仰、对中国特色社会主义的坚定信念，坚定道路自信、理论自信、制度自信、文化自信，就必须把握好习近平新时代中国特色社会主义思想的世界观和方法论，坚持好、运用好贯穿其中的立场观点方法，必须坚持人民至上，必须坚持自信自立，必须坚持守正创新，必须坚持问题导向，必须坚持系统观念，必须坚持胸怀天下，不断开辟马克思主义中国化时代化新境界。

坚持中国特色社会主义道路。中国特色社会主义，既坚持了科学社会主义基本原则，又根据时代条件赋予其鲜明的中国特色。坚持中国特色社会主义道路，必须坚持以经济建设为中心，坚持四项基本原则，坚持改革开放，坚持独立自主、自力更生，坚持道不变、志不改，既不走封闭僵化的老路，也不走改旗易帜的邪路，坚持把国家和民族发展放在自己力量的基点上，坚持把中国发展进步的命运牢牢掌握在自己手中。

坚持以人民为中心的发展思想。人民是党执政兴国的最大底气。始终坚持全心全意为人民服务的根本宗旨，维护人民根本利益，增进民生福祉，不断实现发展为了人民、发展依靠人民、发展成果由人民共享。坚定不移走全体人民共同富裕道路，让现代化建设成果更多更公平惠及全体人民。

坚持深化改革开放。深入推进改革创新，坚定不移扩大开放。加强改革顶层设计，冲破思想观念束缚，突破利益固化藩篱，着力破解深层次体制机制障碍，不断彰显中国特色社会主义制度优势，不断增强社会主义现代化建设的动力和活力，把我国制度优势更好转化为国家治理效能。

坚持发扬斗争精神。务必敢于斗争、善于斗争，不断增强全党全国各族人民的志气、骨气、底气，不信邪、不怕鬼、不怕压，知难而进、迎难而上。统筹发展和安全，把维护国家安全贯穿党和国家工作各方面全过程，健全国家安全体系，确保国家安全和社会稳定，依靠顽强斗争打开事业发展新天地。

坚持全面从严治党。全面建设社会主义现代化国家、全面推进中华民族伟大复兴，关键在党。坚持全面从严治党永远在路上、自我革命永远在路上，确保党永远不变质、不变色、不变味，确保党在世界形势深刻变化的历史进程中始终走在时代前列，在应对国内外各种风险和考验的历史进程中始终成为全国人民的主心骨，在坚持和发展中国特色社会主义的历史进程中始终成为坚强领导核心。

总之，坚持党的全面领导是坚持和发展中国特色社会主义的必由之路，中国特色社会主义是实现中华民族伟大复兴的必由之路，团结奋斗是中国人民创造历史伟业的必由之路，贯彻新发展理念是新时代我国发展壮大的必由之路，全面从严治党是党永葆生机活力、走好新的赶考之路的必由之路。这"五个必由之路"是我们党在长期实践中得出的至关紧要的规律性认识，全党必须做到矢志不渝、笃行不怠，方能不负时代、不负人民，引领和保障中国特色社会主义巍巍巨轮乘风破浪、行稳致远。

（作者为中国社会科学院当代中国研究所副所长、研究员）

（《新湘评论》2022 年第 21 期）

开辟马克思主义中国化时代化新境界

王伟光

习近平总书记在党的二十大报告中指出："实践告诉我们，中国共产党为什么能，中国特色社会主义为什么好，归根到底是马克思主义行，是中国化时代化的马克思主义行。"这一重要论断为准确理解马克思主义中国化时代化新的飞跃，继续推进实践创新基础上的理论创新提供了科学指引。在实现中华民族伟大复兴的新征程上，我们要始终坚持马克思主义的指导，牢牢把握习近平新时代中国特色社会主义思想的世界观和方法论，不断谱写马克思主义中国化时代化新篇章。

归根到底是中国化时代化的马克思主义行

马克思主义是科学的、人民的、实践的理论，具有普遍的、根本的、长远的指导意义。马克思主义是由马克思主义哲学、马克思主义政治经济学和科学社会主义理论构成的系统、完整、科学的理论体系，它站在人民的立场探求人类自由解放的道路，揭示了客观事物尤其是人类社会发展的规律。

马克思主义哲学把唯物论和辩证法结合在一起，彻底地运用到历史观、认识论中，把唯物主义物质观运用到历史领域形成科学的世界观，运用到认识领域形成了科学的实践观，建立了实践的唯物主义基础上的唯物主义历史观和唯物主义认识论，从而成为最彻底的坚持辩证法的唯物论，也成为最彻底、最完备的坚持唯物论的辩证法。马克思主义哲学为人们提供了最科学、最锐利的世界观、方法论，提供了认识和处理问题的立场、观点和方法。

唯物史观的发现是马克思最伟大的理论贡献之一。马克思将"从事实际活动的人"作为历史的基本前提，把物质生产力作为全部社会生活的物质前提，指出人类历史上第一个活动是"生产物质生活本身"，从而找到了不以人的意志为转移的、决定整个社会生活的决定性力量——生产力，找到了一切人类社会生活赖以存在的物质基础——社会生产方式，并从生产力与生产关系的矛盾运动，以及由此衍生出来的经济基础和上层建筑的矛盾运动，说明了人类社会的"终极社会形态"的发展历程，揭示了人类历史发展的客观规律。

马克思运用辩证唯物主义和历史唯物主义的立场、观点和方法观察资本主义社会，深入剖析了资本主义的经济关系，创立了剩余价值理论，找到了资本主义社会剥削的秘密，揭露了无产阶级与资产阶级之间的阶级对立及其经济根源，揭示了资本主义社会矛盾运动规律，得出"两个必然"的结论。马克思主义不仅指出了人类社会最终走向共产主义的必然趋势，从生产力、生产关系、人的自由发展程度等多角度描绘了共产主义社会的基本特征，更重要的是指导人民为实现共产主义而奋斗的实践，提出了实现共产主义的必备前提，创立了通过无产阶级革命和无产阶级专政达到人类最美好未来的科学社会主义理论，创立了工人阶级的世界观和方法论。

时代在变化，社会在发展，尽管我们所处的时代同马克思所处的时代相比发生了巨大而深刻的变化，但从世界社会主义 500 年的大视野来看，我们依然处在马克思主义所指明的由资本主义向共产主义转变的大的历史时代，马克思主义的基本原理依然是颠扑不破、行之有效的科学真理。恩格斯曾经说过："马克思的整个世界观不是教义，而是方法。它提供的不是现成的教条，而是进一步研究的出发点和供这种研究使用的方法。"我们今天学习和坚持马克思主义，就要学习和实践马克思主义关于人类社会发展规律、坚守人民立场等思想，掌握马克思主义的基本原理，运用马克思主义的基本立场观点和方法认识世界和改造世界。

马克思主义是我们立党立国、强党强国的根本指导思想，拥有马克思主义科学理论指导是我们党鲜明的政治品格和强大的政治优势。马克思主义在中国的广泛传播催生了中国共产党，马克思主义使我们党拥有了科学的世界观和方法论，拥有了认识世界、改造世界的强大思想武器。我们党正是因为有了马克思主义的正确指导，才能够不断克服艰难险阻发展壮大。历史和实践表明：中国共产党为什么能，中国特色社会主义为什么好，从根本上说，是因为马克思主义行。

把马克思主义基本原理与时代特征和实践需要相结合，不断推动马克思主义中国化时代化是我们党百年奋斗取得的宝贵经验。一百多年来，我们党坚持把马克思主义基本原理同中国具体实际相结合，创立了毛泽东思想、邓小平理论，形成了"三个代表"重要思想、科学发展观，创立了习近平新时代中国特色社会主义思想，指导党和人民事业不断开创新局。我们党在长期实践中深刻认识到，必须把马克思主义基本原理同中国具体实际相结合、同中华优秀传统文化相结合，推动马克思主义中国化时代化，才能充分展现马克思主义的真理力量，不断赋予马克思主义崭新的生命力。中国共产党为什么能，中国特色社会主义为什么好，从根本上说，是马克思主义行，是中国化时代化的马克思主义行。

实现马克思主义中国化时代化新的飞跃

马克思主义基本原理是普遍真理，具有永恒的思想价值，但马克思主义经典作家并没有穷尽真理，而是不断为寻求真理和发展真理开辟道路。马克思主义之所以行，就在于党不断推进马克思主义中国化时代化并用以指导实践，在实践创新基础上实现理论创新，不断开辟马克思主义中国化时代化新境界。

"推进马克思主义中国化时代化是一个追求真理、揭示真理、笃行真理的过程。"党的十八大以来，面对国内外新形势新变化和实践新要求，以习近平同志为核心的党中央牢牢坚持马克思主义的指导，以巨大的政治勇气和高度的历史自觉开展理论探索和创新。经过艰辛的理论探索和实践检验，我们党空前地深化了对共产党执政规律、社会主义建设规律和人类社会发展规律的认识，科学回答了新时代坚持和发展什么样的中国特色社会主义、怎样建设中国特色社会主义，建设什么样的社会主义现代化强国、怎样建设社会主义现代化强国，建设什么样的长期执政的马克思主义政党、怎样建设长期执政的马克思主义政党等重大时代课题，提出了一系列创新观点和方法，形成了马克思主义中国化时代化的最新理论成果，创立了当代中国的马克思主义、二十一世纪马克思主义。

习近平新时代中国特色社会主义思想坚持解放思想、实事求是、与时俱进、求真务实，对关系新时代党和国家事业发展的重大理论和实践问题进行了深邃思考和科学判断，运用辩证唯物主义和历史唯物主义回答中国之问、世界之问、人民之问、时代之问。以宏大的历史视野观察中国特色社会主义所处的历史方位，敏锐地捕捉到社会主要矛盾的变化，以此为依据作出了中国特色社会主义进入新时代的重大判断，精准标定了中国特色社会主义的新的发展阶段。以辩证思维审视当今中国所面临的历史机遇和时代背景，指出了实现中华民族伟大复兴的战略全局和世界百年未有之大变局，将"两个大局"作为谋划工作的基本出发点，为推动经济社会发展和内政外交决策提供了基本遵循。

立足新的发展阶段，在新时代中国特色社会主义实践的拓展深化中，我们党不断探索新的历史条件下建设社会主义的目标、方略、理念等一系列重大问题，把坚持和发展中国特色社会主义的思想和理论推进到新的水平和阶段。提出并系统阐述了实现中华民族伟大复兴中国梦，赋予中国特色社会主义事业以新的深刻意蕴；提出并创造性地阐述了"五位一体"总体布局和"四个全面"战略布局，为"两个一百年"奋斗目标的实现指明了现实路径；鲜明提出并科学阐述了新发展理念，为构建双循环新发展格局，推动经济高质量发展提供了理论支撑；开创性地提出了中国式现代化道路及其基础性、战略性支撑，进一步增强了中国特色社会主义道路自信、理论自信、制度自信、文化自信，为其他国家实现现代化提供了新的有益参考，在理论和实践上极大地充实了世界社会主义发展史。

习近平新时代中国特色社会主义思想继承、丰富和发展了马克思主义建党学说，深化了对新时代党的建设规律的认识，在全面从严治党等关键问题上作出重大创新，标志着我们党对执政党建设规律的认识达到新的高度。习近平总书记旗帜鲜明地提出"中国共产党领导是中国特色社会主义最本质的特征"，"勇于自我革命，是我们党最鲜明的品格，也是我们党最大的优势",为新时代坚持和加强党的全面领导、深入推进全面从严治党提供了理论遵循和行动指南;适应新时代党的建设新的伟大工程需要,创造性提出了新时代党的建设总要求,坚持思想建党和制度治党同向发力、依法治国和依规治党有机统一,探索出了制度治党、依规治党的长远之策、根本之策,党内法规制度建设取得历史性新突破;深刻揭示了党的自我革命与社会革命的辩证统一关系,开辟了百年大党自我革命的新境界,找到了跳出治乱兴衰历史周期率的第二个答案。党的十八大以来,正是因为这一思想的引领,全面从严治党取得了历史性、开创性成就,产生了全方位、深层次影响。

习近平新时代中国特色社会主义思想坚持马克思主义的哲学基本立场,提出了一系列重大思想观点及科学思想方法和工作方法。运用矛盾分析法认识当今社会矛盾,指出我国社会主要矛盾已经转化为人民日益增长的美好生活需要和不平衡不充分的发展之间的矛盾,丰富发展马克思主义社会矛盾理论;提出"以人民为中心"的发展思想,彰显了鲜明的人民立场;运用辩证唯物主义和历史唯物主义的哲学思维把握中国发展和世界发展的走向或趋势,形成了科学的大时代观和大历史观;把唯物辩证法具体化为观察世界、分析形势、指导工作的认识方法和思维方法。习近平新时代中国特色社会主义思想是科学的世界观,也是有效的方法论,是指导中国特色社会主义建设实践的强大工具。

不断推进马克思主义中国化时代化,用马克思主义中国化时代化的科学理论引领伟大实践,这是党的百年奋斗取得的宝贵经验。党的十八大以来,习近平总书记带领全党继续推进马克思主义基本原理同中国具体实际相结合、同中华优秀传统文化相结合,使马克思主义呈现出更多中国特色、中国风格、中国气派,创立了马克思主义中国化时代化的最新理论成果,实现了马克思主义中国化时代化新的飞跃。习近平总书记明确提出必须通过"两个结合"实现马克思主义中国化时代化，使马克思主义中国化时代化新的飞跃具有了更为全面、彻底的途径；习近平总书记高度重视马克思主义基本原理同中华优秀传统文化的结合，为在新的时代条件下推动中华优秀传统文化创造性转化、创新性发展作出重要论述。

"两个结合"深刻揭示了我们党推进马克思主义中国化时代化的历史逻辑、实践逻辑、理论逻辑的有机统一，是对我们党坚持和发展马克思主义历史经验的深刻总结，标志着我们党对马克思主义中国化时代化发展规律的认识达到了新的高度，实现了新的突破，为继续推进马克思主义中国化时代化，长期坚持以发展着的马克思主义指导新时代中国特色社会主义伟大实践，不断谱写马克思主义中国化时代化新篇章提供了基本遵循。

不断谱写马克思主义中国化时代化新篇章

理论创新每前进一步，理论武装就要跟进一步。习近平新时代中国特色社会主义思想是当代中国马克思主义、二十一世纪马克思主义，是中华文化和中国精神的时代精华，实现了马克思主义中国化时代化新的飞跃，为新时代中国特色社会主义建设和中华民族伟大复兴，提供了思想指南和理论指导。党的十八大以来，在习近平新时代中国特色社会主义思想指导下，党和国家事业取得历史性成就、发生历史性变革。在新时代新征程上，我们要继续坚定不移地用习近平新时代中国特色社会主义思想武装头脑、指导实践、推动工作。

坚持习近平新时代中国特色社会主义思想，最为关键的是要把握其核心，即贯穿其中的世界观和方法论。党的二十大报告对习近平新时代中国特色社会主义思想作出了更深刻的诠释，创新性地提出了"六个必须坚持"：必须坚持人民至上、必须坚持自信自立、必须坚持守正创新、必须坚持问题导向、必须坚持系统观念、必须坚持胸怀天下。这"六个必须坚持"深刻揭示了这一科学思想的理论品格和鲜明特质，是习近平新时代中国特色社会主义思想的精髓，是推进马克思主义中国化时代化的根本遵循。我们学习实践这一思想必须完整、系统、深刻地领悟"六个必须坚持"，把握贯穿其中的立场观点方法。

时代是出卷人，我们是答卷人，人民是阅卷人。当代中国正经历着中华民族历史上最为广泛而深刻的社会变革，也正经历着人类历史上最为宏大而独特的实践创新。当前改革发展稳定任务之重、矛盾风险挑战之多、治国理政考验之大都前所未有，世界百年未有之大变局深刻变化前所未有，提出了大量亟待回答的理论和实践课题。时代和实践提出的问题，需要我们从理论上做出新的科学解答，需要我们结合中国具体国情予以剖析，结合中华优秀传统文化予以表达，站在人民的立场予以回答。

实践创新没有止境，理论创新也没有止境。把坚持马克思主义和发展马克思主义统一起来，结合新的实践不断作出新的理论创造，这是马克思主义永葆生机活力的奥妙所在。马克思主义是开放的理论，需要在实践中不断得到丰富和发展。通过"两个结合"实现马克思主义中国化时代化，马克思主义的真理力量和生机活力不断得到彰显。我们党之所以能够历经考验磨难无往而不胜，关键就在于不断进行实践创新和理论创新。

习近平总书记在党的二十大报告中着重阐述了新时代新征程中国共产党的使命任务，指明了党的中心任务是团结带领全国各族人民全面建成社会主义现代化强国、实现第二个百年奋斗目标，以中国式现代化全面推进中华民族伟大复兴。踏上新征程，肩负新任务，面对新课题，"推进马克思主义中国化时代化的任务不是轻了，而是更重了"。我们要准确把握时代大势，勇于站在人类发展前沿，聆听人民心声，回应现实需要，继续回答中国之问、世界之问、人民之问、时代之问，继续深化对三大规律的认识，及时总结党领导人民创造的新成就、新经验，在实践创新的基础上不断推动理论创新。

在全面建设社会主义现代化国家、全面推进中华民族伟大复兴的新征程上，我们要坚持以马克思主义中国化时代化最新成果为指导，把握好习近平新时代中国特色社会主义思想的世界观和方法论，坚持好、运用好贯穿其中的立场观点方法，在新时代伟大实践中不断开辟马克思主义中国化时代化新境界，续写马克思主义中国化时代化新篇章。

（作者为中国社会科学院大学 21 世纪马克思主义研究院院长）

（《中国纪检监察报》2022 年 12 月 1 日第 5 版）

从世界观和方法论高度认识把握习近平新时代中国特色社会主义思想

辛向阳

　　党的二十大报告系统阐发了习近平新时代中国特色社会主义思想的世界观和方法论这一重要命题，报告提出："继续推进实践基础上的理论创新，首先要把握好新时代中国特色社会主义思想的世界观和方法论，坚持好、运用好贯穿其中的立场观点方法。"①这里不仅强调了世界观和方法论，而且强调了立场观点方法，在马克思主义发展史上有重要意义，在马克思主义中国化时代化的进程中具有重要意义。2022 年 10 月 17 日，习近平总书记参加党的二十大广西代表团讨论时指出："学习贯彻党的创新理论，要理解把握其世界观和方法论，坚持好、运用好贯穿其中的立场观点方法。"②我们要深刻领会其中蕴含的丰富内容，这一论断将会对新时代中国特色社会主义事业发展产生越来越深刻的影响。

---

　　① 习近平：《高举中国特色社会主义伟大旗帜 为全面建设社会主义现代化国家而团结奋斗——在中国共产党第二十次全国代表大会上的报告》，人民出版社 2022 年版，第 18—19 页。

　　② 《习近平在参加党的二十大广西代表团讨论时强调 心往一处想劲往一处使推动中华民族伟大复兴号巨轮乘风破浪扬帆远航》，《人民日报》2022 年 10 月 18 日第 1 版。

习近平新时代中国特色社会主义思想始终强调坚持马克思主义世界观和方法论

（一）坚持辩证唯物主义和历史唯物主义的世界观和方法论，是认识和把握我国社会发展的阶段性特征的必然要求

习近平总书记指出："认识和把握我国社会发展的阶段性特征，要坚持辩证唯物主义和历史唯物主义的方法论。"[①]坚持物质第一性的原理和社会基本矛盾分析法，就要求我们牢牢把握社会主义初级阶段这个最大国情和最大实际，更准确地把握我国社会主义初级阶段不断变化的特点。掌握了辩证唯物主义和历史唯物主义的世界观和方法论，就会深刻认识到实现共产主义是由一个一个阶段性目标逐步达成的历史过程，这是一个从社会主义过渡时期，经过共产主义第一阶段再进入高级阶段的漫长的历史过程，社会主义初级阶段是共产主义第一阶段的初级阶段，不是离开共产主义的阶段。这个阶段既是向共产主义迈进的起始阶段，又是有共产主义因素生长和发展的阶段，共产主义远大理想已经在这个阶段种下了种子，这颗种子是不断顽强生长的。掌握了辩证唯物主义和历史唯物主义的世界观和方法论，我们就会深刻地认识到，社会主义初级阶段长达百年的历史过程也会划分为若干个具有明显的阶段性特征的阶段。在40多年的改革开放进程中，我们先后出现了新时期新阶段和新世纪新阶段，现在则是进入新时代的新阶段。1992年江泽民在党的十四大报告中提出，"以邓小平同志的谈话和今年三月中央政

[①] 《习近平在省部级主要领导干部"学习习近平总书记重要讲话精神迎接党的十九大"专题研讨班开班式上发表重要讲话强调 高举中国特色社会主义伟大旗帜 为决胜全面小康社会实现中国梦而奋斗》，《人民日报》2017年7月28日第1版。

治局全体会议为标志，我国改革开放和现代化建设事业进入了一个新的阶段"①。这是"新时期新阶段"，这个阶段提出了建立和完善社会主义市场经济的战略任务，更加明确了改革的方向。对于"新世纪新阶段"，胡锦涛在 2005 年 2 月省部级主要领导干部提高构建社会主义和谐社会能力专题研讨班上从八个方面进行了概括。之后，胡锦涛在 2005 年 10 月党的十六届五中全会第二次全体会议上进一步从十个方面阐述了"重要阶段性特征"。党的十七大报告指出，进入新世纪新阶段，我国发展呈现出一系列新的阶段性特征，包括：从经济实力方面看，显著增强和生产力水平总体上还不高并存；从社会主义市场经济体制角度看，初步建立和影响发展的体制机制障碍并存；从人民生活角度看，总体上达到小康水平和收入分配差距拉大趋势还未根本扭转并存；从协调发展角度看，成绩显著和农业基础薄弱并存，等等②。这就紧紧抓住了新世纪新阶段呈现出的特点，使我们制定的政策更加贴合实际，更能够解决中国的实际问题。

党的十八大之后，中国特色社会主义进入新时代。不仅如此，我们还强调进入了新发展阶段。新发展阶段在社会主义初级阶段中处于什么方位？习近平总书记指出社会主义初级阶段的"两个不是"和"两个是"："社会主义初级阶段不是一个静态、一成不变、停滞不前的阶段，也不是一个自发、被动、不用费多大气力自然而然就可以跨过的阶段，而是一个动态、积极有为、始终洋溢着蓬勃生机活力的过程，是一个阶梯式递进、不断发展进步、日益接近质的飞跃的量的积累和发展变化的过程。"③这是充分运用辩证唯物主义和历史唯物主义的世界观和方法论

---

① 《江泽民文选》第 1 卷，人民出版社 2006 年版，第 217 页。
② 《胡锦涛文选》第 2 卷，人民出版社 2016 年版，第 622—623 页。
③ 习近平：《论把握新发展阶段、贯彻新发展理念、构建新发展格局》，中央文献出版社 2021 年版，第 474—475 页。

得出的科学结论，也是我们认识中国基本国情发展变化以及呈现出的新的阶段性特征的理论指南。离开了辩证唯物主义和历史唯物主义的世界观和方法论，就无法认识清楚社会主义初级阶段发展变化的历史轨迹，特别是无法认识清楚新发展阶段的内涵。改革开放和社会现代化建设新时期是中华民族实现富起来的阶段，新发展阶段则是中华民族实现强起来的阶段，习近平总书记指出："新发展阶段是我们党带领人民迎来从站起来、富起来到强起来历史性跨越的新阶段。"① 新发展阶段是蕴含着巨大创造力的阶段，一方面，众多领域阶梯式递进、不断发展进步所形成的量的积累日益接近质的飞跃带来巨大创造力，例如中国新型工业化的推进使中国从制造大国向着制造强国不断迈进；另一方面，中国在很多产业和科技领域开始进入领先世界的位置，这带来了无数的创新机会，很多产业站在风口上，洋溢着生机活力，卡脖子技术会越来越多地得到解决。新发展阶段不仅是社会主义初级阶段中的一个阶段，而且是经过几十年积累，从起始到曲折、从再出发到站上新起点的一个阶段。这个阶段不仅要实现中华民族伟大复兴，而且要把我国建设成为富强民主文明和谐美丽、综合国力和国际影响力领先的现代化强国。

（二）坚持辩证唯物主义和历史唯物主义世界观和方法论，是全面深化改革、正确处理改革发展稳定关系的必然要求

习近平总书记一再强调，我国是一个大国，决不能在根本性问题上出现颠覆性错误。不犯颠覆性错误的前提就是，坚持辩证唯物主义和历史唯物主义世界观和方法论。辩证唯物主义和历史唯物主义世界观和方法论要求我们在改革进程中坚持加强党的领导和尊重人民首创精神相结合，坚持"摸着石头过河"和把握客观规律相结合，坚持基层探索和

---

① 习近平：《论把握新发展阶段、贯彻新发展理念、构建新发展格局》，中央文献出版社2021年版，第471页。

顶层设计相结合，坚持问题导向和目标导向相统一，坚持试点先行和全面推进相促进；要求我们掌握唯物辩证法的根本方法，善于处理各种复杂的关系，在权衡利弊中趋利避害、作出最为有利的战略抉择，突出改革的系统性、整体性、协同性。改革的系统性、整体性、协同性强调三点：各项重大改革之间的相互贯通、相互促进，防止你改你的、我改我的；各项改革要关注到短期、中期和长期效应的关系，防止长期目标短期化的合成谬误；注意改革之间的相互掣肘，有的改革对本领域而言是积极的，但对于其他领域可能是消极的，会产生诸多负面问题。2018 年 11 月，习近平总书记在民营企业座谈会上指出："任何一项政策出台，不管初衷多么好，都要考虑可能产生的负面影响，考虑实际执行同政策初衷的差别，考虑同其他政策是不是有叠加效应，不断提高政策水平。"[1] 如果政策之间相互消解，改革就难以达到预期效果，工作就可能止步不前。

习近平新时代中国特色社会主义思想始终在实践中充分运用马克思主义世界观和方法论

（一）实践和运用辩证唯物主义和历史唯物主义的世界观和方法论，科学总结了党的百年奋斗重大成就和历史经验，科学总结了党的十九大以来极不平凡的五年和新时代十年的伟大变革

习近平总书记指出："党中央认为，总结党的百年奋斗重大成就和历史经验，要坚持辩证唯物主义和历史唯物主义的方法论，用具体历史的、客观全面的、联系发展的观点来看待党的历史。"[2] 这体现在：实践和运用辩证唯物主义和历史唯物主义的方法论，在客观看待历史事件、

---

① 习近平：《在民营企业座谈会上的讲话》，《人民日报》2018 年 11 月 2 日第 2 版。
② 《习近平谈治国理政》第四卷，外文出版社 2022 年版，第 19—20 页。

历史进程、历史任务的过程中，不断揭示共产党执政规律、社会主义建设规律、人类社会发展规律，抵御各种历史虚无主义谬论，推动党的事业不断发展壮大；坚持辩证唯物主义和历史唯物主义的方法论，概括总结出"十个坚持"的历史经验，这些经验是相互贯通、相辅相成的整体，生动体现了辩证唯物主义要求的具体历史的观点、客观全面的观点、联系发展的观点，切实防止了对历史抽象、主观、碎片化和孤立性的认识。无论是总结党的百年历史，还是总结新时代十年的历史，我们都坚持和运用辩证唯物主义和历史唯物主义的世界观和方法论。党的二十大报告明确指出，"十九大以来的五年，是极不寻常、极不平凡的五年"，"新时代十年的伟大变革，在党史、新中国史、改革开放史、社会主义发展史、中华民族发展史上具有里程碑意义"①。这些结论不仅符合客观实际，而且极大地增强了全党的历史自信，增强了中国人民的历史自信。

（二）实践和运用辩证唯物主义和历史唯物主义的世界观和方法论，准确认识和把握社会主要矛盾、确定中心任务，紧紧抓住新时代社会主要矛盾

一百多年来，我们党深刻把握近代中国社会主要矛盾是帝国主义和中华民族的矛盾、封建主义和人民大众的矛盾，坚定地反帝反封建，最终推翻三座大山，取得新民主主义革命的胜利；我们把握社会主义革命时期国内主要矛盾是无产阶级和资产阶级的矛盾，完成社会主义改造任务，建立社会主义；我们把握社会主义改造基本完成后，国内主要矛盾是人民对于经济文化迅速发展的需要同当时经济文化不能满足人民需要的状况之间的矛盾，推进了社会主义建设事业；我们把握改革开放和社会主义现代化建设新时期人民日益增长的物质文化需要同落后的社

---

① 习近平：《高举中国特色社会主义伟大旗帜 为全面建设社会主义现代化国家而团结奋斗——在中国共产党第二十次全国代表大会上的报告》，人民出版社 2022 年版，第 15 页。

会生产之间的矛盾，强调要扭住中心任务，很好地解决了这个矛盾；我们把握新时代社会主要矛盾是人民日益增长的美好生活需要和不平衡不充分的发展之间的矛盾，强调增强解决发展不平衡不充分问题的系统性，"推动解决这些问题，要坚持辩证唯物主义和历史唯物主义世界观、方法论"①。离开了辩证唯物主义和历史唯物主义世界观、方法论，就无法确定不同历史时期社会主要矛盾是什么，无法真正认识清楚主要矛盾的科学内涵，无法把握主要矛盾的主要方面和次要方面，就无法实现人民在不同历史阶段所提出的要求，就无法在新时代满足人民群众对美好生活的向往。

（三）实践和运用辩证唯物主义和历史唯物主义的世界观和方法论，深刻认识中华文明的历史与特质

2020年9月在十九届中央政治局第二十三次集体学习时，习近平总书记明确指出，坚持辩证唯物主义和历史唯物主义，深入进行理论探索，增强中国考古学在国际考古学界的影响力、话语权。2022年5月在十九届中央政治局第三十九次集体学习时，习近平总书记指出，我们党历来用历史唯物主义的立场观点方法看待中华民族历史，继承和弘扬中华优秀传统文化。西方学术界比较流行的判断文明是否形成的标志是"三要素"，即冶金术、文字和城市。这是根据西亚的两河流域文明和北非的古埃及文明归纳出来的。有西方学者以此为标准，判断中华文明只有3500年的历史。"中华文明探源工程"以历史唯物主义为指导，根据对中国各地早期文明的考古发现，经过多学科联合攻关研究，认为中华文明的形成有自己的特殊规律，提出了符合中华文明特质的判断社会是否进入文明的标准，即：生产力获得发展，人口增加，出现城市；出现

---

① 习近平：《论把握新发展阶段、贯彻新发展理念、构建新发展格局》，中央文献出版社2021年版，第3页。

社会分工，阶层分化，出现阶级；出现王权和国家。以此为标准来衡量，中华文明至少有 5000 年历史。以历史唯物主义为科学指导，我们不仅认识清楚了中华文明 5000 多年的历史，而且认清了这一文明发展变化的基本规律。

习近平新时代中国特色社会主义思想坚持和运用了中国化马克思主义的世界观和方法论

（一）习近平新时代中国特色社会主义思想坚持和运用了毛泽东思想的世界观和方法论

毛泽东思想坚持和发展马克思主义世界观和方法论，贯穿其中的立场观点方法有三个基本方面，这就是实事求是、群众路线、独立自主。习近平新时代中国特色社会主义思想坚持和运用了实事求是、群众路线、独立自主等。毛泽东指出："'实事'就是客观存在着的一切事物，'是'就是客观事物的内部联系，即规律性，'求'就是我们去研究。"[①] 习近平总书记大大丰富了实事求是的内涵。坚持实事求是，就要准确把握客观实际，从各种复杂的假象中寻找出事物的真相，从零乱的现象中发现事物内部存在的必然联系，从芜杂的表象中发现事物本质的东西，从客观事物存在和发展的规律出发制定政策；坚持实事求是，就要在推进党内政治生活健康发展中遵循实事求是的基本原则，及时发现和纠正思想认识上的偏差，使思想认识与客观实际相一致，同时纠正决策中的失误、工作中的缺点；坚持实事求是，就要反对教条主义，不断推进实践基础上的理论创新。毛泽东思想强调群众路线是我们党的生命

---

① 《毛泽东选集》第 3 卷，人民出版社 1991 年版，第 801 页。

线和根本工作路线，本质上体现的是马克思主义关于人民群众是历史的创造者这一基本原理。习近平总书记发展了这一思想，指出坚持群众路线，就要坚持人民是决定我们前途命运的根本力量，就要坚持全心全意为人民服务的根本宗旨，就要保持党同人民群众的血肉联系，就要真正让人民来评判我们的工作。时代是出卷人，我们是答卷人，人民是阅卷人。坚持群众路线，就要坚持人民至上。

（二）习近平新时代中国特色社会主义思想坚持和运用了中国特色社会主义理论体系的世界观和方法论

改革开放后，我们推进马克思主义中国化时代化，形成了中国特色社会主义理论体系。这一理论体系在坚持马克思主义世界观和方法论的同时，丰富和发展了马克思主义世界观和方法论，提出了"摸着石头过河"、与时俱进、求真务实等。邓小平始终坚持把"摸着石头过河"当作改革的方法。他强调，"我们干的是全新的事业"[1]"改革开放是很大的试验"[2]，"改革开放胆子要大一些，敢于试验，不能像小脚女人一样。看准了的，就大胆地试"[3]。"三个代表"重要思想强调推进中国特色社会主义事业发展，应当坚持和运用马克思主义的世界观和方法论。科学发展观是马克思主义关于发展的世界观和方法论的集中体现。2004年1月，胡锦涛在十六届中央纪委第三次会议上对求真务实作了马克思主义的科学解释："求真务实，是辩证唯物主义和历史唯物主义一以贯之的科学精神。"[4]什么是求真务实？科学发展观强调"求真务实"包括"四求四务"：求社会主义初级阶段基本国情之真，真正把握住这一基本国情的客观状况、发展趋势，务坚持长期艰苦奋斗之实，在艰苦创业中发

① 《邓小平文选》第3卷，人民出版社1993年版，第253页。
② 《邓小平文选》第3卷，人民出版社1993年版，第130页。
③ 《邓小平文选》第3卷，人民出版社1993年版，第372页。
④ 《胡锦涛文选》第2卷，人民出版社2016年版，第151页。

展中国特色社会主义；求社会主义建设规律和人类社会发展规律之真，切切实实把握住这些客观规律的丰富内涵、多方面要求，务抓好发展这个党执政兴国的第一要务之实，聚精会神搞建设；求人民群众的历史地位和作用之真，把握人民群众的历史主动作用，务发展最广大人民根本利益之实，使人民群众能够得到最直接最现实的利益；求共产党执政规律之真，弄清楚共产党不能有自身特殊利益的纯洁性和先进性，务全面加强和改进党的建设之实。这些认识是马克思主义世界观和方法论的中国化时代化。

对于"摸着石头过河"、与时俱进、求真务实这些体现马克思主义世界观和思想路线要求的方法，习近平总书记继承和发展了这些方法的精髓。2012 年 12 月，习近平总书记在十八届中央政治局第二次集体学习时指出："摸着石头过河，是富有中国特色、符合中国国情的改革方法。摸着石头过河就是摸规律，从实践中获得真知。"① 今天我们"要采取试点探索、投石问路的方法，取得了经验，形成了共识，看得很准了，感觉到推开很稳当了，再推开，积小胜为大胜"②。新的实践也促使人们不断深化对改革的认识。党的十八届三中全会提出，"加强顶层设计和摸着石头过河相结合"③。习近平总书记指出："摸着石头过河和加强顶层设计是辩证统一的。"④ 从这里可以看出，摸着石头过河作为改革的重要方法，不仅是总结经验，而且更重要的是把握规律。同时，习近平总书记一再强调与时俱进、求真务实的重要性，强调要与时俱进地发展人民代表大会制度，与时俱进地全面深化改革，实现党内监

① 《习近平在中共中央政治局第二次集体学习时强调 以更大的政治勇气和智慧深化改革》，《人民日报》2013 年 1 月 2 日第 1 版。

② 习近平：《论坚持全面深化改革》，中央文献出版社 2018 年版，第 7 页。

③ 《中共中央关于全面深化改革若干重大问题的决定》，《人民日报》2013 年 11 月 16 日第 1 版。

④ 《习近平在中共中央政治局第二次集体学习时强调 以更大的政治勇气和智慧深化改革》，《人民日报》2013 年 1 月 2 日第 1 版。

督制度与时俱进，全球经济治理需要与时俱进、因时而变。

习近平新时代中国特色社会主义思想始终在创新中发展马克思主义世界观和方法论

（一）"六个必须坚持"鲜明体现了习近平新时代中国特色社会主义思想的立场观点方法

必须坚持人民至上，强调人民性是马克思主义的本质属性。党的二十大报告指出："我们要站稳人民立场、把握人民愿望、尊重人民创造、集中人民智慧，形成为人民所喜爱、所认同、所拥有的理论。"① 坚持人民至上包括：人民群众是党回答时代答卷的阅卷人，是答卷答案判断标准的制定者，是答卷优秀不优秀、及格不及格的判定者；各方面工作都要始终体现以人民为中心的要求，要体现在全面深化改革中，使改革的每一项成果都能惠及最广大人民群众，特别是要在所有制制度的完善中体现人民至上，维护公有制的主体地位；在分配制度的完善中体现人民至上，维护按劳分配的主体地位；人民群众是理论创新的实践源泉，人民群众在实践中提出问题、提供探索经验，为理论发展提供丰厚的实践基础。

必须坚持自信自立，强调道路、理论、制度、文化自信和历史、政党自信，强调独立自主、自力更生。自信自立要求中国的问题必须从中国基本国情出发，从社会主义初级阶段的实际出发，由中国人自己来解答；强调中国的事情由中国人民自己决定和处理，坚决反对那种指手画脚的"教师爷"的说教；强调中国的未来由中国人民自己来谋划，我们坚持的中国特色社会主义道路是自己开辟出来的，全面建成社会主义现

---

① 习近平：《高举中国特色社会主义伟大旗帜 为全面建设社会主义现代化国家而团结奋斗——在中国共产党第二十次全国代表大会上的报告》，人民出版社 2022 年版，第 19 页。

代化强国的宏伟蓝图是自己描绘的；强调中国的理论由中国共产党人自己来创造。

必须坚持守正创新，强调既坚持正确方向，又紧跟时代和实践步伐。守正就是要坚持马克思主义基本原理不动摇，坚持科学社会主义基本原则不动摇，要去除各种迷雾、附加和教条；坚持党的全面领导不动摇，坚持与各种企图削弱党的领导甚至是否定党的领导的思潮进行坚决斗争；坚持中国特色社会主义不动摇，不仅要坚定"四个自信"，而且要使中国特色社会主义旗帜高高飘扬；创新就是要以满腔热忱对待一切新生事物，敢于说前人没有说过的新话，敢于干前人没有干过的事情。

必须坚持问题导向，强调增强问题意识。党的二十大报告指出："聚焦实践遇到的新问题、改革发展稳定存在的深层次问题、人民群众急难愁盼问题、国际变局中的重大问题、党的建设面临的突出问题，不断提出真正解决问题的新理念新思路新办法。"① 坚持问题导向就要强化问题意识。所谓问题意识就是一种对存在问题的自觉能动的认识和把握，就是有一种自觉能动地从问题出发办事做工作的态度。主要包括两点：首先是问题观念，就是时时刻刻思考现实中存在着什么样需要解决的重大问题。党的二十大报告分析了五大类问题：一是实践遇到的新问题，如互联网意识形态管理问题、资本规范和引导问题；二是改革发展稳定存在的深层次问题，如国内大循环内生动力和可靠性问题、产业链供应链韧性和安全问题、增强脱贫地区和脱贫群众内生发展动力问题等；三是人民群众急难愁盼问题，如义务教育优质均衡发展和城乡一体化问题，影响平等就业的不合理限制和就业歧视问题，优质医疗资源扩容和区域均衡布局问题，降低生育、养育、教育成本等问题；四是国际变局

---

① 习近平：《高举中国特色社会主义伟大旗帜 为全面建设社会主义现代化国家而团结奋斗——在中国共产党第二十次全国代表大会上的报告》，人民出版社 2022 年版，第 20 页。

中的重大问题，如"筑墙设垒"、"脱钩断链"、单边制裁、极限施压等问题；五是党的建设面临的突出问题，如"四大考验""四种危险"等问题。其次是问题思维，就是时时刻刻思考未来发展中我们会遇到的难题。2014年10月23日，习近平总书记在党的十八届四中全会第二次全体会议上的讲话中就面向未来提出三个问题：全面建成小康社会之后路该怎么走？如何跳出"历史周期率"、实现长期执政？如何实现党和国家长治久安？这三个问题都有了明确答案。全面建成小康社会之后路该怎么走？分两步走：第一步，到2035年基本实现社会主义现代化；第二步，到本世纪中叶全面建成社会主义现代化强国。如何跳出"历史周期率"、实现长期执政？"两个答案"：在"窑洞对"中毛泽东给出了第一个答案，就是让人民监督政府；经过百年奋斗特别是党的十八大以来新的实践，我们党又给出了第二个答案，就是自我革命。如何实现党和国家长治久安？坚持和加强党的全面领导，把党的领导体现在中国社会主义现代化事业全过程各领域各环节；坚持中国特色社会主义，走康庄大道，不走老路、邪路、歧路、弯路；坚持以人民为中心的发展思想，在经济、政治、文化、社会、生态文明建设中充分发挥人民群众的主体作用；坚持改革开放，啃下各种硬骨头、涉过各种深险滩；坚持发扬斗争精神，对危害党和国家事业的各种错误思想、观念和行为进行坚决斗争。

必须坚持系统观念，强调系统观念是基础性的思想和工作方法。党的二十大报告指出："不断提高战略思维、历史思维、辩证思维、系统思维、创新思维、法治思维、底线思维能力，为前瞻性思考、全局性谋划、整体性推进党和国家各项事业提供科学思想方法。"[1]战略思维就是从全局、长远来思考问题，历史思维就是从大历史的维度看待问题，辩

---

① 习近平：《高举中国特色社会主义伟大旗帜 为全面建设社会主义现代化国家而团结奋斗——在中国共产党第二十次全国代表大会上的报告》，人民出版社2022年版，第21页。

证思维就是在对立统一中把握问题，系统思维就是整体考虑问题，创新思维就是敢于打破自身的思维局限，法治思维就是在法治的轨道上思考和处理问题，底线思维就是要有忧患意识。这些思维之间相互促进、相互作用，就能使我们各项工作的推进有逻辑有方法。习近平总书记指出："系统观念是具有基础性的思想和工作方法。"①这一方法论生动地体现了马克思主义事物普遍联系的观点，从理论上升华了改革的系统性、整体性、协同性实践，是中华优秀传统文化中整体观点的时代表达，也是自然科学中系统论的哲学转化。系统观念的形成既有历史文化基础，也有改革实践基础，还有马克思主义哲学基础和自然科学基础。运用这一观念，就要切实防止盲人摸象、郑人买履、坐井观天、掩耳盗铃、揠苗助长、削足适履、画蛇添足等形而上学的做法，要用辩证思维和系统思维来看待问题；运用这一观念，就要考虑各项重大政策的积极效用和长期实践中可能存在的某些消极性，注意政策的短期、中期和长期效应的相互协同；运用这一观念就要有前瞻性思考，准确把握经济社会发展的大趋势大方向，准确判断世界发展的大潮流大走向，既把握好时代主题，又把握好战略机遇；运用这一观念就要有全局性谋划，要统筹中华民族伟大复兴战略全局和世界百年未有之大变局，始终有全局意识，从党和国家、民族和人民全局利益考虑问题，制定政策；运用这一观念就要坚持整体性推进，就要把握好全局和局部、当前和长远、宏观和微观、主要矛盾和次要矛盾、特殊和一般的关系，处理好政府与市场的关系、独立自主与对外开放的关系、物质文明与精神文明的关系、党与法的关系、人与自然的关系、疫情防控与经济社会发展的关系、民族复兴和人类进步的关系、社会革命与自我革命的关系等。

---

① 《习近平谈治国理政》第四卷，外文出版社 2022 年版，第 117 页。

　　必须坚持胸怀天下，强调站在全球视野谋划我们的发展。党的二十大报告指出："拓展世界眼光，深刻洞察人类发展进步潮流，积极回应各国人民普遍关切。"① 这一基本观点来源于我们党的百年历史经验，党的十九届六中全会通过的《中共中央关于党的百年奋斗重大成就和历史经验的决议》指出要"坚持胸怀天下"② 。这一观点来源于我们对人类社会发展规律的深刻把握，我们党始终认为一个民族的发展离不开与其他国家的相互联系，一个国家如果游离于世界发展之外，要么会被开出球籍，要么会故步自封。

　　人民至上是我们党的鲜明的政治立场，自信自立是发挥历史主动精神、创造历史伟业的基本要求，守正创新是坚持正确道路和把握时代、引领时代的根本态度，问题导向是实现理论根本任务的重要途径，系统观念是前瞻性思考、全局性谋划、整体性推进党和国家各项事业的科学思想方法，胸怀天下是坚守初心使命、关注人类前途命运的鲜明品格，这"六个必须坚持"是相互联系的整体，它们之间彼此紧密相连，缺一不可，共同构成习近平新时代中国特色社会主义思想的世界观和方法论。

（二）习近平新时代中国特色社会主义思想的世界观和方法论的鲜明特质

　　世界观是社会意识对社会存在的反映，是人们对整个世界以及人与世界关系的总的看法和根本观点。这种世界观的背后往往存在着对历史进程和历史规律的认知。习近平新时代中国特色社会主义思想的世界观和方法论是以深厚的大历史观和历史思维为基础的。

　　其一，融入大历史观的世界观和方法论。习近平新时代中国特色社

---

　　① 习近平：《高举中国特色社会主义伟大旗帜 为全面建设社会主义现代化国家而团结奋斗——在中国共产党第二十次全国代表大会上的报告》，人民出版社 2022 年版，第 21 页。
　　② 《中共中央关于党的百年奋斗重大成就和历史经验的决议》，《人民日报》2021 年 11 月 17 日第 1 版。

会主义思想的世界观和方法论是以大历史观为基础的，这是一种十分鲜明的历史哲学意义的世界观和方法论。习近平总书记在党史学习教育动员大会上指出："树立大历史观，从历史长河、时代大潮、全球风云中分析演变机理、探究历史规律。"① 通过把握历史发展规律和大势，就能够更好地认识清楚人类社会发展不可逆转的大趋势是什么，更好地认识清楚我们所处的外部世界发生了什么变化，就可以抓住历史变革的时机，顺势而为，掌握党和国家事业发展的历史主动。

其二，融入历史思维的世界观和方法论。习近平总书记特别强调历史思维，历史思维就是运用历史分析的方法来认识历史、把握现实的思想方法。运用这一思维，习近平总书记提出中国特色社会主义有着改革开放历史的基础、新中国历史的基础、中华民族近代历史的基础和中华民族5000年文明的基础，充分显示中国特色社会主义的发展，既有历史的风云际会，又有历史的风吹雨打；既有历史的跌宕起伏，又有历史的狂飙突进。运用这一思维，习近平总书记阐明了中国共产党100多年历史的主题和伟业。这一历史分析使我们深刻感受到100多年来我们党领导人民创造了怎样伟大的奇迹，也感受到了历史的硝烟、风过长林的历史激荡，更感受到了中华民族伟大复兴的坚定步伐和不可阻挡的力量。习近平新时代中国特色社会主义思想的世界观和方法论是马克思主义世界观方法论的创造性发展，是这一思想的集中概括和精髓要义，对推动全党用这一思想凝心铸魂起到关键作用。

（作者为中国社会科学院马克思主义研究院党委书记、研究员）

（《中共中央党校（国家行政学院）学报》2022年第6期）

---

① 习近平：《在党史学习教育动员大会上的讲话》，人民出版社2021年版，第14页。

具有里程碑意义的新时代十年

李正华

党的二十大报告基于大历史观，对新时代做出了全新的定位。报告指出："新时代十年的伟大变革，在党史、新中国史、改革开放史、社会主义发展史、中华民族发展史上具有里程碑意义。"① 深刻认识、准确把握新时代十年伟大变革的里程碑意义，既有助于深化新中国史研究，更有助于我们坚定历史自信，增强历史主动，全面建设社会主义现代化强国、实现中华民族伟大复兴。

马克思主义中国化时代化实现了新的飞跃，中国共产党在革命性锻造中更加坚强

新时代十年的伟大变革，是中国共产党继取得新民主主义革命、社会主义革命和建设、改革开放和社会主义现代化建设历史性胜利之后取

① 习近平：《高举中国特色社会主义伟大旗帜 为全面建设社会主义现代化国家而团结奋斗——在中国共产党第二十次全国代表大会上的报告》，人民出版社 2022 年版，第 15 页。

得的又一次历史性胜利，在党的历史上树立起的又一座里程碑。

取得了"两个确立"这一重大政治成果。党的十八大以来，在具有许多新的历史特点的伟大斗争实践中，形成了以习近平同志为核心的党中央，创立了习近平新时代中国特色社会主义思想，实现了马克思主义中国化时代化新的飞跃。党的十九届六中全会《决议》鲜明提出"两个确立"，确立习近平同志党中央的核心、全党的核心地位，确立习近平新时代中国特色社会主义思想的指导地位。正是由于有习近平总书记掌舵领航，有习近平新时代中国特色社会主义思想科学指引，新时代党的面貌、国家的面貌、人民的面貌、军队的面貌、中华民族的面貌才发生了前所未有的变化。"两个确立"是新时代最大的政治成果、最重要的历史经验、最客观的实践结论，"反映了全党全军全国各族人民共同心愿，对新时代党和国家事业发展、对推进中华民族伟大复兴历史进程具有决定性意义"。①

如期实现第一个百年奋斗目标。改革开放之初，邓小平明确提出到 20 世纪末"在中国建立一个小康社会"的奋斗目标。② 经过全党全国各族人民共同努力，20 世纪末人民生活总体上达到小康水平。在此基础上，党的十六大提出在 21 世纪头 20 年全面建设惠及十几亿人口的更高水平的小康社会的目标；党的十七大提出了全面建设小康社会的新要求；党的十八大进一步提出，在中国共产党成立一百年时全面建成小康社会，在新中国成立一百年时建成富强民主文明和谐的社会主义现代化国家；党的十九大又对"两个一百年"奋斗目标进行了充实和完善。为了实现这个奋斗目标，党的十八大以来，中国共产党科学把握中国发展新的历史方

---

① 《中共中央关于党的百年奋斗重大成就和历史经验的决议》，《人民日报》2021 年 11 月 17 日第 1 版。

② 《邓小平文选》第 3 卷，人民出版社 1993 年版，第 54 页。

位，做出中国特色社会主义进入新时代的重大政治判断，全面贯彻党的基本理论、基本路线、基本方略，把脱贫攻坚摆在治国理政的突出位置，举全国之力组织实施了人类历史上规模最大、力度最强的脱贫攻坚战，近亿农村贫困人口实现脱贫，如期全面建成小康社会，实现了第一个百年奋斗目标和中华民族的千年梦想，为实现第二个百年奋斗目标、实现中华民族伟大复兴奠定了更为坚实的基础。

中国共产党在革命性锻造中更加坚强。中国共产党顺应时代发展要求，坚持以伟大自我革命引领伟大社会革命、以伟大社会革命促进伟大自我革命，深入推进新时代党的建设新的伟大工程，提出和落实新时代党的建设总要求。全面推进党的政治建设、思想建设、组织建设、作风建设、纪律建设，把制度建设贯穿其中，以党的政治建设统领党的建设各项工作：把保证全党服从中央、维护党中央权威和集中统一领导作为党的政治建设的首要任务，采取了一系列重大战略举措，严明党的政治纪律和政治规矩，确保党的领导更加坚强有力。坚持思想建党和制度治党同向发力，先后开展党的群众路线教育实践活动、"三严三实"专题教育、"两学一做"学习教育、"不忘初心、牢记使命"主题教育、党史学习教育、学习贯彻习近平新时代中国特色社会主义思想主题教育等，教育引导广大党员干部树牢理想信念、补足精神之钙。把全面从严治党纳入"四个全面"战略布局，制定和落实中央八项规定，以钉钉子精神纠治"四风"，十年间共查处违反中央八项规定精神问题 76.1 万多件，全国纪检监察机关共立案 464.8 万余件。① 刹住了一些过去被认为不可能刹住的歪风，纠治了一些多年未除的顽瘴痼疾，党风政风和社会风气为之一新。把腐败看作党长期执政的最大威胁，坚持把权力关进制度的笼子

---

① 《党在革命性锻造中更加坚强有力》，《人民日报》2022 年 10 月 18 日第 4 版。

里，不断完善党和国家监督体系，开展史无前例的反腐败斗争，以"得罪千百人、不负十四亿"的使命担当祛疴治乱，坚定不移"打虎""拍蝇""猎狐"，一体推进不敢腐、不能腐、不想腐，消除了党、国家、军队内部存在的严重隐患，反腐败斗争取得压倒性胜利并全面巩固，从根本上扭转了管党治党宽松软状况。中国共产党找到了自我革命这一跳出治乱兴衰历史周期率的第二个答案，在革命性锻造中更加坚强有力，党的政治领导力、思想引领力、群众组织力、社会号召力显著增强，拥有9800多万名党员的马克思主义政党更加团结统一，显示出强大的生命力。

中国综合国力实现历史性跃升，开启了从"富国"到"强国"的新征程

新时代十年是中国发展迈上新的大台阶伟大变革的十年，综合国力和国际影响力空前提高，开启了从"富国"到"强国"的新征程，"中国人民的前进动力更加强大、奋斗精神更加昂扬、必胜信念更加坚定"。

综合国力实现历史性跃升。新时代十年，党和国家事业取得历史性成就、发生历史性变革，中国经济实力实现历史性跃升，经济发展平衡性、协调性、可持续性明显增强，国家经济实力、科技实力、综合国力跃上新台阶：国内生产总值由54万亿元上升到114万亿元，经济总量占世界经济的比重达18.5%，提高7.2个百分点，稳居世界第二位；人均国内生产总值从3.98万元增长到8.1万元。谷物总产量稳居世界首位，14亿多人的粮食安全、能源安全得到有效保障。制造业规模、外汇储备稳居世界第一。建成世界最大的高速铁路网、高速公路网，机场港口、水利、能源、信息等基础设施建设取得重大成就。基础研究和原始创新不断加强，一些关键核心技术实现突破，战略性新兴产业发展壮大，载

人航天、探月探火、深海深地探测、超级计算机、卫星导航、量子信息、核电技术、新能源技术、大飞机制造、生物医药等取得重大成果，进入创新型国家行列。国家安全得到全面加强，有效应对了外部势力的挑衅与破坏。推动构建人类命运共同体，积极参与全球治理体系改革和建设，国际影响力、感召力、塑造力显著提升。

人民群众的生活水平得到极大提高。新时代十年，中国共产党贯彻以人民为中心的发展思想，攻克一系列难题，战胜一系列挑战，既极大地解放了生产力，又努力实现社会公平正义，人民生活得到全方位改善，生活品质不断提高：把脱贫攻坚作为全面建成小康社会的底线任务，历史性地解决了困扰中华民族几千年的绝对贫困问题。居民人均可支配收入从 1.65 万元增长到 3.51 万元。城镇化率提高 11.6 个百分点，达到 64.7%，中等收入群体比重明显提高。城镇新增就业年均 1300 万人以上。建成世界上规模最大的教育体系、社会保障体系、医疗卫生体系，教育普及水平实现历史性跨越，基本养老保险覆盖 10.4 亿人，基本医疗保险参保率稳定在 95%。人均预期寿命增长到 78.2 岁。面对突如其来的新冠疫情，坚持人民至上、生命至上，最大限度保护了人民生命安全和身体健康，最大限度减少了疫情对经济社会发展的影响，统筹经济发展和疫情防控取得世界上最好的成果，广大人民获得感、幸福感、安全感不断增强，日益增长的美好生活需要不断得到满足。

掀开了中国特色社会主义现代化建设史新的一页。新中国成立后，中国共产党领导人民在旧中国一穷二白的基础上建立起独立的比较完整的工业体系和国民经济体系，社会主义现代化建设迈出坚实步伐。改革开放后，邓小平构思中国整个现代化的蓝图，明确提出"中国式的现代化"概念，把实现"小康社会"作为阶段性目标，阐述了我国现代化建设"三步走"发展战略。在人民生活总体上达到小康水平之后，中国共产党对实现第三步战略目标做了进一步规划，提出"新三步走"发展目标。在新中国成立后特别是改革开放以来的长期探索和实践基础上，党的十八大以来，中国共产党对建设社会主义现代化国家在认识上更加深入、在战略上更加成熟、在实践上更加丰富，做出分两步走全面建设社会主义现代化强国的战略部署，深化拓展建设社会主义现代化强国的科学内涵，明确实现这一目标的战略安排、路径选择、重要原则，成功推进和拓展了中国式现代化。中国式现代化在理论和实践上实现新突破，推动我国迈上全面建设社会主义现代化国家新征程，掀开了中国特色社会主义现代化建设史新的一页。

改革开放全面深化，实现历史性变革、系统性重塑、整体性重构

新时代的十年是变革图强的十年。十年来，中国共产党以巨大的政治勇气全面深化改革，许多领域都实现了历史性变革、系统性重塑、整体性重构，中国特色社会主义制度也更加成熟更加定型，国家治理体系和治理能力现代化水平明显提高。

改革开放不断深化。面对改革进入攻坚期和深水区带来的深刻变化，中国共产党着力增强对改革开放的规律总结和历史认识，明确提出全面深化改革的总目标是完善和发展中国特色社会主义制度、推进国家治理体系和治理能力现代化。中国共产党坚持改革正确方向，以前所未有的决心和力度冲破思想观念的束缚，突破利益固化的藩篱，坚决破除各方面体制机制弊端，开启了气势如虹、波澜壮阔的改革进程：对内，以促进社会公平正义、增进人民福祉为出发点和落脚点，推动改革全面发力、多点突破、蹄疾步稳、纵深推进，从夯基垒台、立柱架梁到全面

推进、积厚成势，再到系统集成、协同高效，各领域基础性制度框架基本确立，许多领域实现历史性变革、系统性重塑、整体性重构；对外，顺应经济全球化的要求，依托国内超大市场规模优势，高举和平、发展、合作、共赢的旗帜，实行更加积极主动的开放战略，提出并推动共建"一带一路"，使之成为深受欢迎的国际公共产品和国际合作平台，构建互利共赢、多元平衡、安全高效的开放型经济体系，中国成为 140 多个国家和地区的主要贸易伙伴，货物贸易总额居世界第一，吸引外资和对外投资居世界前列，形成了更大范围、更宽领域、更深层次对外开放格局。改革的前进方向更加明确、价值取向更加鲜明、方法路径更加成熟、胸怀视野更加开阔，历史主动精神进一步提升，实现了由局部探索、破冰突围到系统集成、全面深化的历史性转变。

国家治理体系和治理能力现代化水平显著提高。新中国成立后，中国共产党积极运用新民主主义革命时期制度建设的成功经验，大力推进新中国的制度建设。改革开放后，我国的国家制度和国家治理体系建设不断迈出新步伐、取得新进展。1992 年 10 月，党的十四大提出："到建党一百周年的时候，我们将在各方面形成一整套更加成熟更加定型的制度"。① 此后，党的十五大、十六大、十七大都对制度建设提出明确要求。党的十八大后，党中央把制度建设摆到更加突出的位置，强调"坚决破除一切妨碍科学发展的思想观念和体制机制弊端，构建系统完备、科学规范、运行有效的制度体系，使各方面制度更加成熟更加定型"。党的十八届三中全会把"完善和发展中国特色社会主义制度，推进国家治理体系和治理能力现代化"确定为全面深化改革的总目标，② 加快了制度建设和治理能力建设的步伐。围绕全面深化改革的总目标，党的十九届

---

① 《十四大以来重要文献选编》上，人民出版社 1996 年版，第 47 页。
② 《十八大以来重要文献选编》上，中央文献出版社 2014 年版，第 493、512 页。

四中全会通过《中共中央关于坚持和完善中国特色社会主义制度、推进国家治理体系和治理能力现代化若干重大问题的决定》，全面回答了在我国国家制度和国家治理体系上应该"坚持和巩固什么、完善和发展什么"这个重大政治问题，①第一次系统描绘了中国特色社会主义制度的"图谱"。中国共产党着力筑牢根本制度、完善基本制度、创新重要制度，不断推进国家治理体系和治理能力现代化的探索，构筑起以"党的领导制度"为根本领导制度的包括根本制度、基本制度、重要制度在内的全方位、多层次制度体系，把"治"与"制"结合起来，进一步发挥制度优势，不断把制度优势转化为治理效能，中国特色社会主义制度更加成熟更加定型。全面深化改革开放进一步打牢了中国特色社会主义大厦的制度根基，极大地激发了党和国家各项事业的生机活力，为政治稳定、经济发展、文化繁荣、民族团结、社会安宁、国家统一提供了有力保障。

书写了经济快速发展、社会长期稳定新篇章。新时代十年，在错综复杂的国内外环境中，在发展面临风险挑战空前上升的情况下，中国经济保持住了中高速增长的稳定势头，成为全球经济增长的主要动力：经济平均增长率为6.6%，居世界主要经济体前列；对世界经济增长的平均贡献率达到38.6%；稳居世界第二大经济体和第一大贸易国。②中国共产党敏锐洞察和科学把握国内外形势发展变化的新特点新趋势，统筹发展和安全，稳经济、促发展、战贫困、建小康、控疫情、应变局，攻克了一个个看似不可攻克的难关险阻、创造了一个个令人刮目相看的人间奇迹：重点产业和关键领域保持平稳运行，大宗商品、原材料保供稳价有力有序，关键核心技术攻关不断取得突破，产业链供应链自主可控能力不断增强，国家安全得到全面加强，社会稳定有目共睹。全面深化

---

① 《十九大以来重要文献选编》中，中央文献出版社2021年版，第299页。
② 《在高质量发展的道路上不断书写新篇章》，《人民日报》2022年10月10日第3版。

改革取得历史性伟大成就，书写了经济快速发展和社会长期稳定两大奇迹新篇章。

中国特色社会主义不断成功，科学社会主义在中国焕发出新的蓬勃生机

新时代十年是科学社会主义在中国焕发新的蓬勃生机的十年。十年的伟大变革，迎来了世界社会主义发展的伟大历史契机，是世界社会主义运动从低谷逐步走向振兴的里程碑。

形成了21世纪马克思主义的科学理论形态。习近平总书记明确指出："中国共产党为什么能，中国特色社会主义为什么好，归根到底是马克思主义行，是中国化时代化的马克思主义行。拥有马克思主义科学理论指导是我们党坚定信仰信念、把握历史主动的根本所在。"党的十八大以来，中国共产党勇于进行理论探索和创新，以全新的视野深化对共产党执政规律、社会主义建设规律、人类社会发展规律的认识，取得重大理论创新成果，集中体现为习近平新时代中国特色社会主义思想。习近平新时代中国特色社会主义思想深刻回答了新时代坚持和发展什么样的中国特色社会主义、怎样坚持和发展中国特色社会主义，建设什么样的社会主义现代化强国、怎样建设社会主义现代化强国，建设什么样的长期执政的马克思主义政党、怎样建设长期执政的马克思主义政党等重大时代课题。这一科学思想不仅坚持马克思主义基本原理，着眼于解决新时代改革开放和社会主义现代化建设的实际问题，而且从中华5000多年文明的积淀中汲取哲学思想、人文精神、道德价值、历史智慧，开辟了马克思主义中国化时代化新境界。这一科学思想坚守党和人民在艰辛探索中走出的中国特色社会主义道路，深刻揭示了中国特色社会主

义发展的理论逻辑、历史逻辑、实践逻辑，把中国特色社会主义和实现社会主义现代化、实现中华民族伟大复兴有机贯通起来，彰显了高度自信和强大定力，彰显了新时代中国特色社会主义的蓬勃生机和活力，推动中国特色社会主义成为 21 世纪科学社会主义发展的旗帜。这一科学思想深化了社会主义本质理论，发展了社会主义发展阶段理论，提升了社会主义发展动力理论，完善了社会主义全面发展理论，是当代中国马克思主义、21 世纪马克思主义，为世界社会主义的理论发展作出创新性贡献。

赋予科学社会主义崭新的时代内涵。科学社会主义是人类历史上的伟大创造，也是人类自我解放的伟大觉醒。世界社会主义 500 多年的历史表明，科学社会主义的科学性，在于其始终从人类社会发展实际出发；科学社会主义的生命力，在于其始终随着时代和实践发展而发展，并在新的实践基础上实现开拓和创新。中国特色社会主义是党和人民历经千辛万苦、付出各种代价取得的宝贵成果，"是科学社会主义理论逻辑和中国社会发展历史逻辑的辩证统一，是根植于中国大地、反映中国人民意愿、适应中国和时代发展进步要求的科学社会主义"。[1] 党的十八大以来，中国共产党坚持把科学社会主义基本原则同中国具体实际、历史文化传统、时代要求相结合，在建党学说、国家学说、人民观、世界历史理论、世界观和方法论等方面都赋予了科学社会主义崭新的时代内涵，对科学社会主义作出一系列重大原创性贡献。这些重大贡献，创造了新时代中国特色社会主义的伟大成就，极大地增强了社会主义制度的感召力和影响力，使社会主义在中国的实践中不断彰显中国特色、中国风格、中国气派。

---

[1] 《十八大以来重要文献选编》上，中央文献出版社 2014 年版，第 118 页。

　　成为推动世界社会主义发展的中流砥柱。世界社会主义发展经历了从空想到科学、从理论到实践、从一国实践到多国发展的过程，苏联解体、东欧剧变后，世界社会主义发展陷入低谷。党的十八大以来，中国共产党坚定不移走中国特色社会主义道路，既不走封闭僵化的老路，也不走改旗易帜的邪路，对中国特色社会主义进行科学擘画和战略安排，明确提出坚持和发展中国特色社会主义的总任务，提出中国特色社会主义事业"五位一体"总体布局和"四个全面"战略布局，引领中国特色社会主义道路越走越宽广，中国特色社会主义理论体系不断创新发展，中国特色社会主义制度越来越完善，中国特色社会主义文化更加繁荣兴盛，在社会主义发展史上书写了坚持和发展中国特色社会主义新的篇章。中国特色社会主义彰显强大生机活力，不仅稳住了世界社会主义的基本格局，还为世界社会主义的复苏奠定了基础、积蓄了能量，使世界范围内社会主义和资本主义两种意识形态、两种社会制度的历史演进及其较量，发生了有利于社会主义的重大转变，成为推动世界社会主义发展的中流砥柱。正如习近平总书记所指出的那样："中国特色社会主义进入新时代，意味着近代以来久经磨难的中华民族迎来了从站起来、富起来到强起来的伟大飞跃，迎来了实现中华民族伟大复兴的光明前景；意味着科学社会主义在二十一世纪的中国焕发出强大生机活力，在世界上高高举起了中国特色社会主义伟大旗帜；意味着中国特色社会主义道路、理论、制度、文化不断发展，拓展了发展中国家走向现代化的途径，给世界上那些既希望加快发展又希望保持自身独立性的国家和民族提供了全新选择，为解决人类问题贡献了中国智慧和中国方案。"①

---

　　① 《十九大以来重要文献选编》上，中央文献出版社 2019 年版，第 7—8 页。

中华民族迎来了从站起来、富起来到强起来的伟大飞跃，中华民族伟大复兴进入不可逆转的历史进程

新时代十年是中华民族伟大复兴加速推进的十年。十年的伟大变革，为实现中华民族伟大复兴提供了更为完善的制度保证、更为坚实的物质基础、更为主动的精神力量，中华民族伟大复兴进入了不可逆转的历史进程。

中华民族复兴伟业提升到一个全新高度。实现中华民族伟大复兴是近代以来中国人民的历史夙愿和伟大梦想。为拯救民族危亡应运而生的中国共产党，将为中国人民谋幸福、为中华民族谋复兴作为自己的初心使命，带领中国人民接续奋斗，建立了人民当家作主的新中国，确立了社会主义制度，为当代中国一切发展进步创造了根本政治前提和制度基础；进行了社会主义建设和改革开放伟大事业，用几十年时间将一个曾经四分五裂、战乱频仍的国家，从饥饿、混乱、贫弱，走向了独立、自由、民主、统一和富强，取得了旧中国几百年、几千年所没有取得过的进步，彻底扭转了近代以来中华民族的历史进程。党的十八大以来，中国共产党顺应全体中华儿女期盼，实现了第一个百年奋斗目标，在中华大地上全面建成了小康社会，将自古以来人民遥不可及的奢望变成现实。党和国家各项事业取得了历史性成就、发生了历史性变革，开创了中华民族前所未有的经济社会全面进步、全体人民共同受惠的好时代。中华民族迎来了从站起来、富起来到强起来的伟大飞跃，比历史上任何时期都更接近民族复兴的目标，更有信心和能力实现这个目标。

凝聚起全体中华儿女团结奋进的磅礴力量。党的十八大以来，中国共产党带领全国各族人民经历了对党和人民事业具有重大现实意义和

深远历史意义的三件大事：一是迎来中国共产党成立一百周年，二是中国特色社会主义进入新时代，三是完成脱贫攻坚、全面建成小康社会的历史任务，实现第一个百年奋斗目标。全国各族人民在脱贫奔小康的奋斗征程中，在抗击新冠疫情取得的重大战略成果中，在隆重庆祝中国共产党成立100周年的亲身体验中，切身感受到党和国家的面貌、中华民族的面貌发生前所未有的变化，党心军心民心空前凝聚振奋，各族人民对伟大祖国、中华民族、中华文化、中国共产党、中国特色社会主义的认同达到了前所未有的高度。全党全国人民的历史主动精神不断增强，精神力量不断增强，民族自豪感、全社会凝聚力和向心力极大提升，汇聚成实现中华民族伟大复兴的磅礴力量。

创造了人类文明新形态。中国共产党科学统筹世界百年未有之大变局和中华民族伟大复兴战略全局，既为中国人民谋幸福、为中华民族谋复兴，也为人类谋进步、为世界谋大同，坚持以中国式现代化推进中华民族伟大复兴。中国共产党领导人民成功走出中国式现代化道路，打破了"现代化等于西方化"的思维定式，创造了人类文明新形态。这一文明新形态新就新在，它以世界眼光关注人类前途命运，从人类发展大潮流、世界变化大格局、中国发展大历史中正确认识和处理同外部世界的关系；它以中国共产党的领导为根本保证，以社会主义为根本方向，是一条不同于西方主要资本主义国家走的那种把本国的富裕建立在别国贫困基础上的崛起之路；它将自身发展进步的命运牢牢掌握在自己手中，拓展了发展中国家走向现代化的途径，为解决世界现代化难题贡献了中国方案。中国式现代化，是对中国现代化建设长期探索和实践的科学总结，是对世界现代化理论的重大丰富和发展，是实现中华民族伟大复兴的光明大道。

新时代十年的伟大变革，是中国共产党团结带领全国各族人民坚定信心、迎难而上，战胜接踵而至的风险挑战取得的。十年的伟大变革深刻表明："坚持党的全面领导是坚持和发展中国特色社会主义的必由之路，中国特色社会主义是实现中华民族伟大复兴的必由之路，团结奋斗是中国人民创造历史伟业的必由之路，贯彻新发展理念是新时代我国发展壮大的必由之路，全面从严治党是党永葆生机活力、走好新的赶考之路的必由之路。这是我们在长期实践中得出的至关紧要的规律性认识，必须倍加珍惜、始终坚持。"十年的伟大变革给予了中国人民为实现中华民族伟大复兴无比宝贵的智慧和力量、无比坚定的底气和自信。

（作者为中国社会科学院当代中国研究所副所长、研究员）

（《当代中国史研究》2022 年第 6 期）

大力发展社会主义先进文化 丰富人民精神世界

欧阳雪梅

党的二十大报告总结了过去五年的工作和新时代十年的伟大变革，指出：我们"积极发展社会主义先进文化"；"确立和坚持马克思主义在意识形态领域指导地位的根本制度，新时代党的创新理论深入人心，社会主义核心价值观广泛传播，中华优秀传统文化得到创造性转化、创新性发展，文化事业日益繁荣"；"全党全国各族人民文化自信明显增强、精神面貌更加奋发昂扬"。这是对新时代十年文化建设取得历史性成就、发生历史性变革的高度概括，突出了新时代文化建设培根铸魂的重要特征。党的二十大报告还明确提出："从现在起，中国共产党的中心任务就是团结带领全国各族人民全面建成社会主义现代化强国、实现第二个百年奋斗目标，以中国式现代化全面推进中华民族伟大复兴。""中国式现代化是物质文明和精神文明相协调的现代化"，"丰富人民精神世界"是中国式现代化的本质要求之一。由此可见，文化建设在全面建设社会主义现代化国家、推进中华民族伟大复兴进程中所具有的重要地位和作用。

实现中华民族伟大复兴必须增强人民的精神力量

中国特色社会主义进入新时代，我们比历史上任何时期都更接近、更有信心和能力实现中华民族伟大复兴的目标。2013 年 11 月，习近平总书记在山东考察时强调："一个国家、一个民族的强盛，总是以文化兴盛为支撑的，中华民族伟大复兴需要以中华文化发展繁荣为条件。"① 发展面向现代化、面向世界、面向未来的，民族的科学的大众的社会主义文化，激发全民族文化创新创造活力，增强人民的精神力量，有助于推动全面建设社会主义现代化国家、推进中华民族伟大复兴。

党的二十大报告指出："十年前，我们面对的形势是，改革开放和社会主义现代化建设取得巨大成就，党的建设新的伟大工程取得显著成效，为我们继续前进奠定了坚实基础、创造了良好条件、提供了重要保障，同时一系列长期积累及新出现的突出矛盾和问题亟待解决……一些人对中国特色社会主义政治制度自信不足……拜金主义、享乐主义、极端个人主义和历史虚无主义等错误思潮不时出现，网络舆论乱象丛生，严重影响人们思想和社会舆论环境"。这些突出问题迫切要求加强社会主义文化建设，增强文化自信，以凝聚中华民族的精神力量，实现中华民族伟大复兴。正如习近平总书记 2014 年 10 月在文艺工作座谈会上所强调的："一个民族的复兴需要强大的物质力量，也需要强大的精神力量。没有先进文化的积极引领，没有人民精神世界的极大丰富，没有民族精神力量的不断增强，一个国家、一个民族不可能屹立于世界民族之林"；"当高楼大厦在我国大地上遍地林立时，中华民族精神的大厦也应

① 《习近平在山东考察时强调 认真贯彻党的十八届三中全会精神 汇聚起全面深化改革的强大正能量》，《人民日报》2013 年 11 月 29 日第 1 版。

该巍然耸立"。^①2016 年 10 月，习近平总书记在纪念红军长征胜利 80 周年大会上指出："人无精神则不立，国无精神则不强。精神是一个民族赖以长久生存的灵魂，唯有精神上达到一定的高度，这个民族才能在历史的洪流中屹立不倒、奋勇向前。"^②习近平总书记的一系列重要讲话为新时代的文化建设指明了方向，突出强调了精神的重要引领作用。

党的十八大以来，我国社会主要矛盾已经转化为人民日益增长的美好生活需要和不平衡不充分的发展之间的矛盾。党中央把握发展阶段新变化，把逐步实现全体人民共同富裕摆在更加重要的位置上，推动区域协调发展，采取有力措施保障和改善民生，打赢脱贫攻坚战，全面建成小康社会，为促进共同富裕创造了良好条件。正如习近平总书记 2021 年 8 月 17 日在中央财经委员会第十次会议上所指出的："现在，已经到了扎实推动共同富裕的历史阶段。"同时指出，要"促进人民精神生活共同富裕"，"要强化社会主义核心价值观引领，加强爱国主义、集体主义、社会主义教育，发展公共文化事业，完善公共文化服务体系，不断满足人民群众多样化、多层次、多方面的精神文化需求"。^③可见，满足人民日益增长的美好生活需要，既要满足物质生活需求又要满足精神文化需求，党中央已将促进人民精神生活作为实现共同富裕的题中之义。

党的十八大以来，我国积极发展社会主义先进文化，强化文化建设培根铸魂的时代使命，增强人民的精神力量成为新时代要解决和回答的重大时代课题之一。在思想上，以习近平同志为核心的党中央强调要发

---

① 习近平：《在文艺工作座谈会上的讲话》，《人民日报》2015 年 10 月 15 日第 2 版。
② 《习近平谈治国理政》第二卷，外文出版社 2017 年版，第 47—48 页。
③ 习近平：《扎实推动共同富裕》，《求是》2021 年第 10 期。

挥文化的价值引领和精神动力作用，以最深层次的认同、最根本的自信等定位文化认同、文化自信，不断强调文化是民族生存和发展的重要力量。在顶层战略设计方面，党的十八大报告把文化建设放在"五位一体"总体布局和"四个全面"战略布局中推进，提出"扎实推进社会主义文化强国建设"①，对文化强国建设做出战略规划；党的十八届三中全会以"推进文化体制机制创新"②为着力点，全面深化文化领域的改革；党的十九大报告提出在 2035 年基本实现社会主义现代化，首次明确了建设社会主义文化强国的具体时间表；党的十九届四中全会就坚持和完善繁荣发展社会主义先进文化的制度做出新的规定；党的十九届五中全会站在党和国家事业发展全局高度，明确提出到 2035 年建成文化强国。

党的十八大以来，习近平总书记全力推进文化实践，亲自主持召开宣传思想工作会议，文艺工作、党的新闻舆论工作、网络安全和信息化工作、哲学社会科学工作座谈会，全国高校思想政治工作会议，等等，举旗定向，动员部署，廓清了理论是非，校正了工作导向；深化文化体制改革，举旗帜、聚民心、育新人、兴文化、展形象成为新时代思想文化领域的主旋律。

新时代积极发展社会主义先进文化

进入新时代，中国共产党团结带领全国各族人民积极推动社会主义先进文化建设，凸显了以文"化人"的本质属性，着力于构筑中国精神、中国价值、中国力量，取得了历史性成就，发生了历史性变革，使文化

---

① 《十八大以来重要文献选编》上，中央文献出版社 2014 年版，第 24 页。
② 《中共十八届三中全会在京举行》，《人民日报》2013 年 11 月 13 日第 1 版。

思想领域呈现出崭新的样貌。

坚定文化自信与历史自信。文化自信是一个国家、一个民族、一个政党推进文化繁荣兴盛的重要前提，只有对自身文化理想、文化价值充满信心，对自身文化生命力、创造力充满信心，才有坚持坚守的定力、奋起奋发的勇气、创新创造的活力。2014年2月，习近平总书记在中共中央政治局第十三次集体学习时明确提出，要"增强文化自信和价值观自信"。[①]2016年5月，习近平总书记在哲学社会科学工作座谈会上强调："要坚定中国特色社会主义道路自信、理论自信、制度自信，说到底是要坚定文化自信。文化自信是更基本、更深沉、更持久的力量"。[②]6月，习近平总书记在中共中央政治局第三十三次集体学习时再次强调，要"坚定中国特色社会主义道路自信、理论自信、制度自信、文化自信"。[③]可见文化自信对于党和国家事业的重要性。党的十九大报告指出："中国特色社会主义文化，源自于中华民族五千多年文明历史所孕育的中华优秀传统文化，熔铸于党领导人民在革命、建设、改革中创造的革命文化和社会主义先进文化，植根于中国特色社会主义伟大实践。"[④]这个论断深刻揭示了中国特色社会主义文化的内容、根脉、本源及发展的历史逻辑，明确了传统文化、革命文化和社会主义先进文化一脉相承的关系。新时代坚定文化自信，坚守中华文化立场，强化了中华文化的主体意识，为构筑中国精神、中国价值、中国力量奠定了坚实的思想基石和深厚的文化历史底蕴，激发了中国人民的文化自豪感，增强了文化发展与创新的时代感、责任感。

---

① 《习近平在中共中央政治局第十三次集体学习时强调 把培育和弘扬社会主义核心价值观作为凝魂聚气强基固本的基础工程》，《人民日报》2014年2月26日第1版。

② 习近平：《在哲学社会科学工作座谈会上的讲话》，《人民日报》2016年5月19日第2版。

③ 《习近平在中共中央政治局第三十次集体学习时强调 严肃党内政治生活净化党内政治生态 为全面从严治党打下重要政治基础》，《人民日报》2016年6月30日第1版。

④ 《十九大以来重要文献选编》上，中央文献出版社2019年版，第29页。

建设具有强大凝聚力和引领力的社会主义意识形态。新时代十年，习近平总书记反复强调意识形态工作是为国家立心、为民族立魂的工作，把坚持马克思主义在意识形态领域指导地位确立为一项根本制度，立破并举、激浊扬清，就意识形态领域许多方向性、战略性问题做出部署，健全意识形态工作责任制，旗帜鲜明反对和抵制各种错误观点。习近平总书记指出："马克思主义是我们立党立国的根本指导思想，是我们党的灵魂和旗帜。"[①] 以习近平同志为核心的党中央既坚持马克思主义基本原理，同时又不墨守成规，以马克思主义思想家的理论创新和理论创造勇气，贯通马克思主义哲学、政治经济学、科学社会主义，融通中华优秀传统文化和人类优秀文明成果，推动马克思主义中国化时代化，深化对共产党执政规律、社会主义建设规律、人类社会发展规律的认识，科学回答中国之问、世界之问、人民之问、时代之问，为凝聚共识奠定了思想基础。新时代把学习贯彻党的创新理论作为思想武装的重中之重，并同学习马克思主义基本原理贯通起来，同新时代的丰富实践联系起来，在学懂弄通做实上下苦功夫，在解放思想中统一思想，在深化认识中提高认识，切实增强了贯彻落实的思想自觉和行动自觉。全球知名公关咨询公司爱德曼发布的"爱德曼信任度晴雨表"显示：2021 年中国民众对政府信任度高达 91%，同比上升 9 个百分点，蝉联全球第一。[②] 为加强制度保障，党的十八大以来，党和国家持续深化宣传思想文化领域机构改革、健全互联网领导和管理体制等，坚持发展和治理相统一、网上和网下相融合，广泛汇聚向上向善力量。

---

① 习近平：《在庆祝中国共产党成立 100 周年大会上的讲话》，《人民日报》2021 年 7 月 2 日第 2 版。
② 《"让我们的制度成熟而持久"》，《人民日报》2022 年 2 月 18 日第 2 版。

践行社会主义核心价值观。2014 年 5 月，习近平总书记在北京大学师生座谈会上指出："在当代中国，我们的民族、我们的国家应该坚守什么样的核心价值观？这个问题，是一个理论问题，也是一个实践问题。经过反复征求意见，综合各方面认识，我们提出要倡导富强、民主、文明、和谐，倡导自由、平等、公正、法治，倡导爱国、敬业、诚信、友善，积极培育和践行社会主义核心价值观。"① 新时代把培育和弘扬社会主义核心价值观作为凝魂聚气、强基固本的基础工程，通过教育引导、理论宣传、文化熏陶、实践养成、制度保障等，将社会主义核心价值观贯穿于国民教育，融入社会生活，融入法治建设与社会治理，转化为人民群众的情感认同和行为习惯。进入新时代，践行社会主义核心价值观取得明显成效：全面贯彻习近平新时代中国特色社会主义思想，大力弘扬以爱国主义为核心的民族精神和以改革创新为核心的时代精神，推动理想信念教育常态化制度化，建立健全党和国家功勋荣誉表彰制度，建立了党、国家、军队功勋簿，设立烈士纪念日，推动全社会形成见贤思齐、崇尚英雄、争做先锋的良好氛围；深化群众性精神文明创建活动，建设新时代文明实践中心，把培育践行核心价值观作为文明城市、文明村镇、文明单位、文明家庭、文明校园创建的根本任务，推动形成适应新时代要求的思想观念、精神面貌、文明风尚、行为规范；完善思想政治工作体系，推动学习大国建设，彰显了党心民心、国威军威，在全社会唱响了主旋律、弘扬了正能量。

推动中华优秀传统文化创造性转化、创新性发展。"中华文明源远流长、博大精深，是中华民族独特的精神标识，是当代中国文化的根基，

---

① 《十八大以来重要文献选编》中，中央文献出版社 2016 年版，第 3 页。

是维系全世界华人的精神纽带，也是中国文化创新的宝藏。"①习近平总书记坚持辩证唯物主义和历史唯物主义，对中华优秀传统文化秉持客观、科学、礼敬的态度，强调中华优秀传统文化是我们民族的突出优势，中华优秀传统文化是中华文明的智慧结晶和精华所在，是中华民族的根和魂，是我们在世界文化激荡中站稳脚跟的根基。2014 年 9 月，习近平总书记在纪念孔子诞辰 2565 周年国际学术研讨会暨国际儒学联合会第五届会员大会开幕会上强调："我们要善于把弘扬优秀传统文化和发展现实文化有机统一起来，紧密结合起来，在继承中发展，在发展中继承"；"努力实现传统文化的创造性转化、创新性发展，使之与现实文化相融相通，共同服务以文化人的时代任务"。②2017 年 1 月，中共中央办公厅、国务院办公厅印发《关于实施中华优秀传统文化传承发展工程的意见》③，第一次以中央文件的形式专题阐述了中华优秀传统文化的传承发展工作。进入新时代，习近平总书记高度重视运用马克思主义基本原理加强对中华优秀传统文化的挖掘和阐发，构建了当代中国文化理念，谱写了马克思主义基本原理同中华优秀传统文化相结合的新篇章，推动了中华优秀传统文化的创造性转化与创新性发展，赓续了中华文化，习近平新时代中国特色社会主义思想是中华文化和中国精神的时代精华。

推进文化事业和文化产业全面发展。习近平总书记强调："发展文化事业是满足人民精神文化需求、保障人民文化权益的基本途径。"④新

① 习近平：《把中国文明历史研究引向深入 增强历史自觉坚定文化自信》，《求是》2022年第 14 期。
② 习近平：《在纪念孔子诞辰 2565 周年国际学术研讨会暨国际儒学联合会第五届会员大会开幕会上的讲话》，《人民日报》2014 年 9 月 25 日第 2 版。
③《中共中央办公厅、国务院办公厅印发关于实施中华优秀传统文化传承发展工程的意见》，《人民日报》2017 年 1 月 26 日第 6 版。
④ 习近平：《在教育文化卫生体育领域专家代表座谈会上的讲话》，《人民日报》2020 年9 月 23 日第 2 版。

时代十年，党和国家不断完善公共文化服务体系，推动公共文化服务标准化、均等化，坚持政府主导、社会参与、重心下移、共建共享。我国已基本形成从国家到村（社区）的六级公共文化服务网络体系。截至 2021 年底，我国共有广播电视播出机构 2542 个，公共图书馆 3215 个，文化馆 3316 个，博物馆 6183 个，乡镇（街道）文化站 4 万多个，村级综合性文化服务中心 57 万个，农家书屋 58 万家；[①] 互联网上网人数 10.32 亿人，其中手机上网人数 10.29 亿人，互联网普及率为 73%，其中农村地区互联网普及率为 57.6%。[②] 新时代十年，党和国家不断完善文化产品创作生产传播的引导激励机制，全面繁荣新闻出版、广播影视、文学艺术、哲学社会科学事业，不断扩大优质文化产品供给，实现满足人民文化需求和增强人民精神力量相统一。随着互联网、数字技术的飞速发展，文化产品和服务的生产、传播、消费加快了数字化、网络化的进程，新兴文化业态异军突起，成为文化产业发展的新动能和新增长点。总之，文化市场为人民群众提供了多样化文化产品和服务，丰富的文化供给增强了人民群众的文化获得感、幸福感。

建设文化强国，不断丰富人民精神世界

党的十八大以来，以习近平同志为核心的党中央以坚定的文化自信为基础，致力于推动全体人民在理想信念、价值理念、道德观念上更加紧密地团结在一起，对中国精神、中国价值、中国力量的认同不断加深，更加牢固树立中国特色社会主义共同理想，全社会凝聚力和向心力极大

---

① 《社会主义文化强国建设扎实推进》，《人民日报》2022 年 8 月 19 日第 4 版。
② 《中华人民共和国 2021 年国民经济和社会发展统计公报》，《人民日报》2022 年 3 月 1 日第 10 版。

提升，为新时代开创党和国家事业新局面提供了思想保证和强大精神力量。

党的二十大报告提出："从现在起，中国共产党的中心任务就是团结带领全国各族人民全面建成社会主义现代化强国、实现第二个百年奋斗目标，以中国式现代化全面推进中华民族伟大复兴。"报告重申到2035 年把我国建成文化强国的目标，并全面阐释了"中国式现代化是物质文明和精神文明相协调的现代化"，即："物质富足、精神富有是社会主义现代化的根本要求。物质贫困不是社会主义，精神贫乏也不是社会主义。我们不断厚植现代化的物质基础，不断夯实人民幸福生活的物质条件，同时大力发展社会主义先进文化，加强理想信念教育，传承中华文明，促进物的全面丰富和人的全面发展"。此外，报告还明确指出，"丰富人民精神世界"是中国式现代化的本质要求之一。

人民精神世界需要通过文化建设来构造。党的二十大报告提出，要"推进文化自信自强，铸就社会主义文化新辉煌"。"全面建设社会主义现代化国家，必须坚持中国特色社会主义文化发展道路，增强文化自信，围绕举旗帜、聚民心、育新人、兴文化、展形象建设社会主义文化强国，发展面向现代化、面向世界、面向未来的，民族的科学的大众的社会主义文化，激发全民族文化创新创造活力，增强实现中华民族伟大复兴的精神力量。"从党的十九大提出"坚定文化自信"到党的二十大提出"推进文化自信自强"，体现了文化自信的演进逻辑；从"不断铸就中华文化新辉煌"到"铸就社会主义文化新辉煌"，更加强调文化的先进性、人民性。党的二十大报告指出，未来五年是全面建设社会主义现代化国家开局起步的关键时期，文化建设主要目标任务是"人民精神文化生活更加丰富，中华民族凝聚力和中华文化影响力不断增强"。文化建设战略部署是"坚持马克思主义在意识形态领域指导地位的根本制度，坚持为人民服务、为社会主义服务，坚持百花齐放、百家争鸣，坚持创造性转化、创新性发展，以社会主义核心价值观为引领，发展社会主义先进文化，弘扬革命文化，传承中华优秀传统文化，满足人民日益增长的精神文化需求，巩固全党全国各族人民团结奋斗的共同思想基础，不断提升国家文化软实力和中华文化影响力"。这表明，在新的历史起点上，文化建设必须高扬思想旗帜、强化价值引领、激发奋斗精神，建设中华民族共有精神家园，推进文化铸魂，增强中华民族的凝聚力、向心力、创造力，以中华文化繁荣兴盛为全面建成社会主义现代化强国、推进中华民族伟大复兴提供更为主动、更为强大的精神力量。

（作者为中国社会科学院当代中国研究所研究员）

（《当代中国史研究》2022 年第 6 期）

归根到底是两个"行"

贺新元

新时代 10 年的伟大成就和伟大变革，再一次以不可辩驳的事实告诉世人，中国共产党能、中国特色社会主义好、马克思主义行。但归根到底是马克思主义行，是中国化时代化的马克思主义行，这是党的二十大报告提出的最新论断。

马克思主义行，根本在于其科学性、真理性

习近平总书记指出："在人类思想史上，就科学性、真理性、影响力、传播面而言，没有一种思想理论能达到马克思主义的高度，也没有一种学说能像马克思主义那样对世界产生了如此巨大的影响。"与人类思想史上以往的思想相比，马克思主义之所以能有如此巨大真理威力和强大生命力，根本在于其自身的科学性和真理性。马克思主义的科学性和真理性体现在它不仅站在了人类道义和认识的制高点上，深刻揭示了人类社会、自然界和人类思维的发展规律，达到真理观、价值观和唯物史观

的高度统一，进而能够科学认识和解释世界；关键在于它还能以真理之光照亮人类探索历史规律和寻求自身解放的道路，进而能够有效地改造主客观世界。

马克思主义的科学性和真理性体现在其人民立场。判断一个理论行还是不行，要看其立场。站在全人类根本利益立场上的理论一定是人民所喜爱、所认同的理论，是一定能够指导人民认识世界和改造世界的强大思想武器。一切脱离人民的理论都是苍白无力的，一切不为人民造福的理论都是没有生命力的。而马克思主义就是这样一种站在全人类根本利益立场上、为全人类谋利益求解放的科学理论。马克思明确指出，人类未来社会"生产将以所有的人富裕为目的"，"所有人共同享受大家创造出来的福利"，那样的社会"将是这样一个联合体，在那里，每个人的自由发展是一切人的自由发展的条件"。也就是说，马克思主义的"立脚点则是人类社会或社会的人类"，是以实现人民解放、维护人民利益为立场，以实现人的自由而全面发展和全人类解放为己任的。正如习近平总书记在纪念马克思诞辰200周年大会上所强调的："马克思主义是人民的理论，第一次创立了人民实现自身解放的思想体系。马克思主义博大精深，归根到底就是一句话，为人类求解放。在马克思之前，社会上占统治地位的理论都是为统治阶级服务的。马克思主义第一次站在人民的立场探求人类自由解放的道路。""马克思主义之所以具有跨越国度、跨越时代的影响力，就是因为它植根人民之中，指明了依靠人民推动历史前进的人间正道。"

马克思主义的科学性和真理性体现在其能够科学指导无产阶级的实践。能够成功指导实践的理论一定行。基于对世界的科学认识和解释，马克思认为，"全部社会生活在本质上是实践的"。实践性是马克思主义学说的最鲜明的内在品格，也是区别于其他理论的显著标志。马克思主义的实践性从来都不是空洞和抽象的，而是具体的、历史的，是与人民性相统一的，总是表现为人民群众改造世界的实践活动。如马克思、恩格斯在《共产党宣言》中指出的："过去的一切运动都是少数人的，或者为少数人谋利益的运动。无产阶级的运动是绝大多数人的，为绝大多数人谋利益的独立的运动。"这句话告诉我们，绝大多数的人民群众既是无产阶级这一实践运动的主体力量，也是这一实践运动的主要受益者；人民性和实践性在马克思主义那里是内在统一，而不是互相分离。在无产阶级运动中，人民是实践（历史活动）中的人民，实践（历史活动）是人民的实践。正因实践品格，才使马克思主义能够把科学地认识和解释世界的理论转化为积极改造世界的社会行为。而马克思主义要发挥出改造世界的作用，就必须与无产阶级紧密联系在一起。毕竟，马克思主义只是人们用来观察世界、分析和解决问题，批判旧世界和创造新世界的一种思想武器。这一强大思想武器不能只停留在"批判的武器"上，而必须转化为"武器的批判"，并由无产阶级所掌握；因为马克思主义从一产生就"把无产阶级当作自己的物质武器"，正如马克思所说的，人类解放的"头脑是哲学，它的心脏是无产阶级"。这一强大思想武器只有经无产阶级所掌握，才会变成摧毁一切对立的物质力量的物质力量；无产阶级也把其"当作自己的精神武器"，因为这一强大思想武器是一种来得非常彻底的理论，不仅抓住了一切事物的根本，而且抓住了人的根本即人本身——一切都是为了人的自由而全面发展。

马克思主义的科学性和真理性体现在其开放性和时代性。马克思主义因是关于人类解放的思想体系而必然具有普遍性和世界性；因首先是各个国家无产阶级解放的学说而必然存在具体性和民族性。马克思主义也因其普遍性、世界性而具有开放性。马克思、恩格斯对自己的学说从来都持开放态度，他们一再告诫自己和人们，他们的理论是行动指南，而不是教条，必须在实践中不断丰富发展；他们的理论是希望在不断地批判旧世界中去发现新世界，在批判与发现的过程中得到不断的丰富发展。每个具体的民族、国家走向社会主义都要面临和回答所处的具体时代问题，根据时代需要丰富发展马克思主义。马克思、恩格斯创立的马克思主义本身就是立足自由竞争资本主义时代，科学回答"资本主义向何处去、人类社会向何处去"这一大时代课题的产物。马克思、恩格斯的学说也在不同历史阶段呈现出不同的内容，或修正，或丰富。正如恩格斯所指出的："每一个时代的理论思维，包括我们这个时代的理论思维，都是一种历史的产物，它在不同的时代具有完全不同的形式，同时具有完全不同的内容。"

马克思主义的科学性和真理性体现在其世界观与方法论。马克思主义之所以行，并不仅仅在于马克思、恩格斯写出多少部著作、提出多少条具体原理和结论，而关键在于这些具体原理和结论背后的世界观与方法论。世界观和方法论集中体现在辩证唯物主义和历史唯物主义，这是马克思、恩格斯留给人类最宝贵的理论财富。马克思主义世界观和方法论，成为人们发现、分析和解决一切问题以及观察时代、把握时代、引领时代的"最好的工具和最锐利的武器"。正如恩格斯一再强调的，"马克思的整个世界观不是教义，而是方法。它提供的不是现成的教条，而是进一步研究的出发点和供这种研究使用的方法"。

马克思主义行，关键在于其不断中国化时代化

马克思主义因其科学性和真理性而具世界性。马克思主义在世界传播落地容易，但要扎根开花结果，必须本土化和时代化，要与具体国家和民族的历史文化、现实实践和时代特征相结合。只有这样，才能正确

回答时代和实践不断提出的重大问题，才能始终保持其强大的生命力并实现其历史使命。马克思主义传播到中国，如何在中国大地上发挥出其科学性和真理性作用，成为指导中国无产阶级的实践？中国共产党有过教训，但在教训过后找到了有效路径。这个有效路径就是把马克思主义中国化时代化。从理论创新上讲，中国共产党的历史就是一部在追求真理、揭示真理、笃行真理中不断推进马克思主义中国化时代化的历史。

中国共产党为什么能够成功推进马克思主义中国化时代化？关键在于找到了推进马克思主义中国化时代化的根本途径，即把马克思主义基本原理同中国具体实际相结合。党的十八大以来，以习近平同志为主要代表的中国共产党人在创立习近平新时代中国特色社会主义思想过程中，把它发展为"两个结合"，即把马克思主义基本原理同中国具体实际相结合、同中华优秀传统文化相结合。"两个结合"深刻揭示了马克思主义在中国创新发展的现实路径和内在规律，是对马克思主义中国化时代化进程的经验总结和规律揭示。正是因为我们党始终从中国具体实际出发、注重从中华优秀传统文化中汲取养分，马克思主义才在中国落地生根并不断开花结果，形成了马克思主义中国化时代化的一系列重大成果：毛泽东思想、邓小平理论、"三个代表"重要思想、科学发展观、习近平新时代中国特色社会主义思想。也正是形成了这一系列中国化时代化的马克思主义，并在它们的指导下，中国共产党带领全党全国人民团结奋斗，不仅在中国大地上书写出了中华民族几千年历史上最恢宏的史诗，使实现中华民族伟大复兴进入了不可逆转的历史进程，使中国这个古老的东方大国创造了人类历史上前所未有的发展奇迹；而且成功走出一条中国式现代化道路，全面建成社会主义现代化强国进入新征程，全体人民共同富裕进入到扎实推进的新发展阶段，并不断丰富和发展人类文明新形态。马克思主义在中国的伟大成就，"使世界范围内社会主义和资本主义两种意识形态、两种社会制度的历史演进及其较量发生了有利于社会主义的重大转变"。正如习近平总书记所指出的："马克思主义的命运早已同中国共产党的命运、中国人民的命运、中华民族的命运紧紧连在一起，它的科学性和真理性在中国得到了充分检验，它的人民性和实践性在中国得到了充分贯彻，它的开放性和时代性在中国得到了充分彰显！"

新征程新的历史使命，必须不断推进马克思主义中国化时代化

在中国，马克思主义之所以行，就在于党不断推进马克思主义中国化时代化并用以指导实践。党的十八大以来，国内外形势新变化和实践新要求，迫切需要我们从理论和实践的结合上深入回答关系党和国家事业发展、党治国理政的一系列重大时代课题。我们党勇于进行理论探索和创新，以全新的视野深化对共产党执政规律、社会主义建设规律、人类社会发展规律的认识，取得重大理论创新成果，集中体现为习近平新时代中国特色社会主义思想。党的十九大、十九届六中全会提出的"十个明确""十四个坚持""十三个方面成就"概括了这一思想的主要内容，必须长期坚持并不断丰富发展。

无论是马克思主义，还是中国化时代化的马克思主义，都是发展着的理论，而不是一成不变和神圣不可侵犯的教条。它们不是封闭的绝对真理，而是相对真理，必须坚持运用辩证唯物主义和历史唯物主义，把其基本原理同中国具体实际相结合、同中华优秀传统文化相结合，这是坚持和发展马克思主义的内在本质与要求。

发展马克思主义和推进马克思主义中国化时代化是一篇大文章，中

国共产党在过去的一百多年里，已经在这篇大文章上写下了精彩的篇章；在全面建设社会主义现代化国家新征程中，我们要不断谱写马克思主义中国化时代化新篇章，这是当代中国共产党人的庄严历史责任。新时代新征程中国共产党的使命任务已经明确，为完成历史使命，必须继续把坚持马克思主义和发展马克思主义统一起来，坚持用马克思主义之"矢"去射新时代中国之"的"，使马克思主义在中国大地继续焕发出新的勃勃生机和强大生命力，进一步彰显中国化时代化的马克思主义行。

在新征程新实践中，一是要进一步把马克思主义基本原理同中国具体实际相结合，坚持解放思想、实事求是、与时俱进、求真务实，一切从实际出发，着眼解决新时代改革开放和社会主义现代化建设的实际问题，不断回答中国之问、世界之问、人民之问、时代之问，作出符合中国实际和时代要求的正确回答，得出符合客观规律的科学认识，形成与时俱进的理论成果，更好指导中国实践。二是要进一步把马克思主义基本原理同中华优秀传统文化相结合，坚定历史自信、文化自信，坚持古为今用、推陈出新，把马克思主义思想精髓同中华优秀传统文化精华贯通起来、同人民群众日用而不觉的共同价值观念融通起来，不断赋予科学理论鲜明的中国特色，不断夯实马克思主义中国化时代化的历史基础和群众基础，让马克思主义在中国牢牢扎根。三是要把握好习近平新时代中国特色社会主义思想的世界观和方法论，坚持好、运用好贯穿其中的立场观点方法，即：必须坚持人民至上，必须坚持自信自立，必须坚持守正创新，必须坚持问题导向，必须坚持系统观念，必须坚持胸怀天下。四是要进一步与世界百年未有之大变局的时代特征相结合，"要立足时代特点，推进马克思主义时代化，更好运用马克思主义观察时代、解读时代、引领时代，真正搞懂面临的时代课题，深刻把握世界历史的脉络和走向"，科学回答"时代之问"，推进马克思主义时代化；要面对快速变化的世界，顺应世界发展大趋势，站在历史正确一边，科学回答"世界之问"，为应对当今世界面临的全球性挑战、解决人类面临的重大问题贡献中国智慧、提供中国方案和中国理论，推进中国化时代化的马克思主义的世界化；同时，要与世界无产阶级政党联合起来，共同推进21世纪世界马克思主义大发展，正如《中共中央关于党的百年奋斗重大成就和历史经验的决议》所指出的："坚持和发展马克思主义，从理论到实践都需要全世界的马克思主义者进行极为艰巨、极具挑战性的努力。"

在新征程上，世界百年未有之大变局正在加速演进，中国如何抓住机遇、回应挑战，其必然要求以一种高度的历史自觉准确判断马克思主义中国化时代化发展的时空坐标和新的历史任务，回应全面建成社会主义现代化强国和构建人类命运共同体的伟大实践诉求，以创新创造出马克思主义中国化时代化新形态的理论成果，更好地推进马克思主义中国化时代化，保证马克思主义越来越行，特别是中国化时代化的马克思主义越来越行，进而保障中国共产党越来越能、中国特色社会主义越来越好、世界社会主义越来越兴。

（作者为中国社会科学院马克思主义研究院马克思主义中国化

研究部副主任、研究员）

（《天津日报》2022年12月12日第9版）

产业振兴是乡村振兴的重中之重

郑有贵

振兴乡村，不能就乡村论乡村，还是要强化以工补农、以城带乡，加快形成工农互促、城乡互补、协调发展、共同繁荣的新型工农城乡关系。

全面建设社会主义现代化国家，最艰巨最繁重的任务仍然在农村。党的二十大报告对"全面推进乡村振兴"作出重要部署，要求"加快建设农业强国，扎实推动乡村产业、人才、文化、生态、组织振兴"。中央经济工作会议提出，"要全面推进乡村振兴，坚决防止出现规模性返贫"。这些都对未来一个时期乡村振兴工作提出了要求。

乡村要振兴，产业必振兴。产业振兴是乡村振兴的重中之重，要坚持精准发力，立足特色资源，关注市场需求，发展优势产业，促进一二三产业融合发展，更多更好惠及农村农民。

第一，以形成新型工农城乡关系拓展乡村产业发展空间。

工农城乡关系是基本的经济社会关系，是世界上任何国家在现代化进程中都无法回避的问题。我们全面推进乡村振兴，着力推进乡村产业振兴，必须将其置于坚持城乡融合发展、推进现代化建设的进程中去认识和谋划。习近平总书记强调："振兴乡村，不能就乡村论乡村，还是要强化以工补农、以城带乡，加快形成工农互促、城乡互补、协调发展、共同繁荣的新型工农城乡关系。"将这一重要论断落实到推动乡村产业振兴的工作中，就要在发展现代农业、推动农村一二三产业融合发展、构建乡村产业体系等方面切实发力，不断拓展乡村产业发展空间。

推动基于农业发展的一二三产业融合发展，是抢抓新一轮科技革命和产业变革机遇、加快形成新型工农城乡关系的必然要求。要从满足人民日益增长的乡村文化、生态等多样化消费需求出发，以建设宜居宜业和美乡村为目标，向开发农业多种功能要潜力，发挥产业融合发展的乘数效应，更充分地发挥乡村资源独特优势，提升乡村资源价值，拓展农民致富路径。

具体来看，要把推动农村一二三产业融合发展，与产业园区建设、特色小镇建设、推进新型城镇化等有机结合起来，统筹谋划。一是要推动产业集聚和人口聚集互促的产城融合发展，为推进以县城为重要载体的城镇化建设提供产业支撑；二是要把县域作为城乡融合发展的重要切入点，推进空间布局、产业发展、基础设施等县域统筹，一体设计、一并推进；三是要解决好农业农村信息化水平较低、新型基础设施相对薄弱等问题，积极促进乡村产业数字化、网络化、智能化发展，在一二三产业融合发展的进程中加快从"要素驱动"向"创新驱动"转变；四是要发展乡村旅游、休闲农业、文化体验、健康养老、电子商务等新产业新业态，既要有速度，更要有质量，实现健康可持续发展。

第二，以完善利益联结机制集聚乡村产业发展动能。

推动乡村产业发展的目的是带动农民就业增收。促进农村一二三产业融合不是简单的一产"接二连三"，关键是要完善利益联结机制，带动农民一起干、一起发展。必须探索建立更加有效、更加长效的利益联结机制，可以通过就业带动、保底分红、股份合作等多种形式，让农民合理分享全产业链增值收益。

要将推动乡村产业振兴和促进农民增收结合起来。发展乡村产业，最直接的指向就是要让农民有活干、有钱赚。在实践中，我们不能只看到产业规模越来越大，还要考虑防止出现用工越来越少、农户参与程度越来越低的问题。要通过完善利益联结机制，通过"资源变资产、资金变股金、农民变股东"，尽可能让农民参与进来，进而形成企业和农户产业链上优势互补、分工合作的格局，让农民更多分享产业增值收益。

要将推动乡村产业振兴和坚持农民主体地位结合起来。习近平总书记强调，发展现代特色农业和文化旅游业，必须贯彻以人民为中心的发展思想，突出农民主体地位，把保障农民利益放在第一位。这一重要论断为进一步推动乡村产业振兴指明了方向。坚持农民主体地位，对于"大国小农"、农村地区人口数量庞大的国情农情而言尤为重要。我们既要充分发挥资本促进乡村产业振兴的作用，又要防止把农户从产业链中挤出来，更不能剥夺或者削弱农民的发展能力；既要有力促进农民合作社规范发展，发挥其在保障农民参与乡村产业振兴的作用，又要发展壮大农业社会化服务组织，因地制宜探索服务小农户、提高小农户、富裕小农户的现实路径，鼓励和支持广大小农户和现代农业发展有机衔接。

第三，以深化农村改革激发乡村产业发展活力。

全面推进乡村振兴，必须用好改革这一法宝，加快推进农村重点领域和关键环节改革，激发农村资源要素活力。党的二十大报告提出，"巩固和完善农村基本经营制度，发展新型农村集体经济，发展新型农业经营主体和社会化服务，发展农业适度规模经营"。

下一阶段，需以处理好农民和土地的关系为主线深化农村改革，要持续深化供销合作社、农垦、农业水价、集体林权、国有林场林区等重点领域改革，推动农村改革扩面、提速、集成，力争在巩固和完善农村基本经营制度、发展新型农村集体经济、发展新型农业经营主体和社会化服务、发展农业适度规模经营等方面取得成效。例如，要深化农村土地制度改革，稳慎推进农村宅基地制度改革试点，深化农村集体经营性建设用地入市试点，完善土地增值收益分配机制。又如，发展新型农村集体经济是全面推进乡村振兴的重要内容，也是深化农村改革的一项重要任务，需在推动农村集体产权制度改革上下功夫，以发展特色农业等为抓手，创新农村集体经济运行机制，增强集体经济发展活力。总而言之，这些都有利于激发乡村产业发展的动力、活力、潜力。在实践中，要尊重基层和群众创造，鼓励地方积极地试、大胆地闯，用好试点试验手段，推动改革不断取得新突破。

（作者为中国社会科学院当代中国研究所经济史研究室主任、研究员）

（《经济日报》2023 年 1 月 3 日第 10 版）

新时代十年伟大变革的里程碑意义

龚　云

　　党的十八大以来，中国特色社会主义进入新时代，党和国家事业取得历史性成就，发生历史性变革。新时代十年的伟大变革，在党史、新中国史、改革开放史、社会主义发展史、中华民族发展史上具有里程碑意义。

　　在新时代的革命性锻造中，中国共产党更加坚强有力。办好中国的事情，关键在党。没有中国共产党，就没有新中国，就没有中华民族伟大复兴。党的十八大以来，针对内部存在的突出问题，以习近平同志为核心的党中央，全面加强党的领导，明确中国共产党是最高政治领导力量，坚持党中央集中统一领导是最高政治原则，确保党发挥总揽全局、协调各方的领导核心作用，推动中国共产党作为拥有 9800 多万名党员的马克思主义政党更加团结统一；深入推进全面从严治党，坚持打铁必须自身硬，从制定和落实中央八项规定开局破题，以党的政治建设统领党的建设各项工作，持之以恒正风肃纪，开展了史无前例的反腐败斗争，刹住了一些长期没有刹住的歪风，纠治了一些多年未除的顽瘴痼疾，反腐败斗争取得压倒性胜利并全面巩固。新时代中国共产党开辟了管党治党兴党强党新境界，找到了自我革命这一跳出治乱兴衰历史周期率的第二个答案，自我净化、自我完善、自我革新、自我提高能力显著增强，管党治党宽松软状况得到根本扭转，消除了党、国家、军队内部存在的严重隐患，风清气正的党内政治生态不断形成和发展，党的面貌和气象发生深刻变化。党的政治领导力、思想引领力、群众组织力、社会号召力显著增强，党同人民群众的血肉联系更加紧密，确保党永远不变质、不变色、不变味，确保中华民族伟大复兴进程不被迟滞甚至中断。中国共产党在世界形势深刻变化的历史进程中始终走在时代前列，在应对国内外风险考验的历史进程中始终成为全国人民的主心骨，在坚持和发展中国特色社会主义的历史进程中始终成为坚强领导核心。新时代在中华民族 5000 多年文明史上、在世界政党史上都具有标志性意义，书写了中国政治文明、世界政党文明新篇章。

在新时代的伟大奋斗中，中国人民焕发出更为强烈的历史自觉和主动精神。人无精神不立，国无精神不强。1840 年鸦片战争以后，中国逐步沦为半殖民地半封建社会，国家蒙辱、人民蒙难、文明蒙尘，中华民族遭受了前所未有的劫难，中国人民经济上被压榨，政治上被压迫，文化上被奴役，被西方列强蔑称为"东亚病夫"，精神受到重创。"四万万人齐下泪，天下何处是神州。"中国共产党成立以后，中国人民从精神上开始由被动变为主动。党的百年奋斗从根本上改变了中国人民的前途命运。中国共产党和中国人民在百年奋斗中，铸造了敢于斗争、善于斗争的精神品格，丰富了中华民族的精神宝库。敢于斗争、敢于胜利，是中国共产党和中国人民不可战胜的强大精神力量。中国共产党和中国人民取得的一切成就，不是天上掉下来的，不是别人恩赐的，而是通过不断斗争取得的。中国共产党在内忧外患中诞生、在历经磨难中成长、在攻坚克难中壮大，为了人民、国家、民族，为了理想信念，无论敌人如何强大、道路如何艰险、挑战如何严峻，中国共产党总是绝不畏惧、绝不退缩，不怕牺牲、百折不挠。新时代十年中国人民砥砺奋进，在以习近平同志为核心的党中央坚强领导下，在中华民族伟大复兴中国梦的激励感召下，在新时代伟大成就的大力鼓舞下，在应对风险挑战考验的艰难过程中，党心军心民心空前凝聚振奋。14 亿多中国人民更加自信、自立、自强，更有志气、骨气、底气，焕发出前所未有的历史主动精神、历史创造精神，从根本上解决了近代以来不自信问题，开始自信自强平视世界。新征程上，中国人民的前进动力更加强大、奋斗精神更加昂扬、必胜信念更加坚定，中国共产党和中国人民正信心百倍推进中华民族从站起来、富起来到强起来的伟大飞跃。

在新时代的伟大实践中，实现中华民族伟大复兴进入不可逆转的历史进程。发展具有决定性。一个民族要想立足于世界前列，必须有发达的生产力。近代中国落后的最根本原因在于生产力落后。落后就要挨打，这是血的教训。习近平总书记在党的二十大报告中指出，没有坚实的物质技术基础，就不可能全面建成社会主义现代化强国。新中国成立特别是改革开放以来，中国共产党领导中国人民实现了中华民族从生产力相对落后的状况到经济总量跃居世界第二的历史性突破，为实现中华民族伟大复兴提供了快速发展的物质条件。党的十八大以来，改革开放和社会主义现代化建设深入推进，中国特色社会主义制度更加成熟定型，书写了经济快速发展和社会长期稳定两大奇迹新篇章。我国经济实力实现历史性跃升，国内生产总值从五十四万亿元增长到一百一十四万亿元，我国经济总量占世界经济的比重达百分之十八点五，提高七点二个百分点，稳居世界第二位；人均国内生产总值从三万九千八百元增加到八万一千元。谷物总产量稳居世界首位，十四亿多人的粮食安全、能源安全得到有效保障。城镇化率提高十一点六个百分点，达到百分之六十四点七。制造业规模、外汇储备稳居世界第一。建成世界最大的高速铁路网、高速公路网，机场港口、水利、能源、信息等基础设施建设取得重大成就，等等。中国共产党领导中国人民经过接续奋斗，完成了脱贫攻坚、全面建成小康社会的历史任务，实现了第一个百年奋斗目标。"如期全面建成小康社会、打赢脱贫攻坚战，使中华民族伟大复兴向前迈出新的一大步，实现了从大幅落后于时代到大踏步赶上时代的新跨越。"中华民族发展具备了更为坚实的物质基础、更为完善的制度保证，实现中华民族伟大复兴进入了不可逆转的历史进程。

在新时代的伟大进程中，科学社会主义在 21 世纪的中国焕发出新的蓬勃生机。社会主义是人类社会发展的必然趋势。中国特色社会主义进入新时代，不仅是新时代三件大事之一，而且在 500 多年世界社会主义发展史上也是具有历史意义的大事。新时代成功推进和拓展了中国式现代化，超越了资本主义现代化。中国式现代化既切合中国实际，体现了社会主义建设规律，也体现了人类社会发展规律。我国要坚定不移推进中国式现代化，以中国式现代化全面推进中华民族伟大复兴，不断为人类作出新的更大贡献。新时代中国特色社会主义的成功，极大地提升了社会主义的影响力，扩大了社会主义的吸引力。习近平总书记指出："由于中国特色社会主义不断成功，冷战结束后世界社会主义万马齐喑的局面得到很大程度的扭转，社会主义在同资本主义竞争中的被动局面得到很大程度的扭转，社会主义优越性得到很大程度的彰显。"意大利共产党总书记毛罗·阿尔博雷西评价说，意大利共产党人看到了一个极为原创、极为独特且高效的社会主义建设模式，这是中国共产党对世界社会主义发展的主要贡献。新时代，中国式现代化为人类实现现代化提供了新的选择，中国共产党和中国人民为解决人类面临的共同问题提供更多更好的中国智慧、中国方案、中国力量，为人类和平与发展崇高事业作出新的更大的贡献。

新时代十年的伟大成就来之不易，是党和人民一道拼出来、干出来、奋斗出来的。新时代的伟大实践充分证明，确立习近平同志党中央的核心、全党的核心地位，确立习近平新时代中国特色社会主义思想的指导地位，是推动党和国家事业取得历史性成就、发生历史性变革的决定性因素，对推动党和国家事业发展、对推进中华民族伟大复兴进程具有决定性意义。"两个确立"作为新时代取得的最大政治成果，成为全党全军全国各族人民的高度共识和共同意志，写在了新时代的伟大征程上，写在了全党全军全国各族人民心坎上，是党应对一切不确定性的最大确定性、最大底气、最大保证。

新时代，新方位；新起点，新起航。新时代十年伟大变革的里程碑意义，极大鼓舞了全党全国各族人民的斗志，极大增强了全党全国各族人民的自信，极大提振了全党全国各族人民的精神。中国共产党已走过百年奋斗历程，立志于中华民族千秋伟业，致力于人类和平与发展崇高事业，责任无比重大，使命无上光荣。1957 年 2 月，毛泽东同志在《关于正确处理人民内部矛盾的问题》中指出："社会主义制度的建立给我们开辟了一条到达理想境界的道路，而理想境界的实现还要靠我们的辛勤劳动。"站在新时代的历史高点，全党全国各族人民要紧密团结在以习近平同志为核心的党中央周围，高举中国特色社会主义伟大旗帜，全面贯彻习近平新时代中国特色社会主义思想，弘扬伟大建党精神，自信自强、守正创新，踔厉奋发、勇毅前行，为全面建设社会主义现代化国家、全面推进中华民族伟大复兴继续团结奋斗！

（作者为中国社会科学院马克思主义研究院副院长、研究员）

（《光明日报》2023 年 1 月 30 日第 6 版）

全面从严治党：激发凝聚起民族复兴的历史伟力

高 翔

习近平总书记在党的二十大报告中强调："全面建设社会主义现代化国家、全面推进中华民族伟大复兴，关键在党。""全面从严治党是党永葆生机活力、走好新的赶考之路的必由之路。"这一重大判断，既是对历史经验的科学总结，也为我们党赢得未来指明了方向。

回顾国际共产主义运动史，不难发现：马克思主义政党的宗旨、性质和使命，决定了党必须具有高度的组织性和纪律性。没有统一的意志和铁的纪律，党就是一盘散沙，就不可能有真正的战斗力，更无法把广大群众组织起来，万众一心，为实现远大理想而奋斗。我们党作为世界上最大的马克思主义执政党，历经百年征程，拥有无可比拟的历史经验、政治智慧和强大实力，也面临着极其紧迫复杂的发展环境、艰辛繁重的发展任务和异常严峻的风险挑战。我们只有时刻保持解决大党独有难题的清醒和坚定，坚定不移全面从严治党，深入推进新时代党的建设新的伟大工程，才能激发凝聚起9800多万名党员和14亿多中国人民的磅礴历史伟力，承担起引领民族复兴的光荣历史使命。

全面从严治党是我们党赢得胜利的宝贵历史经验，也是全面建设社会主义现代化国家、全面推进中华民族伟大复兴的根本保障

人类社会发展的历史经验表明，越是伟大的事业，就越离不开坚强而正确的领导力量。一盘散沙注定一事无成，万众一心才能移山填海。党的十八大以来，中国特色社会主义进入新时代，习近平总书记牢牢把握党在新时代面临的新挑战新任务新要求，围绕全面从严治党发表一系列重要论述，将"全面从严治党"纳入"四个全面"战略布局，全面推进新时代党的建设新的伟大工程，开辟了百年大党自我革命新境界、治党治国新境界。习近平总书记指出："我们党历经千锤百炼而朝气蓬勃，一个很重要的原因就是我们始终坚持党要管党、全面从严治党，不断应对好自身在各个历史时期面临的风险考验，确保我们党在世界形势深刻变化的历史进程中始终走在时代前列，在应对国内外各种风险挑战的历史进程中始终成为全国人民的主心骨！"在习近平总书记的坚强领导和决策部署下，新时代的中国共产党以猛药去疴、重典治乱的决心，以刮骨疗毒、壮士断腕的勇气，刀刃向内进行自我革命。全面从严治党的理论认识进一步深化，体制机制进一步健全，党的自我净化、自我完善、自我革新、自我提高能力显著增强，管党治党宽松软状况得到根本扭转。我们党找到了自我革命这一跳出治乱兴衰历史周期率的第二个答案，以党的自我革命引领社会革命，党的面貌、国家的面貌都为之焕然一新，风清气正、英姿勃发。可以说，全面从严治党是新时代中国共产党加强党的建设最鲜明的主题，也是党和国家事业取得历史性成就、发生历史性变革的根本保障。

强国必须强党，党强才能国强。这是当代中国历史的基本规律，也

是赢得未来的根本前提。党的二十大擘画了全面建成社会主义现代化强国、以中国式现代化全面推进中华民族伟大复兴的宏伟蓝图，要胜利实现这一历史任务，关键在党，一刻也离不开党的坚强领导，一刻也离不开全面从严治党。当前，我们党拥有9800多万名党员、500多万个基层党组织，在14亿多人口的大国长期执政，在世界政党之林举足轻重。我们党的地位和影响，决定了党的自身建设关系到中国特色社会主义事业的兴衰成败，关系到国家命运、民族前途、人民幸福，关系到世界和平与人类发展的崇高事业。"自知者英，自胜者雄。"我们党要始终得到人民拥护和支持，领导人民同心同德实现中华民族伟大复兴，就必须坚定不移推进全面从严治党，把党自身建设好，确保党不变质、不变色、不变味，确保党经得起各种风浪的考验，在新时代坚持和发展中国特色社会主义的历史进程中始终成为坚强领导核心。

新时代十年全面从严治党系统推进、深入开展，取得了历史性、开创性成就，产生了全方位、深层次影响

全面从严治党是新时代十年实现伟大变革的基本经验，是以习近平同志为核心的党中央治国理政的鲜明特征。习近平总书记在党的二十大报告中，系统总结了新时代十年来深入推进全面从严治党所采取的措施、取得的成就和产生的影响。新时代十年坚定不移全面从严治党，校正了党和国家事业的前进航向，凝聚起团结奋斗的磅礴伟力，以自身的伟大变革引领推动了新时代十年的伟大变革。

新时代十年全面从严治党，首先体现在以党的政治建设统领党的建设各项工作，明确政治建设的首要战略地位，抓住了新时代全面从严治党的根本性问题。习近平总书记深刻指出，"中国共产党是最高政

治领导力量，坚持党中央集中统一领导是最高政治原则"。坚持党的集中统一领导，首先要旗帜鲜明讲政治，这是我们党作为马克思主义政党的根本要求。新时代十年来，在习近平总书记的坚强领导下，我们党的政治建设不断加强，全党同志的政治能力尤其是善于从政治上分析问题、解决问题的能力显著增强，政治判断力、政治领悟力、政治执行力不断提升。这对于引导全党把智慧和力量凝聚到全面推进社会主义现代化国家建设的伟大事业中，确保党和国家各项事业始终沿着正确方向前进，具有深远的历史意义。实践反复证明，政治建设是全面从严治党的"灵魂"和"根基"，只有抓好这个"灵魂"和"根基"，才能真正推动全党深刻领悟"两个确立"的决定性意义，增强"四个意识"，坚定"四个自信"，做到"两个维护"。

新时代十年全面从严治党，深刻体现在党的思想建设上。思想建设是党的基础性建设，根本任务是用党的创新理论武装全党。我们党始终高度重视思想建设，在革命、建设和改革的实践进程中，不断推进马克思主义中国化时代化，创立了毛泽东思想、邓小平理论，形成了"三个代表"重要思想、科学发展观，创立了习近平新时代中国特色社会主义思想。习近平新时代中国特色社会主义思想是当代中国马克思主义、二十一世纪马克思主义，是中华文化和中国精神的时代精华，实现了马克思主义中国化时代化新的飞跃。党的十八大以来，以习近平同志为核心的党中央胸怀"国之大者"，统筹中华民族伟大复兴战略全局和世界百年未有之大变局，始终用马克思主义中国化时代化最新成果武装全党，把习近平新时代中国特色社会主义思想转化为坚定理想、锤炼党性和指导实践、推动工作的强大力量。正是由于思想建设的内在支撑，我们党才能在新时代十年的奋斗征程中战胜险滩恶浪，真正做到无坚不摧、无往不胜。

新时代十年全面从严治党，显著体现在党的作风建设上。作风建设是党的建设的永恒主题，核心在于保持党同人民群众的血肉联系。作风建设看得见、摸得着，作风优劣最易为人民群众所感知。习近平总书记指出："我们党作为马克思主义执政党，不但要有强大的真理力量，而且要有强大的人格力量；真理力量集中体现为我们党的正确理论，人格力量集中体现为我们党的优良作风。"党的作风就是党的形象，关系人心向背，关系党的生死存亡，一刻也不能掉以轻心。习近平总书记站在党和国家事业发展、中华民族伟大复兴的历史高度，高度重视作风建设，以制定和落实中央八项规定开局破题，相继在全党开展党的群众路线教育实践活动、"三严三实"专题教育、"两学一做"学习教育、"不忘初心、牢记使命"主题教育、党史学习教育、学习贯彻习近平新时代中国特色社会主义思想主题教育，锲而不舍落实中央八项规定精神，抓住"关键少数"以上率下，持续深化纠治"四风"，重点纠治形式主义、官僚主义，持续增强党同人民群众的血肉联系，不断厚植党执政的群众基础，成功开创了全面从严治党新局面。习近平总书记在党的二十大报告中强调，"江山就是人民，人民就是江山。中国共产党领导人民打江山、守江山，守的是人民的心"。这是对党的宗旨使命的高度概括，也是对党的作风建设的本质要求。

新时代十年全面从严治党，鲜明体现在党的纪律建设上。纪律严明是我们党的显著特点和政治优势，加强纪律建设是全面从严治党的治本之策。习近平总书记反复强调，"全面从严治党，重在加强纪律建设"，要"全面加强党的纪律建设"。我们党是用革命理想和铁的纪律组织起来的马克思主义政党，组织严密、纪律严明是党领导人民取得革命胜利的力量所在，也是党领导人民实现民族复兴的重要保障。党的十八大以来，我们党坚持纪严于法、纪在法前，把纪律和规矩挺在前面，强化政治纪律和组织纪律，带动各项纪律全面严起来。党坚持制度治党、依规治党，以党章为根本，以民主集中制为核心，完善党内法规制度体系，增强党内法规权威性和执行力。新时代十年来，党的纪律建设取得明显成效，校准了思想之标，调整了行为之舵，绷紧了作风之弦。

新时代十年全面从严治党，突出表现为坚定不移开展反腐败斗争，坚持不敢腐、不能腐、不想腐一体推进。习近平总书记告诫全党，"腐败是危害党的生命力和战斗力的最大毒瘤，反腐败是最彻底的自我革命。只要存在腐败问题产生的土壤和条件，反腐败斗争就一刻不能停，必须永远吹冲锋号"。党的十八大以来，习近平总书记亲自部署指挥，开展了史无前例的反腐败斗争，以"得罪千百人、不负十四亿"的使命担当祛疴治乱，"打虎""拍蝇""猎狐"多管齐下，反腐败斗争取得压倒性胜利并全面巩固。我们党坚持破立并举、标本兼治，在深入推进反腐败斗争、深化反腐败国际合作的同时，推进反腐败国家立法，加强新时代廉洁文化建设，实现不敢腐的目标，扎牢不能腐的笼子，构筑不想腐的堤坝，不断教育引导广大党员干部增强不想腐的自觉。新时代十年反腐败斗争的不懈努力，激浊扬清、扶正祛邪，必将换来海晏河清、朗朗乾坤。

全面从严治党是党永葆生机活力、走好新的赶考之路的必由之路

总结历史，是为了更好开创未来。面向未来，全面从严治党永远在路上，党的自我革命永远在路上。"忧劳可以兴国，逸豫可以亡身。"环顾当今世界，不难发现：中华民族伟大复兴不可阻挡，但必须时刻做好应对风高浪急、惊涛骇浪的准备。把党建设好，是我们赢得未来、实现伟大梦想的关键和根本。

习近平总书记在党的二十大报告中就党的政治建设、思想建设、制度

建设、反腐败斗争等进行了全面部署，尤其是深刻提出全面从严治党永远在路上、党的自我革命永远在路上的重大判断。"永远在路上"，这是严肃的政治宣示，也是立足于党和国家事业长远发展作出的战略考量，充分展示了习近平总书记宏阔的政治视野、深远的历史眼光和深邃的辩证思维。经过党的十八大以来全面从严治党，我们解决了党内许多突出问题，但党面临的"四大考验"和"四种风险"将长期存在。加之，世界百年未有之大变局加速演进，世界进入新的动荡变革期，不确定难预料因素增多，来自外部的打压遏制随时可能升级。越是态势严峻，越不能有松劲歇脚、疲劳厌战的情绪，必须持之以恒推进全面从严治党，深入推进新时代党的建设新的伟大工程，以党的自我革命引领社会革命。唯其如此，才能确保我们党在未来的发展中，有足够的智慧、能力和底气跳出"兴勃亡忽"的历史周期率，使我们的事业万古长青，永远立于不败之地。

　　面向未来，全面从严治党的根本是加强党的领导，使我们党始终成为中国特色社会主义事业的坚强领导核心。我们一路走来的历史和实践一再揭示这样一个真理，这就是离开了党的坚强领导，中国的安定、发展和进步就无从谈起。我们的事业越是向纵深发展，就越需要加强而不是削弱或背离党的领导。加强党的领导，关键是加强党的政治建设。党的政治建设的首要任务，是保证全党服从中央、坚持党中央权威和集中统一领导，坚定拥护"两个确立"，坚决做到"两个维护"。《中共中央关于党的百年奋斗重大成就和历史经验的决议》指出："党确立习近平同志党中央的核心、全党的核心地位，确立习近平新时代中国特色社会主义思想的指导地位，反映了全党全军全国各族人民共同心愿，对新时代党和国家事业发展、对推进中华民族伟大复兴历史进程具有决定性意义。"新时代党和国家事业取得的历史性成就、发生的历史性变革，最根本的因素就在于有习近平总书记领航掌舵，有党中央权威和集中统一领导。"两个维护"是我们党最根本的政治纪律和政治规矩，也是对共产党员最根本的政治要求。只有坚决做到"两个维护"，才能确保全党统一意志、统一行动，紧密团结在以习近平同志为核心的党中央周围，为实现第二个百年奋斗目标和中华民族伟大复兴筑牢坚实的政治基础。讲政治不是抽象的，而是具体的。做到"两个维护"要体现在不折不扣贯彻党中央决策部署的行动上，不断提高政治判断力、政治领悟力、政治执行力，确保始终同党中央保持高度一致。

面向未来，全面从严治党要全面加强党的思想建设，坚持不懈用习近平新时代中国特色社会主义思想凝心铸魂，使我们党做到思想统一、意志统一、行动统一。党的十九大、十九届六中全会提出的"十个明确""十四个坚持""十三个方面成就"概括了习近平新时代中国特色社会主义思想的主要内容。习近平新时代中国特色社会主义思想是不断发展的科学理论，随着时代和实践的进展，在不断回答中国之问、世界之问、人民之问、时代之问中实现新的丰富发展。理论创新无止境，理论学习更无止境。理论上的清醒是最彻底的清醒，政治上的坚定是最根本的坚定。我们要自觉用党的理论创新成果武装头脑，不断夯实理论之基，不断筑牢信仰之堤，以思想理论上的高度统一和信仰信念上的坚如磐石，应对前进道路上的种种风险和挑战。

历史启人深思，未来催人奋进。新时代中国共产党人从事的宏伟事业，既前无古人，更关系千秋。让我们紧密团结在以习近平同志为核心的党中央周围，切实贯彻全面从严治党战略方针，推进新时代党的建设新的伟大工程，使我们党永守初心使命，永葆青春活力，永立时代潮头。

（作者为中国社会科学院院长、党组书记）

（《中国纪检监察》2023 年第 1 期）

新时代中国特色社会主义引领 21 世纪世界社会主义新发展

贺新元

党的二十大报告明确指出："十年来，我们经历了对党和人民事业具有重大现实意义和深远历史意义的三件大事：一是迎来中国共产党成立一百周年，二是中国特色社会主义进入新时代，三是完成脱贫攻坚、全面建成小康社会的历史任务，实现第一个百年奋斗目标。"[①] 这"三件大事"是对世界具有深远影响的历史性胜利。报告还从 16 个方面总结了新时代 10 年的伟大成就，并指出伟大成就带来的伟大变革，"在党史、新中国史、改革开放史、社会主义发展史、中华民族发展史上具有里程碑意义"。[②] 新时代中国特色社会主义对世界产生什么样的深远影响，取得的伟大成就和发生的伟大变革在社会主义发展史上具有什么样的里程碑意义，这是本文想要阐述的核心问题。

---

① 习近平：《高举中国特色社会主义伟大旗帜 为全面建设社会主义现代化国家而团结奋斗——在中国共产党第二十次全国代表大会上的报告》，人民出版社 2022 年版，第 41 页。

② 习近平：《高举中国特色社会主义伟大旗帜 为全面建设社会主义现代化国家而团结奋斗——在中国共产党第二十次全国代表大会上的报告》，人民出版社 2022 年版，第 15 页。

从社会主义发展史和未来发展趋势来看，19 世纪社会主义发展的特征以马克思主义的形成、发展与传播为主线，20 世纪社会主义发展的特征主要是以苏东社会主义和东亚社会主义的伟大实践为标识，21 世纪社会主义发展的特征主要是以新时代中国特色社会主义的伟大实践为标识，而 21 世纪又是科学社会主义在中国焕发出新的蓬勃生机的世纪，是新时代中国特色社会主义引领世界社会主义新发展的世纪。10 年来，新时代中国特色社会主义的蓬勃发展给世界社会主义运动带来重大影响。新时代新征程上，在完成全面建设社会主义现代化强国和全面推进中华民族伟大复兴的使命任务进程中，新时代中国特色社会主义实践必定越来越成为世界社会主义发展的中心，成为当代世界社会主义运动的主要推动者和引领者。

新时代中国特色社会主义在回答"怎样治理社会主义社会这样全新的社会"中，开辟了世界社会主义发展的中国新篇章

2013 年 11 月 12 日，习近平总书记在党的十八届三中全会第二次全体会议上谈到国家治理体系和治理能力问题时指出："怎样治理社会主义社会这样全新的社会，在以往的世界社会主义中没有解决得很好。马克思、恩格斯没有遇到全面治理一个社会主义国家的实践，他们关于未来社会的原理很多是预测性的；列宁在俄国十月革命后不久就过世了，没来得及深入探索这个问题；苏联在这个问题上进行了探索，取得了一些实践经验，但也犯下了严重错误，没有解决这个问题。"[①] 这句话告诉我们：在经济文化相对落后条件下取得社会主义革命胜利是前无古

---

① 《习近平谈治国理政》，外文出版社 2014 年版，第 91 页。

人的伟大创举，要建设好、巩固好和发展好社会主义更是前无古人的伟大创举。显然，经济文化相对落后的社会主义国家"怎样治理社会主义社会这样全新的社会"，已成为社会主义发展进程中的一个公认的"历史难题"。

苏联和其他社会主义国家虽然没有从根本上解决这道"历史难题"，但其艰辛探索给我们留下了宝贵经验和教训。习近平总书记指出："我们党在全国执政以后，不断探索这个问题，虽然也发生了严重曲折，但在国家治理体系和治理能力上积累了丰富经验、取得了重大成果，改革开放以来的进展尤为显著。我国政治稳定、经济发展、社会和谐、民族团结，同世界上一些地区和国家不断出现乱局形成了鲜明对照。这说明，我们的国家治理体系和治理能力总体上是好的，是适应我国国情和发展要求的。"①

改革开放以来，以邓小平、江泽民、胡锦涛等同志为主要代表的中国共产党人把马克思主义基本原理同中国具体实际相结合，坚持科学社会主义基本原则，实事求是地立足于中国的现实国情，顺应世界历史发展的新变化和新特点，创造性地进行中国社会主义现代化的伟大实践，开辟出了一条中国特色社会主义道路，并科学回答了"什么是社会主义、怎样建设社会主义""建设什么样的党、怎样建设党""实现什么样的发展、怎样发展"等系列重大时代课题，形成了中国特色社会主义理论体系，实现了马克思主义中国化新的飞跃，并成功找到了破解经济文化相对落后的社会主义国家如何建设、巩固和发展社会主义即"怎样治理社会主义社会这样全新的社会"这一历史难题的道路。比如，经济文化比较落后的社会主义国家能否在独立自主基础上实现社会主义现代

① 《习近平谈治国理政》，外文出版社 2014 年版，第 91 页。

化目标？能否通过改革开放充分吸收和利用包括资本主义文明在内的人类优秀成果，并创造出比资本主义更先进的社会主义文明？能否把社会主义制度与市场经济体制有机结合？能否既积极主动参与西方主导的经济全球化且与之进行良性互动，又能够在资本主义世界体系中不断扩大开放且有效保证自己的生存和发展安全而不被西方和平演变？类似这样的重大问题在改革开放和社会主义现代化建设新时期，都作出了肯定性的回答。

　　进入新时代，以习近平同志为主要代表的中国共产党人，坚持把马克思主义基本原理同中国具体实际相结合、同中华优秀传统文化相结合，对关系新时代党和国家事业发展的一系列重大理论和实践问题进行了深邃思考和科学判断，就新时代坚持和发展什么样的中国特色社会主义、怎样坚持和发展中国特色社会主义，建设什么样的社会主义现代化强国、怎样建设社会主义现代化强国，建设什么样的长期执政的马克思主义政党、怎样建设长期执政的马克思主义政党等重大时代课题，创造性地提出一系列具有重大理论和实践意义的原创性的治国理政新理念新思想新战略，创立了习近平新时代中国特色社会主义思想这一当代中国马克思主义、21 世纪马克思主义。在这一思想指导下，新时代 10 年，我国打赢了人类历史上规模最大的脱贫攻坚战，全国八百三十二个贫困县全部摘帽，近一亿农村贫困人口实现脱贫，九百六十多万贫困人口实现易地搬迁，历史性地解决了绝对贫困问题，为全球减贫事业作出了重大贡献；我国经济实力实现历史性跃升，国内生产总值从五十四万亿元增长到一百一十四万亿元，我国经济总量占世界经济的比重达百分之十八点五，提高七点二个百分点，稳居世界第二位；"人均国内生产总值从三万九千八百元增加到八万一千元""城镇化率提高十一点六个百分点，达到百分之六十四点七""人均预期寿命增长到七十八点二岁。

居民人均可支配收入从一万六千五百元增加到三万五千一百元""建成
世界上规模最大的教育体系、社会保障体系、医疗卫生体系，教育普及
水平实现历史性跨越，基本养老保险覆盖十亿四千万人，基本医疗保险
参保率稳定在百分之九十五"，等等。可以自信地说，新时代 10 年的伟
大成就和伟大变革进一步响亮地回答了中国共产党是"怎样治理社会主
义社会这样全新的社会"问题的，并再次向世界证明了中国特色社会主
义行。在经济文化比较落后、世界人口最多、世界上最大的发展中国家
搞出来的中国特色社会主义，对于当今世界广大发展中国家和其他社会
主义国家探索社会主义的发展道路和规律具有极为重要的普遍性意义
和借鉴价值。

中国特色社会主义，从性质上说，属于当代科学社会主义的新形态，
是一种现实社会主义发展的"民族形式"，是世界社会主义发展史上的
空前创举。从实践看，中国特色社会主义的成功开创完全符合人类社会
发展规律，为经济文化落后国家在世界资本主义体系下如何摆脱资本逻
辑困境找到了一条出路，为世界社会主义运动从道路的单一性到多元化
的转换提供了重要参照，同时表明每个国家的国情都是特殊的、具体
的、历史的，社会主义没有定于一尊的固定模式，不同民族和国家的社
会主义都应坚持马克思主义基本原理与本国、本民族的具体实际和历史
文化相结合，探索适合自身情况的多样化社会主义发展道路。中国特色
社会主义的实践和成功经验向世界表明"中国特色社会主义"前途不可
限量，宣告西方的"历史终结论"的破产，开辟了世界社会主义发展的
中国新篇章，为推动世界社会主义运动走出低谷、步入复兴增添了新的
动力、信心和希望。

新时代中国特色社会主义已由"地域性现象"越来越转变为"世界历史性存在",激荡起世界人民对社会主义的新希望

改革开放以来,随着中国特色社会主义的成就越来越举世瞩目,其影响力和影响范围也越来越从"地域性现象"走向了"世界历史性存在"。中国特色社会主义不仅改变了中国,而且正在重塑世界,给世界带来新的希望,不少国外学者政要这样认为。比如,前民主德国驻华大使贝特霍尔德撰文指出,当今资本主义"在经济发展速度不断加快的同时,它已无法解决日益严重的全球性问题","现在世界越来越明确地要求成功塑造一个资本主义的对立面。中华人民共和国的重要意义以及今天中国所发生的一切也正在于此"。① 又如,2004 年美国学者乔舒亚·库珀·雷默提出的"北京共识"命题,不仅从话语上证明了中国特色社会主义的国际影响,而且指出中国的经济发展模式不仅适用于中国,也是追求经济增长和改善人民生活的发展中国家效仿的榜样。中国特色社会主义的重要意义在于,对世界上那些正在寻找一条既能发展自身,又能保持本国特色和政治选择的发展道路的广大发展中国家来说,中国提供了一种新思路。确实,中国特色社会主义的成功,"给占世界总人口四分之三的第三世界走出了一条路"。② 同时,中国特色社会主义也招致不少西方学者政要的抹黑甚至攻击。如,有人极力想利用中国改革开放把中国社会主义引向资本主义,有人恶意指责中国特色社会主义就是中国资本社会主义、国家资本主义或者新官僚资本主义,等等。在某种程度上看,中国特色社会主义犹如 19 世纪 40 年代的共产主义一样,被

---

① 徐崇温:《中国特色社会主义道路的世界意义》,《红旗文稿》2009 年第 15 期。
② 《邓小平文选》第 3 卷,人民出版社 1993 年版,第 225 页。

以美西方国家为首的一切反动势力视为威胁他们的"幽灵"。全世界一切反动势力一致认为，中国特色社会主义"幽灵"已经在"全世界徘徊"了，于是便自觉地"结成了神圣的同盟"，无所不用其极地想颠覆中国共产党领导、颠覆中国特色社会主义制度，旨在驱除直至消灭这个"幽灵"。美西方联合一切反华势力对中国特色社会主义形成的围剿"合力"，从反向证明了它们对中国特色社会主义的无比畏惧和恐惧，表明了科学社会主义确实在中国焕发出强大生命力。

中国特色社会主义进入新时代以来，中国进入深度改变自己和改变世界的新发展阶段。这是世界发展趋势、方向与潮流，没有任何人、任何国家、任何一种政治力量能够改变这种趋势、方向与潮流。但是，我们必须对前进道路有清醒的认识，要时刻准备进行具有许多新的历史特点的伟大斗争。习近平总书记强调，中国特色社会主义是社会主义而不是其他什么主义，是科学社会主义理论逻辑和中国社会发展历史逻辑的辩证统一，是根植于中国大地、反映中国人民意愿、适应中国和时代发展进步要求的科学社会主义。[①] 从马克思主义所揭示的人类发展规律和中国特色社会主义的伟大实践来看，中国特色社会主义对世界的影响程度与其从"地域性现象"转变为"世界历史性存在"的程度是相一致的。况且，中国特色社会主义已经"使世界范围内社会主义和资本主义两种意识形态、两种社会制度的历史演进及其较量发生了有利于社会主义的重大转变"。[②] 中国共产党作为一个拥有 9800 多万党员的世界上最大的马克思主义执政党，已"使具有 500 年历史的社会主义主张在世界上人口最多的国家成功开辟出具有高度现实性和可行性的正确道路，让科学

---

① 《毫不动摇坚持和发展中国特色社会主义 在实践中不断有所发现有所创造有所前进》，《人民日报》2013 年 1 月 6 日第 1 版。

② 《中共中央关于党的百年奋斗重大成就和历史经验的决议》，人民出版社 2021 年版，第 63—64 页。

社会主义在21世纪焕发出新的蓬勃生机"。① 这在社会主义发展史上具有里程碑意义，是不言而喻的；其在世界社会主义运动中的示范和引领作用，是不言而喻的；其给广大发展中国家带来的积极影响，也是不言而喻的。

新时代中国特色社会主义的"世界历史性存在"的实质性影响范围的扩大，必将激荡起世界人民对社会主义的信心和希望，这种希望性的影响力集中体现在以下几个方面。

一是，成功找到了经济文化落后国家巩固和发展社会主义的根本动力，走出了一条独立自主基础上的改革开放之路。取得社会主义革命胜利，不见得就能巩固和发展好社会主义，苏联解体、东欧剧变就是一个明显的例子。生产力与生产关系、经济基础与上层建筑之间的矛盾适合于任何社会制度，社会主义也不例外。当生产力与生产关系、经济基础与上层建筑之间不相适应的时候，就需要及时对不相适应的部分进行改革。正如恩格斯指出的，社会主义社会"不是一种一成不变的东西，而应当和任何其他社会制度一样，把它看成是经常变化和改革的社会"。② 随着全球化发展的不断深化，国际分工越来越细且越来越紧密，以致任何民族和国家都自觉不自觉地参与进去。以邓小平同志为主要代表的中国共产党人，深刻总结我国社会主义建设正反两方面经验，借鉴世界社会主义历史经验，作出把党和国家工作中心转移到经济建设上来、实行改革开放的历史性伟大决策。在这场几千年来从未有过的改革开放中，我们始终坚持解放思想、实事求是、与时俱进、求真务实的思想路线，大胆地试、勇敢地改，开创出中国特色社会主义，形成了中国特色社会主义道路、理论、制度、文化，以不可辩驳的发展成就彰显了科学社会

---

① 习近平：《在庆祝中国共产党成立95周年大会上的讲话》，人民出版社2016年版，第4页。
② 《马克思恩格斯全集》第37卷，人民出版社1971年版，第443页。

主义的鲜活生命力，并把中国特色社会主义推进到新时代。在新时代掀起的新一轮全面深化改革开放中，中国特色社会主义螺旋式上升地向前发展，进入社会主义初级阶段的新发展阶段，并取得了如党的十九届六中全会所概括的"十三个方面成就"，取得了如党的二十大报告所概括的十六个方面的历史性成就和历史性变革。

二是，成功探索出经济文化落后国家巩固和发展社会主义的全新的经济体制，建立起一种人类历史上从未有过的社会主义基本经济制度。计划经济、市场经济都只是发展的一种手段，不是终极目的，也不具意识形态性。既然市场经济是手段，在改革开放中，我们党以巨大的理论勇气和政治勇气利用市场经济，并使其与社会主义制度相结合。社会主义制度能不能与市场经济成功结合，是一个经济学上的世界级难题。一定意义上讲，我们的改革开放就是在一步一步地解答这一经济学上的世界级难题。我们通过市场经济，并充分地利用经济全球化这一平台，把资本主义在发展市场经济中积累的一切能促进生产社会化和生产力提高的积极因素吸收过来，与社会主义制度进行了很好的结合。如此，在保持社会主义国家强大的宏观调控能力下，发挥市场经济手段的长处，规范与驯化市场经济的短处，让市场经济为社会主义所用。正因这样，"大胆吸收和借鉴世界各国包括资本主义发达国家的一切反映现代社会化生产和商品经济一般规律的先进经营方式和管理方法"的中国特色社会主义，赢得了"同资本主义相比较的优势"。① 同时，我们逐步建立起的社会主义市场经济体制，在不断完善中成为我国基本经济制度的三大组成部分之一。40 多年的改革开放充分证明，社会主义制度与市场经济体制在中国实现了成功结合，我们党已经破解了这道经济学上的世

---

① 《邓小平文选》第 3 卷，人民出版社 1993 年版，第 225 页。

界级难题；市场经济只是一种手段，不存在资本主义与社会主义之分，资本主义与社会主义都可以用。习近平总书记指出："在社会主义条件下发展市场经济，是我们党的一个伟大创举。"这点对其他社会主义国家影响深远。

中国特色社会主义在解决社会主义目标价值与现实差异之间、中华民族伟大复兴与世界历史发展进程之间、社会主义国家发展与世界资本主义体系之间的内在张力的伟大实践中，不仅赋予了科学社会主义新的生机与活力，还在当今世界资本主义体系之外探索出了一条属于"绝大多数人参与的、为了绝大多数人利益"的发展道路，向世人指明了人类未来的前进方向，唤起了人们对社会主义新的希望，赋予那些坚持追求真理的人们巨大力量和勇气，以及探索实现理想社会新途径的胆识和谋略。

改革开放 40 多年特别是新时代 10 年来，发生在华夏大地上的历史巨变是世界历史进程中极为重要的大事变。可以说，今天的中国特色社会主义完全已经超越了一国意义，而成为构成整个人类追求美好社会制度的关键动力和引领旗帜。

新时代成功推进和拓展的中国式现代化为人类实现现代化提供了新选择

一方面，"二战"后，世界殖民体系瓦解，刚获得民族解放和国家独立的广大发展中国家，在现代化初始条件极其简陋的条件下，能否同时解决一般现代化发展进程中的累积性和共时性矛盾，是一个摆在所有发展中国家面前的重大理论与实践问题。事实上，获得民族独立的国家绝大多数选择了资本主义道路，但半个多世纪过去了，行走在资本主义道路上的绝大多数发展中国家的落后状况没有得到大的改观，甚至有些国家变得更糟糕。特别是自 2008 年国际金融危机以来，广大发展中国家又被历史抛到了一个发展的十字路口。广大发展中国家当下的发展困境有内因有外因。内因主要在于对发展道路的原初选择以及选择后的发展战略没有及时转型。外因主要在于广大发展中国家基本上都是以弱势群体身份进入西方主导的经济全球化以及资本主义世界体系当中，并被西方"垂直式"固定化地安排在国际经济分工体系中，成为西方发展的对象物，成为西方现代化的附属品。在如此的内外因综合作用下，广大发展中国家从一开始走上现代化道路就被锁定在"永不发达"的发展状态，以此来持续保证西方的发达。综而言之，"二战"以来，广大发展中国家半个多世纪的发展历史说明，每个国家发展道路的成功与否，很大程度上取决于这条道路符合自己国家的实际情况、依靠自己人民和实现自己人民需要的程度，而不是取决于对欧美现代化模式迷信般的教条照搬。每个民族、每个国家都可以也应该根据自己的国情来选择并找到适合自己的发展道路，尤其是对于广大发展中国家，没有一条现成的、天赐的、注定遍地鲜花美酒的发展道路摆放在面前。所有历史经验和教训都可以归结为一点，就是走自己的路。世界各国的经验，包括西方国家的经验，都有自己的价值，都可以拿来研究一番，吸收其中有益的成果，找到其中的共性和规律。但是，没有任何经验，比自己的经验，包括自己成功的经验和失败的经验更宝贵。每个民族、每个国家必须立足本土探索出有自己特色的不同发展道路。

另一方面，新中国成立以来，在以毛泽东同志为主要代表的中国共产党人对社会主义建设道路积极探索的基础上，经过改革开放，通过长期努力，我们党开创出中国特色社会主义，并把它推进到新时代。党的十九大报告指出，进入新时代的中国特色社会主义，拓展了发展中国家走向现代化的途径，给世界上那些既希望加快发展又希望保持自身独立性的国家和民族提供了全新选择，为解决人类问题贡献了中国智慧和中国方案。中国特色社会主义道路即中国式现代化道路，凝聚了中国共产党历代领导集体的智慧，集中了人民群众的创新创造。正如党的二十大报告所指出的："在新中国成立特别是改革开放以来长期探索和实践基础上，经过十八大以来在理论和实践上的创新突破，我们党成功推进和拓展了中国式现代化。"中国式现代化为人类实现现代化提供了新的选择。中国式现代化"不是简单套用马克思主义经典作家设想的模板，不是其他国家社会主义实践的再版，也不是国外现代化发展的翻版"，[1] 而是在"不可能找到现成的教科书"[2] 的前提下开创出来的人类现代化的新样态。这为世界提供了一条不同于西方现代化的新路，为广大发展中国家提供了另一条值得借鉴的成功发展之路。

同样，发展中国家不宜也不可能把中国式现代化作为"翻版""再版"来用，而应该根据自己民族和国家的历史文化和具体国情，来吸收借鉴中国式现代化中的"普遍性"元素。中国式现代化中的"中国特色"背后有哪些"普遍性"的经验，可供发展中国家甚至其他既想加快发展又想保持自身独立性的国家所借鉴呢？本文梳理出以下几点。

（一）要正确处理好"改革""发展"与"稳定"的关系

改革、发展、稳定是广大发展中国家必须处理好的大问题，三者存在着不可分割的内在联系。对发展中国家而言，发展是解决所有问题的关键，改革是走向现代化的必由之路，稳定是改革和发展的基本前提。甚至可以说，发展中国家的一切问题的关键，就是处理好改革、发展、稳定三者的关系。一些发展中国家之所以陷入发展困境，一个重要原因

---

① 《习近平谈治国理政》第二卷，外文出版社 2017 年版，第 344 页。
② 《习近平谈治国理政》第二卷，外文出版社 2017 年版，第 344 页。

在于没有处理好这三者之间的关系。对发展中国家而言，社会不稳定成了压倒一切的问题，有的国家发起的促进经济发展或者改革的政策措施往往带来社会甚至政治重大动荡，其原因有自身的内在因素，在很大程度上与西方国家的干涉、干预和干扰有关，因为西方垄断资本集团不愿意看到这些发展中国家走上真正的现代化进程。一旦发现发展中国家有向好改革、发展的趋势，就会极尽所能甚至无所不用其极地进行打断，目的就是牢牢地控制它们来为自己服务。

在处理改革、发展与稳定的关系方面，中国共产党是能手。在改革开放的推进过程中，虽然由于"左"的或右的思潮的干扰，由于认识上的失误，在实际工作上出现过偏差，走过一些弯路，经历过一些曲折，但是，我们党在坚持稳定压倒一切的前提下，大刀阔斧推动改革开放和经济发展，实现了中国近代史上从未有过的经济快速发展和社会长期稳定两大奇迹，为中华民族伟大复兴和全面建成社会主义现代化强国奠定了良好的基础。进入新时代，我国开启关系我国发展全局的一场深刻变革，贯彻新发展理念，积极推动经济发展质量变革、效率变革、动力变革，而不再是简单地以生产总值增长率论英雄。我国在经济迈上更高质量、更有效率、更加公平、更可持续、更为安全的发展之路上，续写了社会长期稳定奇迹，成为当前世界上最安全的国家之一。新时代10年发展过程和成就再次告诉我们，没有安定的政治环境，什么事情都干不成。

改革是为了发展，稳定也是为了发展，而发展是为了人民。改革、发展、稳定作为发展中国家现代化棋盘上的三个重要棋子，贯穿于其中的一个根本性问题或者集中聚焦点，就是逐步解决贫困问题，这是一个既迫切又长期的任务。"二战"以来，贫困一直是仍没有得到明显改善，并严重阻碍广大发展中国家发展的根本问题。但是，作为世界最大的发展中国家，中国是国际社会普遍认同的在消除贫困方面做得最好最有成效的国家。2020年我国现行标准下农村贫困人口全部实现脱贫，绝对贫困在中国被消灭。正是由于我国正确地处理好了改革、发展的关系，才取得了解决贫困问题的物质基础；正是由于贫困问题逐步解决，才为进一步改革、发展提供了稳定的政治和社会环境。

在前进道路上，广大发展中国家一要把握好自身的改革，以改革来推动社会进步和国家富强；二要坚持以发展为中心，以发展来解决前进的一切问题；三要维持社会稳定，以稳定来促改革与发展；四要通过改革与发展解决贫困问题，解决两极分化和贫富差距问题，并以此来保持社会稳定。

（二）要正确处理好"自主"与"开放"的关系

最早进入现代化的西方国家确实有许多地方值得借鉴学习。但是，广大发展中国家在跟随和学习西方现代化的时候，却陷入教条主义，走的是照搬照套的路子。这条路子使广大发展中国家在很大程度上失去了自身独立性。在全盘学习西方模式时，没有学习到其体现出的一般规律，更没有结合本国历史文化条件，更遑论西方现代化模式本身就不符合人类社会发展的价值取向，其现代化过程中从来没离开过损人利己、充满血腥罪恶的对外剥削、对外掠夺的行径。广大发展中国家在现代化进程中陷入困境的主要原因之一，就是这些国家的政党和政府在无条件接受与推行西方现代化模式时，没有能处理好现代化进程中自主与开放的关系。

发展中国家的现代化从一肇始就是在失去很大部分自主权的前提下展开的，对外开放是其一个重要属性。但是，没有完全自主性的对外开放是一把"双刃剑"。从实践看，广大发展中国家在开放中付出了很大代价，丧失了独立自主的发展能力和发展权利。某些西方国家以银行贷款、直接投资、经济援助等方式为诱饵，使众多发展中国家向国际资本敞开大门，然后按照西方制定的游戏规则行事，成为资本主义全球发展链条上的被动一环，从而导致这些国家在财政政策、货币政策以及关系国计民生的重大决策上难以自主决定，事实上丧失了经济主权和其他方面的主权。一些拉美国家经济长期依赖外资，一旦外资撤走，本国经济就面临坍塌崩溃，就是这方面比较典型的例证。事实上，发展中国家能够开创更好的现代化道路。中国式现代化就是一种异质于、高级于西方现代化道路的，且具有无限光明前途的道路。

在前进道路上，广大发展中国家一是应立足自身条件推动现代化进程。每个发展中国家都有自己的资源禀赋和历史文化，因此每个国家的现代化建设必须立足于本国国情，要充分利用差异化的资源和历史文化来推进本国的现代化。二是应辩证地借鉴其他国家的先进经验，独立探索具有自己特色的现代化道路。三是面对全球化，既不能闭关锁国以错失发展机遇，也不能依附于西方国家而自我满足于在由国际垄断资本所控制的国际分工体系中的低端位置，而是要积极参与、融入经济全球化进程，走独立自主的开放发展道路。

（三）要正确处理好"发展"与"腐败"的关系

无论是发达国家还是发展中国家的政府都希望本国发展得更快更好，特别是发展中国家的政党和政府希望加快发展和尽快摆脱贫困落后的心情更为迫切。但是，不少发展中国家在改变国家贫困现状和促进社会财富快速增长过程中，产生了严重的腐败问题。在一些发展中国家，促进国家发展和增加社会财富，不是完全用来改善和提高人民生活水平，改善和提升公共服务和社会保障，而是隐藏着其他目的，比如，在制造财富中通过各种腐败手段掠夺财富并据为私有。这样，国家和社会财富在增加，经济却只见增长不见发展，经济发展不可持续且不健康，社会风气暴戾，社会分裂日益严重，甚至不少发展中国家的有关人员认为，腐败是发展的"润滑剂"，是发展必须付出的成本。从世界历史发展的长时段看，如何处理发展与腐败问题确实是一个世界性世界级的难题。

中国在现代化过程中，对发展与腐败的关系处理得非常有效。发展中产生腐败，似乎是世界各国的通病，问题在于如何利用制度来遏制腐败，使腐败尽量减少甚至灭绝。改革开放以来，特别党的十八大以来，一套不敢腐、不能腐、不想腐的制度体系在构建中不断完善和成熟。

在前进道路上，一是广大发展中国家的政党和政府要根据不同发展阶段来不断提升发展能力，加快国家和社会发展，特别是要打破各种利益集团的藩篱和束缚，阻止各种利益集团的形成。二是在现代化进程中，要解决好效率和公平之间的内在矛盾，一方面要大力解放和发展生产力，加快发展，体现效率；另一方面要照顾公平，使发展成果惠及人民，尽量缩小收入差距，逐步提高社会福利。三是要继续探索制度建设，形成一种有利于让每个人都能参与发展、都能在发展中各尽所能，并在这一基础上都能够获得与其劳动付出相匹配的发展成果的制度保障。四是应从立法上更有效地规范好政党和政府的行为，加强对政党和政府的全方位的严格监督管理，逐步形成符合自己国情的一整套预防、惩治和教育相结合的反腐防腐制度体系。

（四）要正确处理好"依附"与"摆脱"的关系

西方发达资本主义国家建立与主导了世界体系，而亚非拉广大发展中国家却是被动地进入这一体系。处在外围的广大发展中国家在世界体系中处于极其不利甚至"依附"地位，其现代化发展深受世界体系的规制而难以摆脱。

在现代化过程中，广大发展中国家都没能摆脱对西方中心的"依附"。面对西方主导的世界体系，面对西方发展的强大惯性，面对西方主要大国的强大统治力，面对西方现代化结出的诱人"毒果"，广大发展中国家不由自主地选择了跟着西方走的依附性发展。这种选择给发展中国家带来一定程度的限量发展，同时也给这些国家造成了一定自主性丧失。广大发展中国家不是不想"摆脱"西方而自主发展。他们不但想，而且不少国家还行动过。但行动过的国家很快就遭到西方国家集团各方面全方位的打压，从而要么被迫放弃，要么因此而失去发展机会。"依附"抑或"摆脱"，发展中国家难道真的别无选择？作为世界上最大发展中国家的中国，以中国式现代化告诉广大发展中国家：中国既主动积极融入西方主导的世界体系，又没有依附于西方，没有滑向西方的发展轨道；既大胆借鉴资本主义国家创造的先进文明成果，但又没有失去自主性。正是因为中国在独立自主前提下融入世界融入国际社会，中国才能既取得如此辉煌的发展成就又"风景这边独好"，才能一次次地战胜资本主义世界带来的经济危机的波及又"独善其身"。

在前进道路上，广大发展中国家一是要树立"存在多种通往现代性的不同路线"①的信念，相信在西方现代化道路之外还有其他现代化之路。二是要从理念上破除"发展—依附""贫困—独立"的抽象二元论，要立足于本民族、本国历史文化沃土，敢于在行动上开创出"发展—独立"的特色现代化之路。发展中国家如果不摆脱国际资本和发达国家主导的"中心—边缘"世界体系下的"依附性发展"，就很难真正地走上人类现代化道路。

（五）要正确处理好"政府"与"市场"的关系

计划和市场都是经济手段，所有经济体都在同时使用，有的以计划

---

① 艾伯特·马蒂内利：《全球现代化：重思现代性事业》，李国武译，商务印书馆2010年版，第122页。

为主、市场为辅，有的以市场为主、计划为辅，有的崇尚自由放任、搞绝对市场化。资源配置的最佳手段是市场，但同时市场具有自发性、盲目性、滞后性的缺点，这些缺点需要运用政府力量去克服和解决。广大发展中国家在市场化过程中，几乎完全放弃国家和政府对经济社会发展所应承担的职责，放任市场自由发展，结果导致贫富两极无限分化、地区差距无限拉大、社会动荡不安，从而使得其经济社会发展陷入困境，现代化遭受严重挫折。

中国在改革开放过程中，对政府与市场的关系处理得非常到位，不仅建立起中国社会主义市场经济体制，而且在实践中形成了中国特色社会主义市场经济理论，为解决世界经济难题贡献出中国智慧。中国社会主义市场经济体制的建立，极大地调动了社会各方面的生产积极性，极大地解放和发展了社会生产力，推动了国民经济的迅速发展，促使中国国际地位不断提高，人民生活总体水平不断提升。

在前进道路上，广大发展中国家一是必须破除自由放任、绝对市场化的发展神话，政党和政府应积极有效地承担起发展的职责，从而推动经济走向健康发展之路。二是应扩大国有经济比重，同时促进国有经济和私有经济共同发展。国有经济在不同的社会制度下可以有不同程度的存在。发展中国家应该在充分发挥市场作用的同时，增强政府对国有经济和私有经济的宏观调控功能和能力，进而有效规范市场的负面影响。

以上五个方面的梳理与概括，立足于中国的特殊性，具有较强的普遍性，对发展中国家具有很强的借鉴与参考价值。当然，党的二十大报告中提出的在前进道路上必须牢牢把握的五个重大原则，对发展中国家也具有一定意义上的借鉴作用。

总之，新时代以来，"中国之治"与"西方之乱"形成的鲜明对比，使越来越多的发展中国家逐渐由"向西看"转向"向东看"，希望学习中国的发展和治理经验。虽然，在国际上"资"强"社"弱的总体格局没有改变，但两种社会制度之间的较量呈现出新的阶段性特征和有利于社会主义的发展趋势，政治力量对比的天平已经明显倾向于社会主义，资本主义将迎来相当长历史时期内的衰退，世界社会主义运动将随着中国特色社会主义不断地由"地域性现象"转化为"世界历史性存在"而进入复兴阶段。中国特色社会主义的发展和成功使世界人民看到了社会主义发展的新希望。

（作者为中国社会科学院马克思主义研究院马克思主义中国化研究部副主任、研究员）

（《赣南师范大学学报》2023 年第 1 期）

下 篇

以中国式现代化推进
中华民族伟大复兴

新时代　新征程　新伟业

深刻把握中国式现代化的中国特色和本质要求

辛向阳

　　中国式现代化，是中国共产党领导的社会主义现代化，既有各国现代化的共同特征，更有基于自己国情的中国特色。中国式现代化已经成为人类现代化史上最亮丽的风景线，它不仅改写着世界现代化的版图，而且破除了西方现代化的神话和迷雾，塑造着现代化新的范式和格局。深刻把握中国式现代化的中国特色和本质要求，做好未来五年全面建设社会主义现代化国家开局起步工作，将为实现第二个百年奋斗目标奠定坚实基础。

中国式现代化是经历无数艰难险阻走出来的

　　党的二十大报告指出，在新中国成立特别是改革开放以来长期探索和实践基础上，经过十八大以来在理论和实践上的创新突破，我们党成功推进和拓展了中国式现代化。

　　鸦片战争之后，中国被卷入了世界现代化的浪潮之中，我们曾经想

"师夷长技以制夷"，也曾经想以君主立宪制、多党制、议会制来维新，苦苦寻求中国现代化之路。孙中山先生的《建国方略》被称为近代中国谋求现代化的第一份蓝图，提出不走西方工业化的老路，强调在工业化过程中要"节制资本"，防止出现社会贫富不均的大毛病。但在半殖民地半封建社会的条件下，中国现代化没有也不可能取得成功。

中国共产党 100 多年的历史就是一部为实现现代化强国而奋斗的历史。早在新民主主义革命时期，中国共产党就致力于探索以工业化为核心的现代化。1945 年 4 月，毛泽东在向党的七大提交的书面报告《论联合政府》中明确提出："中国工人阶级的任务，不但是为着建立新民主主义的国家而斗争，而且是为着中国的工业化和农业近代化而斗争。"新中国成立后，我们不懈地为把我国建设成为一个工业化的具有高度现代文明程度的伟大国家而奋斗。1957 年 3 月，毛泽东在全国宣传工作会议上提到"我们一定会建设一个具有现代工业、现代农业和现代科学文化的社会主义国家"。1964 年 12 月至 1965 年 1 月，第三届全国人大第一次会议提出，在不太长的历史时期内，把我国建设成为一个具有现代农业、现代工业、现代国防和现代科学技术的社会主义强国。

改革开放之初，党结合这一时期的新特点新要求，在对我国社会主义现代化建设持续探索中，正式提出了"中国式的现代化"这一概念。1979 年 3 月 21 日，邓小平在会见英中文化协会会长麦克唐纳时，第一次提出了"中国式的四个现代化"的新概念。"我们定的目标是在本世纪末实现四个现代化。我们的概念与西方不同，我姑且用个新说法，叫做中国式的四个现代化。"3 月 23 日，邓小平在政治局会议上把"中国式的四个现代化"概括为"中国式的现代化"。邓小平不断丰富和完善社会主义现代化的战略目标与部署，基于中国实际与时代特征提出了现代化建设的"三步走"战略，并且首次提出了到 21 世纪中叶基本实现现代化的发展目标。党的十三届四中全会以来，面对苏联解体、东欧剧变，世界社会主义运动陷入低潮，国内又出现政治风波与经济风险等严峻考验，以江泽民同志为主要代表的中国共产党人，在此基础上提出新"三步走"战略，将现代化的目标确定为到 21 世纪中叶基本实现现代化、建成富强民主文明的社会主义国家。进入新世纪新阶段，伴随着中国特色社会主义事业的发展，以胡锦涛同志为主要代表的中国共产党人对中国式现代化的认识不断深化。党的十七大提出"建设富强民主文明和谐的社会主义现代化国家"的总目标。

党的十八大以来，以习近平同志为核心的党中央在决战决胜脱贫攻坚、全面建成小康社会的基础上，聚焦第二个百年奋斗目标即如何全面建设社会主义现代化国家这一重大问题，提出一系列新理论新理念新战略，极大丰富了中国式现代化的新内涵。党的十八届三中全会明确提出"国家治理体系和治理能力现代化"这一新命题，不断丰富了现代化的内涵和外延。党的十九大综合分析国际国内形势和我国发展条件，提出新的"两步走"的战略设计，明确了在本世纪中叶建成社会主义现代化强国的发展目标。大会确定决胜全面建成小康社会、开启全面建设社会主义现代化国家新征程的目标，从 2020 年到本世纪中叶可以分两个阶段来安排：第一个阶段，从 2020 年到 2035 年，在全面建成小康社会的基础上，再奋斗 15 年，基本实现社会主义现代化。第二个阶段，从 2035 年到本世纪中叶，在基本实现现代化的基础上，再奋斗 15 年，把我国建成富强民主文明和谐美丽的社会主义现代化强国。这一战略设计和发展目标，进一步深化和拓展了中国式现代化的内涵，使得我国现代化建设目标的指向性更加明确。党的十九届五中全会通过的《中共中央关于制定国民经济和社会发展第十四个五年规划和二〇三五年远景目标的建议》明确提出到 2035 年基本实现社会主义现代化的远景目标，这个目标不仅大大拓展了十九大对于 2035 年目标的要求，而且与 2049 年目标更加衔接，体现了我们党对于现代化道路的认识更加深入。党的二十大报告再次清晰地描绘了到 2035 年我国发展的总体目标，经济实力、科技实力、综合国力大幅跃升，人均国内生产总值迈上新的大台阶，达到中等发达国家水平；实现高水平科技自立自强，进入创新型国家前列；建成现代化经济体系，形成新发展格局，基本实现新型工业化、信息化、城镇化、农业现代化；基本实现国家治理体系和治理能力现代化，全过程人民民主制度更加健全，基本建成法治国家、法治政府、法治社会；建成教育强国、科技强国、人才强国、文化强国、体育强国、健康中国，国家文化软实力显著增强；人民生活更加幸福美好，居民人均可支配收入再上新台阶，中等收入群体比重明显提高，基本公共服务实现均等化，农村基本具备现代生活条件，社会保持长期稳定，人的全面发展、全体人民共同富裕取得更为明显的实质性进展；广泛形成绿色生产生活方式，碳排放达峰后稳中有降，生态环境根本好转，美丽中国目标基本实现；国家安全体系和能力全面加强，基本实现国防和军队现代化。

中国式现代化具有许多重要特征

党的二十大报告指出，中国式现代化是人口规模巨大的现代化；中国式现代化是全体人民共同富裕的现代化；中国式现代化是物质文明和精神文明相协调的现代化；中国式现代化是人与自然和谐共生的现代化；中国式现代化是走和平发展道路的现代化。

中国式现代化，是中国共产党领导的社会主义现代化，既有各国现代化的共同特征，更有基于自己国情的中国特色。

中国式现代化是人口规模巨大的现代化。这意味着，中国式现代化将彻底改写人类现代化的世界版图，我国14亿多人口要整体迈入现代化社会，其规模超过现有发达国家的总和，重新塑造现代化的整体格局，在人类历史上是一件有深远影响的大事；破除了西方现代化的神话和迷雾，塑造了现代化新的范式和格局，宣告世界上既不存在定于一尊的现代化模式，也不存在放之四海而皆准的现代化标准；将大大提高14亿多中国人的思想道德、科学文化、民主法治素养，人们的思想觉悟、精神风貌、文明水准都会有一个明显的提升，为中国的发展提供最为丰富、最有质量、最生机勃勃的人力资源。

中国式现代化是全体人民共同富裕的现代化。这意味着，中国式现代化决不能走西方那种"富者累巨万、贫者食糟糠"的两极分化道路，要始终坚持以人民为中心的发展思想，自觉主动解决地区差距、城乡差距、收入分配差距，促进社会公平正义；是有着制度保障的实现过程，这个保障首先就是社会主义基本经济制度，以公有制为主体、多种所有制经济共同发展的所有制结构是保证共同富裕实现的所有制基础，以按劳分配为主体、多种分配方式并存的分配结构是实现共同富裕的分配制度基础，摒弃了西方现代化所遵循的以资本为中心的逻辑；人民民主专政的国体和人民代表大会制度的根本政治制度决定了做蛋糕是为全体人民而做的，不是为一部分人，更不是为极少数人而做的。

中国式现代化是物质文明和精神文明相协调的现代化。这意味着，中国式现代化不同于西方国家那种物质主义膨胀的现代化，要求社会主义物质文明建设和精神文明建设都要抓好，国家物质力量和精神力量都显著增强，全国各族人民物质生活和精神生活都得到改善；要坚持"两手抓、两手都要硬"，以辩证的、全面的、平衡的观点正确处理物质文明和精神文明的关系，把精神文明建设贯穿于改革开放和社会主义现代化建设全过程，渗透到社会生活的方方面面，特别是在物质文明建设中始终强调精神文明建设的重要作用；要坚持社会主义核心价值观，把坚持社会主义核心价值体系纳入新时代坚持和发展中国特色社会主义的基本方略，加强理想信念教育，弘扬中华优秀传统文化，增强人民精神力量，促进物的全面丰富和人的全面发展。

中国式现代化是人与自然和谐共生的现代化。这意味着，中国式现代化坚定推进绿色发展，推动自然资本大量增值，让良好生态环境成为人民美好生活的增长点，经济高质量发展的发力点，展现我国良好国家形象的突出点；牢固树立绿水青山就是金山银山的理念，注重同步推进物质文明建设和生态文明建设，守住发展和生态两条底线，走生产发展、生活富裕、生态良好的文明发展道路；把推动形成绿色发展方式和生活方式摆在更加突出的位置，加快构建科学适度有序的国土空间布局体系、绿色循环低碳发展的产业体系、约束和激励并举的生态文明制度体系、政府企业公众共治的绿色行动体系，加快构建生态功能保障基线、环境质量安全底线、自然资源利用上线三大红线。

中国式现代化是走和平发展道路的现代化。这意味着，中国式现代化绝不走西方国家走过的暴力掠夺殖民地、以其他国家落后为代价的现代化道路；人类社会要持续进步，各国就应该坚持要开放不要封闭，要合作不要对抗，要共赢不要独占，弱肉强食、赢者通吃是一条越走越窄的死胡同，包容普惠、互利共赢才是越走越宽的人间正道；各国相互协作、优势互补是生产力发展的客观要求，代表着生产关系演变的前进方向，在这一进程中，各国逐渐形成利益共同体、责任共同体、命运共同体，这既是经济规律使然，也符合人类社会发展的历史逻辑；为了人类未来、人民福祉，要坚持开放包容、合作共赢，践行真正的多边主义，推动构建人类命运共同体。

中国式现代化有着光明前景

党的二十大报告指出，中国式现代化的本质要求是，坚持中国共产党领导，坚持中国特色社会主义，实现高质量发展，发展全过程人民民主，丰富人民精神世界，实现全体人民共同富裕，促进人与自然和谐共生，推动构建人类命运共同体，创造人类文明新形态。

中国人的现代化之路已经风风雨雨走过 100 多年的历史，经历过人类现代化历史上的各种磨难和艰辛，探索出了自己的成功道路即中国式现代化道路，这一道路有着辉煌的未来。

中国共产党的领导使中国式现代化能够迈向光明的未来。中国式现代化是中国共产党领导的社会主义现代化，中国共产党不仅科学擘画现代化的宏伟蓝图，而且能够一以贯之地接力推进社会主义现代化事业发展，党领导人民建设社会主义现代化国家的意志和决心不会动摇，这既体现在"从第一个五年计划到第十四个五年规划，一以贯之的主题是把我国建设成为社会主义现代化国家"，又体现在改革开放以来历次党的代表大会以及中央全会通过的政治报告和各种决议、决定都一以贯之地强调建设社会主义现代化国家。这种钢铁般的意志、坚如磐石的决心、系统科学的战略谋划，使中国这艘航船战胜各种滔天巨浪、闯过各种暗礁和湍流，始终向着社会主义现代化强国的目标破浪前行。正如党的二十大报告所言："坚决维护党中央权威和集中统一领导，把党的领导落实到党和国家事业各领域各方面各环节，使党始终成为风雨来袭时全体人民最可靠的主心骨。"现代化进程中遇到的各种风险考验，只有在党的领导下才能解决。

中国式现代化因应着现代化的规律。中国式现代化遵循了现代化的一般规律、社会主义现代化的普遍规律、中国社会主义现代化的特殊规律，因而能够顺势而为。从人类现代化的一般规律来看，实现工业化和城镇化，这是基本的要求。中国式现代化始终致力于工业化和城镇化的发展，到 2020 年已基本实现了工业化，到 2021 年中国常住人口城镇化率达到 64.72%，这些都为实现现代化提供了重要基础。从社会主义现代化的普遍规律来看，现代化必须坚持以人民为中心的发展思想，坚持发展为了人民、发展依靠人民、发展成果由人民共享。从中国社会主义现代化的特殊规律来看，我国现代化同西方发达国家有很大不同。西方发达国家是一个"串联式"的发展过程，工业化、城镇化、农业现代化、信息化顺序发展，达到目前水平用了二百多年时间。我们要后来居上，把"失去的二百年"找回来，决定了我国发展必然是一个"并联式"的过程，工业化、信息化、城镇化、农业现代化是叠加发展的。

中国式现代化能够充分发挥出中国特色社会主义制度的显著优势。中国特色社会主义制度具有坚持全国一盘棋，调动各方面积极性，集中力量办大事的显著优势，这使得中国式现代化能够集中力量攻克一个又一个难关险关；具有坚持改革创新、与时俱进，善于自我完善、自我发展，使社会始终充满生机活力的显著优势，这使得中国式现代化始终能够在创新中不断走上新台阶；具有坚持人民当家作主，发展人民民主，密切联系群众，紧紧依靠人民推动国家发展的显著优势，这使得中国式现代化能够凝聚起 14 亿多人民建设现代化的强大意志、磅礴伟力；具有坚持独立自主和对外开放相统一，积极参与全球治理，为构建人类命运共同体不断作出贡献的显著优势，这使得中国式现代化能够得到全世界最广大的国家和人民的广泛支持。

（作者为中国社会科学院马克思主义研究院党委书记、研究员）

（《中国纪检监察报》2022 年 10 月 20 日第 5 版）

坚定不移推进中华民族伟大复兴历史进程

林建华

在世界政治发展史上，中国共产党独具自己的初心使命和责任担当。中国共产党是为中国人民谋幸福、为中华民族谋复兴的党，也是为人类谋进步、为世界谋大同的党。立志于中华民族千秋伟业，中国共产党已走过百余年奋斗历程。党的二十大报告明确指出，"中国共产党的中心任务就是团结带领全国各族人民全面建成社会主义现代化强国、实现第二个百年奋斗目标，以中国式现代化全面推进中华民族伟大复兴"，进一步强调了坚定不移推进中华民族伟大复兴历史进程是新时代新征程中国共产党的重大时代课题。

实现中华民族伟大复兴是中国共产党百年奋斗的主题

中国人民是伟大的人民，中华民族是伟大的民族，中华文明是伟大的文明。中国有着百万年的人类史、一万年的文化史、五千多年的文明史，为人类发展进步作出了不可磨灭的卓越贡献。英国学者安格斯·麦迪森在《世界经济千年史》中估算，从公元 10 世纪开始，中国国内生产总值一直占到世界两成以上。据统计，16 世纪以前，影响人类生活的重大科技发明约有 300 项，其中中国发明的就有 175 项。鸦片战争以后，国家蒙辱、人民蒙难、文明蒙尘，"覆屋之下、漏舟之中、薪火之上，如笼中之鸟、釜底之鱼、牢中之囚"，是中国人民和中华民族所处悲惨境遇的真实写照。"多难兴邦，殷忧启圣。"实现中华民族伟大复兴成为近代以来中华民族最伟大的梦想。"莽莽神州，已倒之狂澜待挽；茫茫华夏，中流之砥柱伊谁？"在近代中国社会各种政治力量中，中国共产党脱颖而出。它一经成立，就义无反顾肩负起实现中华民族伟大复兴的历史使命。一百多年来，中国共产党团结带领中国人民进行的一切奋斗、一切牺牲、一切创造，归结起来就是一个主题：实现中华民族伟大复兴。一百多年来，无论是弱小还是强大，无论是顺境还是逆境，中国共产党都初心不改、矢志不渝，生动演绎了实现中华民族伟大复兴的主题叙事和生动故事，倾情倾力书写了中华民族几千年历史上最恢宏的壮丽史诗。

为了实现中华民族伟大复兴，中国共产党团结带领中国人民，浴血奋战、百折不挠，创造了新民主主义革命的伟大成就，为实现中华民族伟大复兴创造了根本社会条件；自力更生、发愤图强，创造了社会主义革命和建设的伟大成就，为实现中华民族伟大复兴奠定了根本政治前提和制度基础；解放思想、锐意进取，创造了改革开放和社会主义现代化建设的伟大成就，为实现中华民族伟大复兴提供了充满新的活力的体制保证和快速发展的物质条件。中国特色社会主义进入新时代，为了实现中华民族伟大复兴，中国共产党团结带领中国人民，自信自强、守正创新，统揽伟大斗争、伟大工程、伟大事业、伟大梦想，创造了新时代中国特色社会主义的伟大成就，为实现中华民族伟大复兴提供了更为完善的制度保证、更为坚实的物质基础、更为主动的精神力量。

一百多年前，中华民族呈现在世界面前的是一派衰败凋零的景象。今天，中华民族向世界展现的是一派欣欣向荣的气象，正以不可阻挡的步伐迈向伟大复兴。围绕同一个主题，百余年一以贯之、不懈奋斗，这在世界政党发展史上绝无仅有。习近平总书记指出："当今世界，要说哪个政党、哪个国家、哪个民族能够自信的话，那中国共产党、中华人民共和国、中华民族是最有理由自信的。"这种自信，归结起来就是对实现中华民族伟大复兴的历史自信和前途自信。

实现中华民族伟大复兴在新时代进入不可逆转的历史进程

迢迢复兴路，悠悠中国梦。在庆祝改革开放 40 周年大会上，习近平总书记指出："建立中国共产党、成立中华人民共和国、推进改革开放和中国特色社会主义事业，是五四运动以来我国发生的三大历史性事件，是近代以来实现中华民族伟大复兴的三大里程碑。"承前启后、继往开来。党的十八大以来，中国特色社会主义进入新时代，实现中华民族伟大复兴迈上新征程。新时代新征程，党面临的主要任务是：实现第一个百年奋斗目标，开启实现第二个百年奋斗目标新征程，朝着实现中华民族伟大复兴的宏伟目标继续前进。

新时代十年来，在以习近平同志为核心的党中央掌舵领航下，中华民族伟大复兴号巨轮乘风破浪、行稳致远。在逐梦远航的过程中，并不都是风平浪静、一帆风顺的，我们遭遇的风险挑战风高浪急，有时甚至是惊涛骇浪，各种风险挑战接踵而至，其复杂性严峻性前所未有。但我们始终能够坚定信心、迎难而上，一仗接着一仗打，经受住了来自政治、经济、意识形态、自然界等方面的风险挑战考验，党和国家事业取得历史性成就、发生历史性变革，推动我国迈上全面建设社会主义现代化国家新征程。在逐梦远航的过程中，我们经历并见证了对党和人民事业具有重大现实意义和深远历史意义的三件大事：一是迎来中国共产党成立一百周年，二是中国特色社会主义进入新时代，三是完成脱贫攻坚、全面建成小康社会的历史任务，实现第一个百年奋斗目标。这三件大事是中国共产党和中国人民团结奋斗赢得的历史性胜利，是彪炳中华民族发展史册的历史性胜利，也是对世界具有深远影响的历史性胜利，更是深刻影响中华民族伟大复兴历史进程的大事。

　　党的二十大报告从坚持和发展习近平新时代中国特色社会主义思想、全面加强党的领导、对新时代党和国家事业发展作出科学完整的战略部署、实现了小康这个中华民族的千年梦想、提出并贯彻新发展理念、以巨大的政治勇气全面深化改革、实行更加积极主动的开放战略、坚持走中国特色社会主义政治发展道路、确立和坚持马克思主义在意识形态领域指导地位的根本制度、深入贯彻以人民为中心的发展思想、坚持绿水青山就是金山银山的理念、贯彻总体国家安全观、确立党在新时代的强军目标、全面准确推进"一国两制"实践、全面推进中国特色大国外交、深入推进全面从严治党等方面，全面、系统、科学总结了新时代十年党和国家事业取得的举世瞩目的伟大成就和极不寻常、极不平凡的重大意义。"事非经过不知难，成如容易却艰辛。"新时代伟大征程中一系列重大成就的取得来之不易，都是党和人民一道拼出来、干出来、奋斗出来的。正是基于此，习近平总书记一再强调，"中国共产党和中国人民正信心百倍推进中华民族从站起来、富起来到强起来的伟大飞跃""实现中华民族伟大复兴进入了不可逆转的历史进程""现在，我们比历史上任何时期都更接近、更有信心和能力实现中华民族伟大复兴的目标""中华民族将以更加昂扬的姿态屹立于世界民族之林"。

新时代新征程为全面推进中华民族伟大复兴而团结奋斗

征途漫漫从头越，奋楫扬帆向未来。实现中华民族伟大复兴是中华民族的最高利益和根本利益。当代中国正在经历人类历史上最为宏大而独特的实践创新，中华民族伟大复兴进入关键时期。在全党全国各族人民迈上全面建设社会主义现代化国家新征程、向第二个百年奋斗目标进军的关键时刻召开的党的二十大，为全面推进中华民族伟大复兴接续奋斗，提供了根本政治遵循和行动指南，凝聚起自信自强、守正创新、踔厉奋发、勇毅前行的思想共识和磅礴力量。

全面建设社会主义现代化国家、全面推进中华民族伟大复兴，关键在党。习近平总书记强调："没有中国共产党，就没有新中国，就没有中华民族伟大复兴。"实现中华民族伟大复兴关键在党，这是由中国共产党的性质决定的。中国共产党是中国工人阶级的先锋队，是中国人民和中华民族的先锋队，始终坚守为中国人民谋幸福、为中华民族谋复兴的初心使命。中国共产党一百多年的历史，就是一部团结带领中国人民为实现中华民族伟大复兴而不懈奋斗的历史。历史已经证明并将继续证明，只有中国共产党才能够担负起实现中华民族伟大复兴的历史使命。新时代新征程，全面推进中华民族伟大复兴，我们更加坚定，中国共产党是领导我们事业的核心力量，中国共产党是最高政治领导力量，党的坚强领导是实现中华民族伟大复兴的根本政治保证。

"两个确立"对新时代党和国家事业发展、对全面推进中华民族伟大复兴具有决定性意义。确立习近平同志党中央的核心、全党的核心地位，是时代呼唤、历史选择、民心所向。坚定拥护和维护习近平总书记的核心地位，全党就有定盘星，全国人民就有主心骨，中华民族伟大复兴号巨轮就有掌舵者。新时代新征程，有习近平总书记掌舵领航，面对惊涛骇浪，我们就能够做到"任凭风浪起，稳坐钓鱼船"。确立习近平新时代中国特色社会主义思想的指导地位，我们党就能够在中华民族伟大复兴战略全局和世界百年未有之大变局深度演进互动的复杂条件下，坚持正确前进方向，乘风破浪不迷航。新时代新征程，有习近平新时代中国特色社会主义思想指引航向，我们就能够始终把握科学的世界观和方法论，并运用贯穿其中的立场观点方法谋划事业发展、应对风险挑战，团结带领全国各族人民不断开辟中华民族伟大复兴的光明前景。

中国特色社会主义是实现中华民族伟大复兴的必由之路。"五个必由之路"的重大论断，是对习近平新时代中国特色社会主义思想的丰富和发展，既是植根新时代伟大实践的经验总结和规律性认识，也是面向新征程奋斗目标的系统性思考和工作部署；既为弄清楚"过去我们为什么能够成功"提供了科学答案，也为弄明白"未来我们怎样才能继续成功"擘画了正确方向。党的第三个历史决议指出："一百年来，党领导人民不懈奋斗、不断进取，成功开辟了实现中华民族伟大复兴的正确道路。"这条道路就是中国特色社会主义。中国特色社会主义是实现中华民族伟大复兴的正确道路，也是必由之路。新时代新征程，只要始终不渝走中国特色社会主义道路，独立自主走自己的路，我们就一定能够实现人民对美好生活的向往，实现中华民族伟大复兴的中国梦。

中国式现代化是全面推进中华民族伟大复兴的正确途径和强大动力。习近平总书记指出："建设社会主义现代化国家、实现中华民族伟大复兴，是我们党孜孜以求的宏伟目标。自成立以来，我们党就团结带领人民为此进行了不懈奋斗。"坚持和发展中国特色社会主义，总任务是实现社会主义现代化和中华民族伟大复兴。中国式现代化，归根到底是中国共产党领导的社会主义现代化，和中华民族伟大复兴紧密相连。

中国式现代化，既是实现中华民族伟大复兴的正确途径，同时又能够为推进中华民族伟大复兴提供强大动力。没有中国式现代化，就没有中华民族的伟大复兴。新时代新征程，坚定不移地以中国式现代化全面推进中华民族伟大复兴历史进程，就一定能够如期实现社会主义现代化和中华民族伟大复兴，创造人类发展史上新的奇迹。

中华民族伟大复兴绝不是轻轻松松、敲锣打鼓就能实现的，必须发扬斗争精神，敢于斗争、善于斗争。一百多年来，无论敌人如何强大、道路如何艰险、挑战如何严峻，我们党总是敢于斗争、善于斗争、勇于胜利。我们党依靠斗争走到今天，也必然要依靠斗争赢得未来。迈上新征程，进军新目标，我们必须清醒地看到，百年变局和世纪疫情交织，外部环境更趋复杂严峻和不确定，世界之变、时代之变、历史之变的特征更加明显。我国发展仍然处于重要战略机遇期，但也面临着越来越错综复杂的风险考验和各种斗争。这些风险考验和斗争不是短期的而是长期的，将伴随实现第二个百年奋斗目标全过程。习近平总书记在党的二十大报告中指出，全党同志"务必敢于斗争、善于斗争""增强全党全国各族人民的志气、骨气、底气，不信邪、不怕鬼、不怕压"。新时代新征程，坚定不移推进中华民族伟大复兴必须不为任何风险所惧，不为任何干扰所惑，知难而进、迎难而上，依靠顽强斗争打开事业发展新天地，以"咬定青山不放松"的执着奋力实现既定目标，以"行百里者半九十"的清醒不懈推进中华民族伟大复兴。

中华民族伟大复兴必须依靠团结奋斗走向未来。团结就是力量，团结才能胜利。团结奋斗是中国人民创造历史伟业的必由之路；实现中华民族伟大复兴是中国共产党百年来带领人民团结奋斗的目标。团结奋斗是全面建成社会主义现代化强国、实现中华民族伟大复兴的必然要求；全面建设社会主义现代化国家、全面推进中华民族伟大复兴，是一个需要持续团结奋斗的历史进程。新时代新征程，我们要继续弘扬和践行团结奋斗精神，在党的坚强领导下，团结一切可以团结的力量，调动一切可以调动的积极因素，凝聚起亿万人民共同奋斗的磅礴力量，踔厉奋发、勇毅前行，不断夺取中国特色社会主义新的胜利，奋力推进中华民族伟大复兴。正如习近平总书记在党的二十大报告中指出的："党用伟大奋斗创造了百年伟业，也一定能用新的伟大奋斗创造新的伟业。"

一代人有一代人的际遇，一代人有一代人的使命，一代人有一代人的奋斗。党的二十大科学谋划了未来五年、到 2035 年、到 21 世纪中叶党和国家事业发展的目标任务和大政方针，我们要紧密团结在以习近平同志为核心的党中央周围，坚持以习近平新时代中国特色社会主义思想为指导，牢记空谈误国、实干兴邦，坚定信心、同心同德，埋头苦干、奋勇前进，在全面建设社会主义现代化国家、全面推进中华民族伟大复兴的历史征程上谱写更加绚丽的华章。我们完全有理由相信，新时代新征程上的伟大奋斗必将以强国复兴的伟大成果载入中华民族发展史册、载入人类社会发展史册！

（作者为中国社会科学院马克思主义研究院副院长、教授）

（《党建》2022 年第 11 期）

中国式现代化道路的形成与经验

武　力

进入新时代以来，党对建设社会主义现代化国家在认识上不断深入、战略上不断成熟、实践上不断丰富，成功推进和拓展了中国式现代化。回首新中国成立 70 多年的历史，党领导人民成功走出中国式现代化道路，并在这一进程中积累了丰富的历史经验。

中国式现代化道路的开辟

新中国成立开启了中国现代化历史的新纪元，也开始了中国社会主义现代化的积极探索。我们党在新中国成立后，明确提出了中国的发展方向是社会主义，但当时是要建立新民主主义社会，利用各种积极因素发展生产力，等基本具备了与社会主义生产关系相适应的生产力后，再采取和平方式的社会主义革命，消灭生产资料的私有制，进入社会主义社会。

1953 年中国开始转入大规模经济建设以后，党中央提出了向社会主义过渡的总路线，总路线的本质就是走苏联创造的社会主义工业化道路。参照苏联的经验，设想用大约三个五年计划或更长一点时间，在大力推进和实现工业化的同时，生产关系也相应地、逐步地以和平方式向公有制和计划经济转变。但是生产资料的社会主义改造却在 1956 年底就提前完成了。中国的社会主义革命不仅没有发生苏联当年出现的生产力遭到破坏的情况，反而保障了"一五"计划的顺利完成。

总的来说，这个时期中国的生产力水平有较大提高，建立起能够保障国家安全的现代国防工业和相对独立完整的国民经济体系，积累了比较丰富的经验教训，这些都为党的十一届三中全会后开创中国特色社会主义现代化提供了宝贵经验和物质基础。

1978 年，党的十一届三中全会开启了改革开放和社会主义现代化建设新时期，一开始是对单一公有制和计划经济弊病的纠正。这种纠正源于四个方面：一是开眼看世界感到落后的压力；二是人民生活贫困的压力；三是新中国成立以来的经验教训；四是整个世界经济市场化、全球化的趋势。其中最重要的是对社会主义和国际形势的重新认识。

1992 年召开的党的十四大，明确了经济体制改革的目标是建立社会主义市场经济，使市场在社会主义国家宏观调控下对资源配置起基础性作用。此后，中国开启大刀阔斧的改革，逐步建立起社会主义市场经济制度。在改革开放的探索中，中国对社会主义现代化的认识逐渐成熟。中国认识到社会主义的本质是解放生产力，发展生产力，消灭剥削，消除两极分化，最终实现共同富裕。但这是一个动态的、不断发展的过程，而不是一个静态的、一成不变的模式，中国由此跳出了思想和理论教条，实事求是地选择适合中国国情的现代化道路。

经过改革开放以来的持续快速发展，中国的经济总量在世界各国中的排名，已经由 1978 年的第 10 位上升到 2010 年的第 2 位，占世界经济的总量也由 1978 年的 1.8% 上升到 2012 年的 12% 左右。但是，作为一个人口多、人均资源匮乏、环境压力大、发展不平衡的发展中大国，一些发展过程中不可避免的经济和社会问题集中凸显出来，其中发展方式粗放，生态环境恶化，居民之间、城乡之间收入差距过大三个问题最为突出。

中国式现代化道路的完善

党的十八大以来，中国不仅实现了全面建成小康社会的第一个百年奋斗目标，而且进行了一系列体制机制的深刻改革，书写了经济快速发展和社会长期稳定两大奇迹，开启了全面建设社会主义现代化国家的新征程，中国式现代化道路日益成熟、特征日渐显著，中国特色社会主义展现出了人类文明新形态。

在世界百年未有之大变局下，中国要全面建成小康社会。全面小康社会的内涵非常丰富。从横向来看，它是各领域全面进步的小康；从纵向来看，它意味着中国要具备全面协调可持续的发展能力，能够在全面小康的基础上乘势而起，加快奔向现代化。这是全面小康的题中应有之义。因此，在全面建成小康社会阶段，中国不能只满足于经济的增长，而要转变发展方式，推动各领域转型升级，打造面向现代化、面向未来的可持续发展的新内核。

在中国特色社会主义新时代，中国确立了"五位一体"总体布局和"四个全面"战略布局。现代化的根本在于不断解放和发展生产力，这离不开改革。因此，中国在新时代全面深化改革，提出"坚持和完善中国特色社会主义制度，推进国家治理体系和治理能力现代化"的总目标。和以往摸着石头过河不同，新时代的改革由局部探索、破冰突围转向系统集成、全面深化。现代化治理体系，必须紧紧依靠法治，法治具有固根本、稳预期、利长远的保障作用。因此，中国在新时代全面推进依法治国，提出"建设中国特色社会主义法治体系，建设社会主义法治国家"的总目标，对科学立法、公正执法、严格司法、全民守法等工作作出全面部署，坚持依法治国、依法执政、依法行政共同推进，坚持法治国家、法治政府、法治社会一体建设，中国特色社会主义法治体系不断健全，法治中国建设迈出坚实步伐，中国现代化道路有了更坚实的法治保障。中国要实现艰巨繁重的现代化任务，离不开各地区、各部门、各单位、各团体密切配合，通力合作，这就需要中国共产党作为领导核心，总揽全局，协调各方。党的十八大以来，中国共产党健全领导制度体系，完善党领导人大、政府、政协、监察机关、审判机关、武装力量、人民团体、企事业单位、基层群众性组织、社会组织等制度，确保党在各种组织中发挥领导作用。同时，中国共产党坚持全面从严治党，增强自我净化、自我完善、自我革新、自我提高能力，根本扭转管党治党宽松软状况，取得并巩固了反腐败斗争的压倒性胜利，在革命性锻造中变得更加坚强。

以"四个全面"战略布局为抓手，中国特色社会主义现代化事业全面推进。在经济领域，中国顺应经济发展新常态，提出创新、协调、绿色、开放、共享的新发展理念，发挥市场在资源配置中的决定性作用和更好发挥政府作用，实施供给侧结构性改革，加快建设创新型国家，实行更加积极主动的开放战略，推动共建"一带一路"高质量发展，打好防范和化解重大风险攻坚战，推动经济从高速增长转向高质量发展。在政治领域，中国坚持和完善中国特色社会主义根本和基本政治制度，建立和完善全过程的人民民主，实现党的领导、人民当家作主和依法治国有机统一，巩固和发展了生动活泼、安定团结的政治局面。在文化领域，中国增强社会主义意识形态的凝聚力和引领力，培育和践行社会主义核心价值观，创造性转化和创新性发展中华优秀传统文化，全党全国人民的文化自信显著增强。在社会领域，中国打赢了脱贫攻坚战，历史性地消除了绝对贫困，建成了全世界最大的社会保障体系，建设平安中国、健康中国，构建共建共治共享的社会治理新格局，发展了人民安居乐业、社会安定有序的良好局面。在生态领域，中国树立了"绿水青山就是金山银山"的理念，建立健全自然资源资产产权制度、国土空间开发保护制度、生态补偿制度、河湖长制、林长制、环境保护"党政同责"和"一岗双责"等制度，着力打赢污染防治攻坚战，打好蓝天、碧水、净土保卫战。在外交领域，中国面对加速演进的世界百年未有之大变局，提出建设新型国际关系，推动构建人类命运共同体，得到了国际社会的广泛赞同。

在基本实现工业化和全面建成小康社会之后，中国正向着第二个百年奋斗目标迈进。经过 70 多年的努力，中国已经将基本实现现代化的时间提前至 2035 年，将在 21 世纪中叶建成社会主义现代化强国。在新征程上，中国式现代化也正在破解目前世界面临的重大难题。党的二十大明确提出：中国式现代化的本质要求是坚持中国共产党领导，坚持中国特色社会主义，实现高质量发展，发展全过程人民民主，丰富人民精神世界，实现全体人民共同富裕，促进人与自然和谐共生，推动构建人类命运共同体，创造人类文明新形态。这表明，中国式现代化正在很多方面引领着人类进步方向和潮流。

中国式现代化道路的历史经验

回首中国式现代化道路，将马克思主义同中国具体实际相结合、实事求是贯穿始终的基本特征。从这一特征出发总结历史，可以得出以下几条经验。

第一，中国的现代化，要始终坚持中国共产党的全面领导。人民的意志主要通过执政党来转化为治国理政的实践。中国共产党是中国人民和中华民族的先锋队，代表最广大人民的根本利益，没有任何自己特殊的利益。坚持党的领导，一方面要坚持党的全面领导，坚持"党政军民学，东西南北中，党是领导一切"，不留治理死角；另一方面要坚持党的集中统一领导，坚持"事在四方，要在中央"，不各行其是。只有这样，才能形成推动现代化的合力，也才能抵御各种风险挑战。坚持党的领导，要坚持全面从严治党，增强党的自我净化、自我完善、自我革新、自我提高能力，永葆生机活力。

第二，中国的现代化要始终坚持以人民为中心。中国的现代化是社会主义的现代化，其本质归根结底是让最广大人民掌握自己的命运，成为国家的主人，决定国家的发展道路，这就要树立以人民为中心的思想。以人民为中心，是着眼于最广大人民长远的根本利益。这就需要增强决策的前瞻性、全局性和科学性，完善民主集中制，建立全过程人民民主，让国家的决策及其执行都能符合最广大人民的根本利益。

第三，中国的现代化任重道远，要始终坚持实事求是和与时俱进。在制度建设和发展战略谋划上，既要行稳致远、统筹兼顾，又要与时俱进、不断创新。一是要立足基本国情，在统筹"五位一体"全面发展的前提下，坚持经济建设为中心和"发展是硬道理"，以经济发展来推动政治、文化、社会、生态等各领域建设。二是要把握好地域上和群体上的先后，允许一部分地区率先发展起来，允许一部分人通过诚实合法劳动先富起来，进而实施均衡发展战略，推动共同富裕，协调好平衡与不平衡的辩证关系。

第四，中国的现代化是一个动态的、不断推进的过程，要始终保持斗争精神和勇于创新。新的事物不断涌现、新的问题层出不穷，许多东西还没有成熟就过时了，改革没有完成时、创新是第一动力。国际、国内形势不断变化，历史任务不断更新，要及时研判形势，辨明历史方位，争取历史主动，通过理论、制度、实践等各个方面的不断创新，来完善社会主义制度，实现高质量发展。

（作者为中国社会科学院当代中国研究所原副所长、研究员）

（《滨城时报》2022 年 11 月 9 日第 3 版）

以中国式现代化全面推进中华民族伟大复兴

吴 超

建设社会主义现代化强国，实现中华民族伟大复兴，是近代以来中国人民最伟大的梦想，是中华民族的最高利益和根本利益。习近平总书记在党的二十大报告中对中国式现代化的重要特征、本质要求、战略安排、重大原则等理论和实践问题作出全面系统阐释，明确提出了新时代新征程中国共产党的中心任务，发出了为全面建设社会主义现代化国家、全面推进中华民族伟大复兴而团结奋斗的动员令。中国共产党始终坚守为中国人民谋幸福、为中华民族谋复兴的初心使命，团结带领人民成功走出中国式现代化道路，中华民族迎来了从站起来、富起来到强起来的伟大飞跃，把中国发展进步的命运牢牢掌握在自己手中。

开创实现中华民族伟大复兴的正确道路

方向决定道路，道路决定命运。习近平总书记指出，我们能够创造出人类历史上前无古人的发展成就，走出了正确道路是根本原因。走自己的路，是党的全部理论和实践立足点，更是党百年奋斗得出的历史结论。1840 年鸦片战争爆发以来，国家蒙辱、人民蒙难、文明蒙尘，辉煌灿烂的中华文明遭遇到难以赓续的深重危机。由于西方列强的入侵和腐朽的封建统治，民族矛盾和阶级矛盾日益尖锐，造成整个社会的激烈对抗和震荡，起码的社会安定都难以企及，现代化的探索更是举步维艰。在中华民族最危急的时刻，中国共产党应运而生，从此中国人民有了主心骨，中华民族才终于迎来凤凰涅槃、浴火重生的曙光。中国共产党团结带领中国人民所进行的一切奋斗，就是为了把我国建设成为现代化强国，实现中华民族伟大复兴。

在实现中华民族伟大复兴的历史进程中，中国共产党对建设社会主义现代化国家在认识上不断深入、在战略上不断成熟、在实践上不断丰富，开创了中国式现代化道路。新民主主义革命的胜利，实现了几代中国人梦寐以求的民族独立和人民解放，建立了人民当家作主的中华人民共和国，为中国推进现代化扫清了障碍，创造了根本社会条件。社会主义革命和建设时期，从以优先发展重工业的社会主义工业化入手，到提出分"两步走"战略，计划到 20 世纪末，把我国逐步建设成为一个具有现代农业、现代工业、现代国防和现代科学技术的社会主义强国。改革开放和社会主义现代化建设新时期，中国共产党人将现代化建设的普遍规律与我国社会主义初级阶段的基本国情结合起来，成功开创了中国特色社会主义，提出"中国式的现代化"论断，制定了到 21 世纪中叶分三步走、基本实现社会主义现代化的发展战略。

在新中国成立特别是改革开放以来的长期探索和实践基础上，党的十八大以来在理论和实践上持续创新突破，成功推进和拓展了中国式现代化。面对世界百年未有之大变局，以习近平同志为核心的党中央统筹推进"五位一体"总体布局、协调推进"四个全面"战略布局，统筹国内国际两个大局，统揽伟大斗争、伟大工程、伟大事业、伟大梦想，以中国式现代化全面推进中华民族伟大复兴。党的十九大对全面建成社会主义现代化强国作出了分"两步走"的战略安排，到本世纪中叶把我国建成富强民主文明和谐美丽的社会主义现代化强国，明确了实现这一目标的战略安排、路径选择、重要原则。中国人民经受住了来自政治、经济、意识形态、自然界等方面的风险挑战考验，如期实现第一个百年奋斗目标，在中华大地上全面建成小康社会，历史性地解决了绝对贫困问题，向着全面建成社会主义现代化强国的第二个百年奋斗目标迈进。

中国式现代化推动实现中华民族伟大复兴进入了不可逆转的历史进程，开创了实现中华民族伟大复兴的正确道路。中国共产党团结带领中国人民通过走中国式现代化道路，仅用几十年时间就走完了西方发达国家几百年走过的工业化历程，创造了世所罕见的经济快速发展和社会长期稳定两大奇迹，创造了人类文明新形态，创造了人类现代化史上的奇迹。中国式现代化符合中国实际、反映中国人民意愿、适应时代发展要求，历史和实践已经并将进一步证明，这条道路，不仅走得对、走得通，而且也一定能够走得稳、走得好。

新时代十年中国式现代化的里程碑意义

党的二十大报告指出，新时代十年的伟大变革，在党史、新中国史、改革开放史、社会主义发展史、中华民族发展史上具有里程碑意义。新时代十年，全面推进中华民族伟大复兴行进到全面推进中国式现代化的关键节点，中国式现代化道路越走越宽广，拓展了人类走向现代化的途径，在人类文明发展史、现代化发展史上更具有里程碑意义。以习近平同志为核心的党中央深刻回答建设什么样的社会主义现代化强国、怎样建设社会主义现代化强国的重大时代课题，采取一系列战略性举措，推进一系列变革性实践，实现了一系列突破性进展，取得了一系列标志性成果，为进一步推进中国式现代化、实现中华民族伟大复兴提供了更为完善的制度保证、更为坚实的物质基础、更为主动的精神力量。

制度优势是一个政党、一个国家的最大优势。国家之间的竞争，归根到底是制度之争。进入新时代，党中央把制度建设摆到更加突出的位置，坚持和完善中国特色社会主义制度，推进国家治理体系和治理能力建设，继续深化各领域各方面体制机制改革，着力构建系统完备、科学规范、运行有效的制度体系。这十年，实现了由局部探索、破冰突围到系统集成、全面深化的历史性转变，各领域基础性制度框架基本建立，许多领域实现了历史性变革、系统性重塑、整体性重构，各方面制度更加成熟定型，国家治理体系和治理能力现代化水平明显提高。中国特色社会主义制度是一套行得通、真管用、有效率的制度体系，在应对新冠疫情、打赢脱贫攻坚战等实践中进一步彰显优越性，中国之治与西方之乱对比更加鲜明。

新时代十年，我国经济实力、科技实力、综合国力跃上新台阶，为实现中华民族伟大复兴奠定了更为坚实的物质基础。国内生产总值从54万亿元增长到114万亿元，占世界经济比重从11.3%到18.5%，稳居世界第二位。人均国内生产总值从6300美元上升到1.2万美元，超过世界人均水平，达到中高收入国家水平。人民生活全方位改善，建成世界上规模最大的教育体系、社会保障体系、医疗卫生体系，基本养老保险覆盖10.4亿人，基本医疗保险参保率稳定在95%。人民群众获得感、幸福感、安全感更加充实、更有保障、更可持续，共同富裕取得新成效。生态环境保护发生历史性、转折性、全局性变化，绿色、循环、低碳发展迈出坚实步伐，迈上更高质量、更有效率、更加公平、更可持续、更为安全的发展之路。

物质富足、精神富有是社会主义现代化的根本要求，一个民族的复兴需要强大的物质力量，也需要强大的精神力量。进入新时代，以习近平同志为主要代表的中国共产党人，坚持用马克思主义的立场观点方法观察时代、把握时代、引领时代，创立了习近平新时代中国特色社会主义思想，为新时代党和国家事业发展提供了根本遵循。新时代十年，牢牢掌握意识形态工作领导权，建设具有强大凝聚力和引领力的社会主义意识形态，建设社会主义文化强国，以社会主义核心价值观引领文化建设，推动中华优秀传统文化创造性转化、创新性发展，推进文化事业和文化产业全面发展，更好构筑中国精神、中国价值、中国力量。我国意识形态领域形势发生全局性、根本性转变，全党全国各族人民文化自信明显增强，全社会凝聚力和向心力极大提升，为实现中华民族伟大复兴提供了坚强思想保证和强大精神力量。

中国式现代化的中国特色和独特优势

世界上既不存在定于一尊的现代化模式，也不存在放之四海而皆准的现代化标准。中国式现代化扎根中国大地，切合中国实际，体现了社会主义建设规律，也体现了人类社会发展规律。中国式现代化是中国共产党领导的社会主义现代化，既有各国现代化的共同特征，更有基于自己国情的中国特色。中国式现代化是人口规模巨大的现代化，是全体人民共同富裕的现代化，是物质文明和精神文明相协调的现代化，是人与自然和谐共生的现代化，是走和平发展道路的现代化。

中国式现代化是中国共产党领导的社会主义现代化。坚持党对一切工作的领导，是党和国家的根本所在、命脉所在，是中国式现代化的最本质特征和最大优势。中国人民和中华民族之所以能够扭转近代以来的历史命运、取得伟大成就，最根本的原因就在于坚持党的集中统一领导，创立了一套体现人民意志、保障人民权益、激发人民创造活力的社会主义制度，确保整个社会既充满活力又和谐有序。中国式现代化从诞生之日起就与社会主义紧密联系在一起，一直有明确的目标和前瞻性的战略作为指导。中国特色社会主义是党和人民历经千辛万苦、付出巨大代价取得的根本成就，是实现社会主义现代化、创造人民美好生活的必由之路。

中国式现代化是人口规模巨大的现代化，坚持以人民为中心，我国十四亿多人口整体迈进现代化社会，规模超过现有发达国家人口的总和。中国式现代化是全体人民共同富裕的现代化，着力维护和促进社会公平正义，着力促进全体人民共同富裕，坚决防止两极分化。中国式现代化是物质文明和精神文明相协调的现代化，不断厚植现代化物质基础，同时大力发展社会主义先进文化，不断促进物的全面丰富和人的全面发展。中国式现代化是人与自然和谐共生的现代化，坚持可持续发展，坚定不移走生产发展、生活富裕、生态良好的文明发展道路。中国式现代化是走和平发展道路的现代化，不走一些国家通过战争、殖民、掠夺等方式实现现代化的老路，在坚定维护世界和平与发展中谋求自身发展，又以自身发展更好维护世界和平与发展。

党的二十大报告对中国式现代化的本质要求作出科学概括：坚持中国共产党领导，坚持中国特色社会主义，实现高质量发展，发展全过程人民民主，丰富人民精神世界，实现全体人民共同富裕，促进人与自然和谐共生，推动构建人类命运共同体，创造人类文明新形态。这个概括是党深刻总结我国和世界其他国家现代化建设的历史经验，对我国这样一个东方大国如何加快实现现代化在认识上不断深入、战略上不断成熟、实践上不断丰富而形成的思想理论结晶，充分彰显了中国共产党人的初心使命和时代担当，指明了中国式现代化发展方向。中国的现代化探索，破解了人类社会发展的诸多难题，摒弃了西方以资本为中心的现代化、两极分化的现代化、物质主义膨胀的现代化、对外扩张掠夺的现代化老路，打破了只有遵循资本主义现代化模式才能实现现代化的神话，也为世界上寻求非西方现代化道路的其他国家和民族提供了全新选择。

谱写全面建设社会主义现代化国家崭新篇章

习近平总书记在党的二十大报告中强调，从现在起，中国共产党的中心任务就是团结带领全国各族人民全面建成社会主义现代化强国、实现第二个百年奋斗目标，以中国式现代化全面推进中华民族伟大复兴。报告鲜明提出了前进道路上必须牢牢把握的五个重大原则，为全面建设社会主义现代化国家提供了根本遵循。

坚持和加强党的全面领导，把党的领导落实到党和国家事业各领域各方面各环节，使党始终成为风雨来袭时全体人民最可靠的主心骨，确保我国社会主义现代化建设正确方向，集聚起万众一心、共克时艰的磅礴力量。坚持中国特色社会主义道路，坚持以经济建设为中心，坚持四项基本原则，坚持改革开放，既不走封闭僵化的老路，也不走改旗易帜的邪路，坚持把国家和民族发展放在自己力量的基点上，坚持把中国发展进步的命运牢牢掌握在自己手中。坚持以人民为中心的发展思想，不断实现发展为了人民、发展依靠人民、发展成果由人民共享，让现代化建设成果更多更公平惠及全体人民。坚持深化改革开放，深入推进改革创新，坚定不移扩大开放，着力破解深层次体制机制障碍，不断彰显中国特色社会主义制度优势，不断增强社会主义现代化建设的动力和活力，把我国制度优势更好转化为国家治理效能。坚持发扬斗争精神，增强全党全国各族人民的志气、骨气、底气，不信邪、不怕鬼、不怕压，知难而进、迎难而上，依靠顽强斗争打开事业发展新天地。

全面建设社会主义现代化国家寄托着中华民族的夙愿和期盼，凝结着中国人民的奋斗和汗水。中国式现代化是中国共产党和中国人民长期实践探索的成果，是一项伟大而艰巨的事业。惟其艰巨，所以伟大；惟其艰巨，更显荣光。今天，我们比历史上任何时期都更接近、更有信心和能力实现中华民族伟大复兴的目标，同时我国发展进入战略机遇和风险挑战并存、不确定难预料因素增多的时期，各种"黑天鹅""灰犀牛"事件随时可能发生。蓝图已经绘就，号角已经吹响，新征程是充满光荣和梦想的远征。我们要踔厉奋发、勇毅前行，以更加强烈的历史主动精神、历史创造精神，不断谱写全面建设社会主义现代化国家的崭新篇章，奋力实现中华民族伟大复兴的中国梦。

（作者为中国社会科学院当代中国研究所研究员）

（《重庆日报》2022 年 11 月 10 日第 9 版）

新时代新征程中国共产党的使命任务

吴　超

　　建设社会主义现代化强国，实现中华民族伟大复兴，是近代以来中国人民最伟大的梦想，是中华民族的最高利益和根本利益。中国共产党自成立之日起就把实现中华民族伟大复兴作为自己的历史使命，不懈探索中国现代化道路、推进中国现代化事业。一百多年来，党领导人民成功走出中国式现代化道路，创造了人类文明新形态，中华民族迎来了从沉沦中奋起、迎来伟大复兴的光明前景。党的二十大报告进一步明确以中国式现代化全面推进中华民族伟大复兴作为新时代新征程中国共产党的使命任务，对于从理论上深刻认识中国式现代化的本质特征，在实践中全面推进中华民族伟大复兴具有重要意义。

实现中华民族伟大复兴的必由之路

　　中华民族是古老而伟大的民族，创造了世界上唯一没有中断、发展至今的灿烂文明，在有史籍记载的多数时间里，中华民族在经济、科学、文化、艺术等诸多领域都走在世界前列。1840 年鸦片战争以后，中国逐步陷入半殖民地半封建社会的深渊，国家蒙辱、人民蒙难、文明蒙尘，中华民族遭受了前所未有的劫难。为了拯救民族危亡，各个阶级阶层和各种政治力量都曾登上历史舞台，各种主义和思潮都进行过尝试，各种救国方案轮番出台，一次次抗争，一次次失败。

中国共产党一经诞生，就把为中国人民谋幸福、为中华民族谋复兴确立为自己的初心使命。中国共产党团结带领中国人民所进行的一切奋斗，就是为了把我国建设成为现代化强国，实现中华民族伟大复兴。一百多年来，中国共产党带领人民不懈探索建设什么样的现代化、怎样实现现代化，从拯救民族危亡到扫清现代化的根本障碍，从国家工业化到四个现代化，从温饱不足、总体小康到奔向全面小康，从全面建成小康社会到开启全面建设社会主义现代化国家新征程，走出了具有中国特色、符合中国实际的中国式现代化新道路。这是一条实现中华民族伟大复兴的必由之路，中国用几十年时间走完了发达国家几百年走过的工业化历程，创造了世所罕见的经济快速发展奇迹和社会长期稳定奇迹，从根本上改变了中国人民和中华民族的前途命运。从一百年前山河破碎、衰败凋零到今天蓬勃发展、欣欣向荣，中华民族正以不可阻挡的步伐迈向伟大复兴。

成功推进中国式现代化的里程碑意义

党的十八大以来，中国特色社会主义进入新时代。以习近平同志为核心的党中央深刻回答建设什么样的社会主义现代化强国、怎样建设社会主义现代化强国等重大时代课题，不断实现理论和实践上的创新突破，成功推进和拓展了中国式现代化。党的二十大在十九大对全面建成社会主义现代化强国作出了分两步走的战略安排的基础上，进一步明确到 2035 年我国发展的总体目标和未来五年全面建设社会主义现代化国家开局起步的主要任务目标。习近平总书记指出，我国现代化是人口规模巨大的现代化，是全体人民共同富裕的现代化，是物质文明和精神文明相协调的现代化，是人与自然和谐共生的现代化，是走和平发展道路的现代化，进一步深化拓展建设社会主义现代化国家的科学内涵。

新时代十年的伟大变革，为创造中国式现代化新道路、实现中华民族伟大复兴提供了更为完善的制度保证、更为坚实的物质基础、更为主动的精神力量，在党史、新中国史、改革开放史、社会主义发展史、中华民族发展史上具有里程碑意义。中国人民战胜一系列重大风险挑战，推动党和国家事业取得全方位、开创性历史成就，发生深层次、根本性历史变革，如期实现了第一个百年奋斗目标，在中华大地上全面建成小康社会，历史性地解决了绝对贫困问题。中华民族伟大复兴进入不可逆转的历史进程，正向着全面建成社会主义现代化强国的第二个百年奋斗目标迈进，朝着共同富裕的目标稳步前进。中国式现代化道路越走越宽广，不仅掀开了我国社会主义现代化建设史新的一页，而且拓展了人类走向现代化的途径，为破解人类社会发展诸多难题提供了中国方案。

坚持以中国式现代化全面推进中华民族伟大复兴

当前，世界百年未有之大变局加速演进，世界进入新的动荡变革期，世纪疫情阴霾未散，局部冲突硝烟又起，经济全球化遭遇逆流，我国发展面临新的战略机遇、新的战略任务、新的战略阶段、新的战略要求、新的战略环境，中华民族伟大复兴进入关键时期。党的二十大报告提出，从现在起，中国共产党的中心任务就是团结带领全国各族人民全面建成社会主义现代化强国、实现第二个百年奋斗目标，以中国式现代化全面推进中华民族伟大复兴。这就旗帜鲜明地指出了党在新时代以中国式现代化全面推进中华民族伟大复兴的战略安排、路径选择、重要原则。在前进的道路上，要求我们既不走封闭僵化的老路，也不走改旗易帜的邪路，坚持把国家和民族发展放在自己力量的基点上、把中国发展进步的命运牢牢掌握在自己手中，按照中国式现代化的本质要求，坚持中国共产党领导，坚持中国特色社会主义，实现高质量发展，发展全过程人民民主，丰富人民精神世界，实现全体人民共同富裕，促进人与自然和谐共生，推动构建人类命运共同体，创造人类文明新形态。

以中国式现代化全面推进中华民族伟大复兴，必须坚持党的全面领导，确保党始终总揽全局、协调各方。全面建设社会主义现代化国家，实现新时代新征程各项目标任务，关键在党。历史和现实都表明，没有中国共产党，就没有新中国，就没有中华民族伟大复兴。我们能够创造中国式现代化新道路，根本就在于有中国共产党的坚强领导。新的征程上，必须加强党对社会主义现代化建设的全面领导，把坚持党的全面领导的政治优势、创新理论的理论优势同坚持中国特色社会主义制度的制度优势、发展优势和机遇优势统一起来，推动党对社会主义现代化建设的领导在职能配置上更加科学合理、在体制机制上更加完备完善、在运行管理上更加高效。

以中国式现代化全面推进中华民族伟大复兴，必须坚持中国道路，不断发展和完善中国特色社会主义。中国特色社会主义道路，开拓于中国人民共同奋斗，扎根于中华大地，是实现社会主义现代化的必由之路，是创造人民美好生活的必由之路，是实现中华民族伟大复兴的必由之路。新时代新征程，中国各民族人民团结和凝聚在中国特色社会主义旗帜下，走中国式现代化新道路，坚持独立自主，坚持守正创新，结合新的实践不断推进理论创新、用新的理论指导新的实践，把各民族各地区具体利益的多样性与中华民族整体利益和中国人民利益的一致性有机统一起来。

以中国式现代化全面推进中华民族伟大复兴，必须坚持人民至上，坚定不移促进全体人民共同富裕。人民是历史的创造者，是决定国家前途的根本力量。坚持人民至上是中国式现代化取得历史性成就的重要原因。新的征程上，必须紧紧依靠人民创造历史，坚持全心全意为人民服务的根本宗旨，发展全过程人民民主，维护社会公平正义，着力解决发展不平衡不充分问题和人民群众急难愁盼问题，推动人的全面发展、全体人民共同富裕取得更为明显的实质性进展。

（作者为中国社会科学院当代中国研究所研究员）

（《南方》2022 年第 23 期）

推进共同富裕的现实路径

辛向阳

党的二十大报告提出："中国式现代化的本质要求是：坚持中国共产党领导，坚持中国特色社会主义，实现高质量发展，发展全过程人民民主，丰富人民精神世界，实现全体人民共同富裕，促进人与自然和谐共生，推动构建人类命运共同体，创造人类文明新形态。"这为进一步推动全体人民共同富裕取得更为明显的实质性进展提供了重要遵循。

实现共同富裕不仅是经济问题，而且是关系党的执政基础的重大政治问题。实现全体人民共同富裕，不仅是中国式现代化的重要特征之一，也是中国式现代化的本质要求之一。从主体上看，我们说的共同富裕不是少数人的富裕，而是全体人民共同富裕。需自觉主动解决地区差距、城乡差距、收入分配差距，坚决防止两极分化。正如习近平总书记强调的："我们决不能允许贫富差距越来越大、穷者愈穷富者愈富，决不能在富的人和穷的人之间出现一道不可逾越的鸿沟。"从进程上看，我们说的共同富裕不是整齐划一的平均主义。全体人民共同富裕是一个总体概念，不是所有人都同时富裕，也不是所有地区同时达到一个富裕水准，不可能齐头并进，在时间上也会有先有后，需分阶段扎实推进。也就是说，要允许一部分人先富起来，同时要强调先富带后富、帮后富。从内容上看，共同富裕是人民群众物质生活和精神生活都富裕。物质贫困不是社会主义，精神贫乏也不是社会主义。我们说的共同富裕，既表现为社会成员的物质富足，也表现为社会成员的精神富有。要强化社会主义核心价值观引领，加强爱国主义、集体主义、社会主义教育，发展公共文化事业，完善公共文化服务体系，不断满足人民群众多样化、多层次、多方面的精神文化需求。

党的二十大报告对扎实推进共同富裕作出一系列重要部署，提出"健全基本公共服务体系，提高公共服务水平，增强均衡性和可及性""坚持多劳多得，鼓励勤劳致富，促进机会公平，增加低收入者收入，扩大中等收入群体"，这些都为推进共同富裕指明了方向。

着力促进全体人民共同富裕，要坚持基本经济制度。要坚持"两个毫不动摇"，坚持公有制为主体、多种所有制经济共同发展。既要大力发挥公有制经济在促进共同富裕中的重要作用，加快国有经济布局优化和结构调整，推动国有资本和国有企业做强做优做大，提升企业核心竞争力，又要促进非公有制经济健康发展、非公有制经济人士健康成长，优化民营企业发展环境，依法保护民营企业产权和企业家权益，促进民营经济发展壮大。

着力促进全体人民共同富裕，要不断完善分配制度。一是要坚持按劳分配为主体、多种分配方式并存，构建初次分配、再分配、第三次分配协调配套的制度体系。努力提高居民收入在国民收入分配中的比重，提高劳动报酬在初次分配中的比重。坚持多劳多得，鼓励勤劳致富，促进机会公平，增加低收入者收入，扩大中等收入群体。二是要完善按要素分配政策制度，探索多种渠道增加中低收入群众要素收入，多渠道增加城乡居民财产性收入。三是要完善个人所得税制度，规范收入分配秩序，规范财富积累机制，保护合法收入，调节过高收入，取缔非法收入。此外，还需引导、支持有意愿有能力的企业、社会组织和个人积极参与公益慈善事业。

着力促进全体人民共同富裕，需给更多人创造致富机会。要坚持在发展中保障和改善民生，为人民提高受教育程度、增强发展能力创造更加普惠公平的条件，提升全社会人力资本和专业技能，提高就业创业能力，增强致富本领；要防止社会阶层固化，畅通向上流动通道，形成人人参与的发展环境，避免"内卷""躺平"。特别是要实施就业优先战略，强化就业优先政策，健全就业促进机制，在健全就业公共服务体系、完善重点群体就业支持体系、统筹城乡就业政策体系等方面下功夫，使人人都有通过勤奋劳动实现自身发展的机会。

着力促进全体人民共同富裕，需加强法治建设。习近平总书记强调："从国内看，我们已经踏上了全面建设社会主义现代化国家、向第二个百年奋斗目标进军的新征程，立足新发展阶段，贯彻新发展理念，构建新发展格局，推动高质量发展，满足人民对民主、法治、公平、正义、安全、环境等方面日益增长的要求，提高人民生活品质，促进共同富裕，都对法治建设提出了新的更高要求。"法治建设需积极回应新的要求，加快重点领域立法，努力健全国家治理急需、满足人民日益增长的美好生活需要必备的法律制度，努力营造有利于促进共同富裕的法治环境。要在健全产权保护制度上下功夫，深入推进实施公平竞争政策，全面落实公平竞争审查制度，消除各种市场壁垒，使各类资本机会平等、公平进入、有序竞争。要在规范收入分配秩序上下功夫，不断推动居民收入增长和经济增长基本同步，劳动报酬提高与劳动生产率提高基本同步，让广大人民群众共享改革发展成果，朝着共同富裕目标迈进。

（作者为中国社会科学院马克思主义研究院党委书记、研究员）

（《经济日报》2022 年 11 月 29 日第 10 版）

实现中华民族伟大复兴的历史性选择

孙翠萍

现代化是人类历史发展的进步趋势，是近代以来中国人民在中国共产党的领导下孜孜以求的夙愿。一百多年来，中国的现代化历经不同的探索模式，以中国式现代化实现中华民族伟大复兴是中国共产党结合中国处于社会主义初级阶段之特定国情和新时代现代化发展理论为推进中华民族伟大复兴、开启人类文明新形态作出的历史性选择。

中国式现代化与中华民族伟大复兴的内在联系

党的二十大概括并阐明了中国式现代化的中国特色和本质要求，即中国式现代化是人口规模巨大的现代化，是以全体人民共同富裕为指向的现代化，是物质文明和精神文明相协调的现代化，是人与自然和谐共生的现代化，是走和平发展道路的现代化，是中国共产党领导下的社会主义现代化，既有各国现代化的共同特征，更基于中国的国情特色。

实现社会主义现代化和中华民族伟大复兴是中国特色社会主义的

总任务。习近平新时代中国特色社会主义思想，明确坚持和发展中国特色社会主义，总任务是实现社会主义现代化和中华民族伟大复兴。习近平新时代中国特色社会主义思想推动中国特色社会主义进入了新时代，实现第一个百年奋斗目标，开启实现第二个百年奋斗目标新征程。对于现代化理论，中西方有着不同的理解。世界上不存在一成不变或是定于一尊的现代化模式，也不存在放之四海而皆准的现代化标准，根据本国历史传承、文化底蕴、基本国情的不同，实现现代化的方式存在差异。中国共产党人根据马克思主义中国化的精神，提出了中国式现代化的理论和路径。中国式现代化的成功正是因为它基于中国国情、解放并发展生产力，适应时代发展要求，是中国共产党独立自主探索出来的现代化道路。它既有各国现代化的共同特征，又有中国特色，超越了西方以资本为中心的现代化，坚持以人民为中心，为人类实现现代化贡献了人类文明新形态。

中国式现代化和中华民族伟大复兴都是百年历史探索的要求，两者密不可分。一百多年来，中国共产党领导中国人民，在砥砺奋进中创造出中国式现代化新道路。中国式现代化的特点在于在中国共产党的领导下，坚持中国特色社会主义，坚持社会高质量发展和全过程人民民主，坚持以人民为中心实现全体人民共同富裕，坚持人与自然和谐共生，打造美丽中国的同时推动构建人类命运共同体。实现中华民族伟大复兴是中国共产党一百多年奋进的主题。中华民族有着五千多年的灿烂文明，但是近代以来，中国逐步沦为半殖民地半封建社会。为拯救民族危亡，中国人民历史性地选择了中国共产党作为领路人。实现中华民族伟大复兴是中华民族近代以来的梦想。中国共产党一经诞生就把为人民谋幸福、为民族谋复兴立为自己的初心使命。党的十八大以来，中国特色社会主义进入新时代，中华民族迎来了从站起来、富起来到强起来的伟大飞跃。新时代中国社会主要矛盾是人民日益增长的美好生活需要和不平衡不充分的发展之间的矛盾，党的二十大强调统筹推进"五位一体"总体布局、协调推进"四个全面"战略布局，为新时代全面建设社会主义现代化国家、推进实现中华民族伟大复兴的中国梦指明了前进方向与根本遵循。

以中国式现代化实现中华民族伟大复兴的道路选择

中国式现代化是实现中华民族伟大复兴的历史性选择。鸦片战争之后，中国逐步沦为半殖民地半封建社会，"复兴中华""振兴中华"等概念逐步兴起。1917 年，李大钊提出了"中华民族之复活"；1919 年，毛泽东在《民众的大联合》中提出："他日中华民族的改革，将较任何民族为彻底。中华民族的社会，将较任何民族为光明。中华民族的大联合，将较任何地域任何民族而先告成功。"1949 年 9 月，毛泽东在第一届全国政协会议上宣告："我们的民族将再也不是一个被人侮辱的民族了，我们已经站起来了。"新中国成立后，中国共产党带领中国人民探索中国特色社会主义道路过程中，"中华民族伟大复兴"的概念正式形成并逐步丰富和发展了内涵。如今，"中华民族伟大复兴"与社会主义现代化建设"三步走"发展战略联系起来，并且，全面建设社会主义现代化国家是中国共产党在新时代全面建成小康社会奋斗目标完成之后新的奋斗目标，是中国社会主义现代化建设"三步走"总体战略的继续和深入。

中国式现代化是实现中华民族伟大复兴的创新之路。中国共产党带领中国人民在探索中华民族伟大复兴的道路上，逐步明确和规范中国式现代化道路的内涵，创新了中国特色社会主义理论。1981 年，党的十一届六中全会通过的《关于建国以来党的若干历史问题的决议》，概括了十个适合中国国情的社会主义现代化建设主要原则。1983 年 6 月，邓小平指出："我们搞的现代化，是中国式现代化"，"路子不会越走越窄，只会越走越宽"。1997 年，党的十五大把邓小平理论作为党的指导思想，并在基本路线的基础上制定了社会主义初级阶段的基本纲领。2021 年 7 月，习近平总书记在庆祝中国共产党成立 100 周年大会上指出："我们坚持和发展中国特色社会主义，推动物质文明、政治文明、精神文明、社会文明、生态文明协调发展，创造了中国式现代化新道路，创造了人类文明新形态。"2022 年 10 月，党的二十大报告明确了中国式现代化的内涵与本质要求，指明"全面建成社会主义现代化强国，总的战略安排是分两步走：从二〇二〇年到二〇三五年基本实现社会主义现代化；从二〇三五年到本世纪中叶把我国建成富强民主文明和谐美丽的社会主义现代化强国"，并在此基础上提出了全面建设社会主义现代化国家必须牢牢把握的五个重大原则，为取得全面建设社会主义国家的新胜利指明了方向。除了理论上的创新，从发展阶段来看，中国式现代化进程和西方资本主义国家现代化并不同步，中国式现代化道路是跨越式道路，是"并联式"过程，而非"串联式"过程，因此，中国式现代化道路在领导力量、指导思想、发展目标、路径方式等方面都存在不同。而这些不同，也正是中国式现代化道路的创新之处。

（作者为中国社会科学院当代中国研究所副研究员）

（《团结报》2022 年 11 月 29 日第 8 版）

深刻把握中国式现代化的本质特征

朱佳木

习近平总书记所作的党的二十大报告，进一步指明了党和国家事业的前进方向，是我们党团结带领全国各族人民在新时代新征程坚持和发展中国特色社会主义的政治宣言和行动纲领。党的二十大报告提出，中国式现代化，是中国共产党领导的社会主义现代化，既有各国现代化的共同特征，更有基于自己国情的中国特色。前进道路上，必须坚持和加强党的全面领导，坚持中国特色社会主义道路，坚持以人民为中心的发展思想，坚持深化改革开放，坚持发扬斗争精神，不断彰显中国特色社会主义制度优势，不断增强社会主义现代化建设的动力和活力，把我国制度优势更好转化为国家治理效能。这些重要论述表明，中国式现代化不是别的什么现代化，而是中国共产党领导的社会主义制度基础上的现代化。

"现代化"一词最早产生于 18 世纪的欧洲，是指工业革命以来，人类社会在经济、政治、文明等各方面由传统向现代转变的过程。当时，这种转变只能通过资本主义道路来实现。直到 20 世纪初发生的十月革命，"改变了整个世界历史的方向，划分了整个世界历史的时代""社会主义从理论变为现实，打破了资本主义一统天下的世界格局"。这时，现代化才有了不同于资本主义的另一种选择，即社会主义的现代化道路。

早在党的七大上，毛泽东同志就明确指出："中国工人阶级的任务，不但是为着建立新民主主义的国家而斗争，而且是为着中国的工业化和农业近代化而斗争。"新中国成立后，我们党提出过渡时期总路线的主体任务之一仍然是逐步实现国家的社会主义工业化。不过，在 1954 年一届全国人大一次会议上，毛泽东同志提出，"准备在几个五年计划之内，将我们现在这样一个经济上文化上落后的国家，建设成为一个工业化的具有高度现代文化程度的伟大的国家"。周恩来同志提出建设现代化的工业、农业、交通运输业和国防的目标。1964 年，周恩来同志在三届全国人大一次会议上明确提出实现"四个现代化"的历史性任务，指出"要在不太长的历史时期内，把我国建设成为一个具有现代农业、现代工业、现代国防和现代科学技术的社会主义强国，赶上和超过世界先进水平"。1975 年，周恩来同志在四届全国人大一次会议上重申了"四化"目标和两步走设想。以上说明，我们党自新中国成立后，就逐步走上了社会主义制度基础上的现代化道路。

党的十一届三中全会作出把党和国家工作中心转移到经济建设上来、实行改革开放的历史性决策，要求全党全军和全国各族人民同心同德，为把我国建设成为社会主义的现代化强国而进行新的长征。在新长征过程中，面对一些错误思潮，邓小平同志掷地有声地指出："我们搞的现代化，是中国式的现代化。我们建设的社会主义，是有中国特色的社会主义""有些人脑子里的四化同我们脑子里的四化不同。我们脑子里的四化是社会主义的四化。他们只讲四化，不讲社会主义。这就忘记了事物的本质，也就离开了中国的发展道路"。对于为什么必须坚持搞社会主义现代化建设的问题，邓小平同志作出两点解释。第一，整个帝国主义西方世界企图使社会主义各国都放弃社会主义道路，最终纳入国际垄断资本的统治，纳入资本主义的轨道。如果我们不坚持社会主义，最终发展起来也不过成为一个附庸国，而且就连想要发展起来也不容易。只有社会主义才能救中国，只有社会主义才能发展中国。第二，中国如果走资本主义道路，可能在某些局部地区少数人更快地富起来，形成一个新的资产阶级，产生一批百万富翁，但顶多也不会达到人口的百分之一，而大量的人仍然摆脱不了贫穷，甚至连温饱问题都不可能解决。只有社会主义制度才能从根本上解决摆脱贫穷的问题。

党的十八大以来，中国特色社会主义进入新时代。以习近平同志为核心的党中央团结带领全党全国各族人民在中华大地上全面建成了小康社会，实现了第一个百年奋斗目标，并提出分两步走到本世纪中叶全面建成社会主义现代化强国、实现第二个百年奋斗目标。为确保中国式现代化始终沿着社会主义方向前进，习近平总书记强调："中国特色社会主义道路是实现社会主义现代化的必由之路""中国特色社会主义是社会主义而不是其他什么主义"。习近平总书记旗帜鲜明地批判那种认为现代化就是西方化、资本主义化的错误观点，指出："治理一个国家，推动一个国家实现现代化，并不只有西方制度模式这一条道，各国完全可以走出自己的道路来""推进国家治理体系和治理能力现代化，绝不是西方化、资本主义化""我们应该秉持兼容并蓄的态度，虚心学习他人的好东西，在独立自主的立场上把他人的好东西加以消化吸收，化成我们自己的好东西，但决不能囫囵吞枣、决不能邯郸学步"。

正因为中国式现代化是中国共产党领导的社会主义现代化，所以，它既具有各国现代化的共同特征，更具有基于我国国情、区别于资本主义现代化道路的中国特色。什么是资本主义现代化？习近平总书记作出了概括，即以资本为中心、两极分化、物质主义膨胀、对外扩张掠夺，并以其他国家落后为代价。针对资本主义现代化的这些特点，习近平总书记提出了中国式现代化的五大特征，并在党的二十大报告中进一步加以阐述：中国式现代化是人口规模巨大的现代化，我国14亿多人口整体迈进现代化社会，规模超过现有发达国家人口的总和，艰巨性和复杂性前所未有，要坚持稳中求进、循序渐进、持续推进；中国式现代化是全体人民共同富裕的现代化，要坚持把实现人民对美好生活的向往作为现代化建设的出发点和落脚点，着力维护和促进社会公平正义，坚决防止两极分化；中国式现代化是物质文明和精神文明相协调的现代化，要促进物的全面丰富和人的全面发展；中国式现代化是人与自然和谐共生的现代化，要坚持可持续发展，坚持节约优先、保护优先、自然恢复为主的方针；中国式现代化是走和平发展道路的现代化，要以自身发展更好维护世界和平与发展。习近平总书记在党的二十大报告中指出：从现在起，中国共产党的中心任务就是团结带领全国各族人民全面建成社会主义现代化强国、实现第二个百年奋斗目标，以中国式现代化全面推进中华民族伟大复兴。

我国经过70多年接续不断的努力，现在已经比历史上任何时期都更接近、更有信心和能力实现全面建成社会主义现代化强国、实现中华民族伟大复兴的伟大目标。实践证明，社会主义制度对于在中国这样的发展中大国进行现代化建设，是必须坚持的唯一正确的拥有光明未来的根本制度。只要我国 14 亿多人口整体迈进现代化社会，世界的现代化版图必将彻底改写，我国对人类历史必将再次作出意义重大而深远的贡献。

（作者为中国社会科学院原副院长、研究员）

（《经济日报》2022 年 11 月 30 日第 10 版）

"五个必由之路"的逻辑必然

贺新元

党的二十大报告指出："全党必须牢记，坚持党的全面领导是坚持和发展中国特色社会主义的必由之路，中国特色社会主义是实现中华民族伟大复兴的必由之路，团结奋斗是中国人民创造历史伟业的必由之路，贯彻新发展理念是新时代我国发展壮大的必由之路，全面从严治党是党永葆生机活力、走好新的赶考之路的必由之路。""五个必由之路"的精辟论断，科学总结了党团结带领全体人民奋进历程的宝贵经验。"五个必由之路"，体现了对时代发展大势与历史发展趋势的深刻洞察、准确把握和及时回应，不仅从理论上深化了对共产党执政规律、社会主义建设规律、人类社会发展规律的认识，实现了习近平新时代中国特色社会主义思想的丰富和发展；而且从实践上鲜明地指出党和国家事业发展的前进方向和实现中华民族伟大复兴的行进路线，彰显了在新时代坚持和发展中国特色社会主义、走好中国道路的重要价值。

"五个必由之路"彰显战略定力

世界百年未有之大变局对中华民族而言，既是机遇，也是挑战。从机遇论，当前，世界多极化、经济全球化、社会信息化、文化多样化深入发展，全球治理体系和国际秩序变革加速推进，新兴市场国家和发展中国家快速崛起，国际力量对比更趋均衡，世界各国人民的命运从未像今天这样紧紧相连。从挑战论，世界百年未有之大变局和新冠疫情叠加带来的不确定性影响着中华民族伟大复兴的战略全局。"当下，世界之变、时代之变、历史之变正以前所未有的方式展开，给人类提出了必须严肃对待的挑战。"无疑，这种"以前所未有的方式展开"的变化为中华民族伟大复兴提供了有利的战略条件和巨大的战略空间。进入新发展阶段，这是我国发展的又一大有可为的重大战略机遇期。我们必须紧紧抓住这一重大战略机遇期，不为国际国内的各种杂音所扰，坚定不移走自己的路。

新冠疫情、乌克兰危机等重大变量的深度叠加、相互交织，使得经济全球化遭遇强大逆流，全球经济发展陷入困顿期；主要大国之间博弈日趋白热化，世界进入动荡变革期；国内改革发展稳定面临的形势严峻，任务尤为艰巨繁重。在此背景下，特别需要坚持和加强党的全面领导，需要坚定前进道路的方向，需要保持团结奋斗的精神状态，需要全面贯彻新发展理念，需要继续坚持全面从严治党。正是在此紧要历史关口，习近平总书记从历史、现实和未来相贯通、国际和国内相关联、理论和实际相结合的宽广视角，及时提出"五个必由之路"的科学判断。这是在给全党和全国人民树立信心，同时也彰显了中国共产党人洞察时势的历史智慧和应对复杂局面的战略定力。"五个必由之路"斩钉截铁地告诉全党和全国人民，无论挑战如何巨大，"时与势在我们一边，这是我们定力和底气所在，也是我们的决心和信心所在"。

"五个必由之路"彰显历史自信

坚持党的全面领导的政治优势越来越明显。党的十八大以来，我们之所以能够攻克许多长期没有解决的难题，办成许多事关长远的大事要事，党和国家事业能够取得历史性成就、发生历史性变革，最根本的原因在于有习近平总书记作为党中央的核心、全党的核心掌舵领航；在于在加强和改善党的领导过程中，把党的领导全过程全链条地贯彻到政治、经济、文化、社会、生态文明等建设的各个方面、各个环节，实现了党的全面领导；在于确立了习近平新时代中国特色社会主义思想的指导地位。习近平总书记指出："坚持党的全面领导是坚持和发展中国特色社会主义的必由之路。"离中华民族伟大复兴的目标越近，越是要坚持和加强党的全面领导，越是要深刻领悟"两个确立"的决定性意义，坚决做到"两个维护"，确保党的领导力和自信心。

中国特色社会主义的战略优势越来越显著。中国特色社会主义是党领导人民在长期实践探索中开创和发展而来的，是人民的选择和历史的结论。中国特色社会主义进入新时代以来，一方面，中国共产党及时精准把握社会主要矛盾的深刻变化，在逐步解决主要矛盾的过程中取得了多领域、全方位的突破性成就；另一方面，中国特色社会主义道路开创出新篇章，中国式现代化道路形成，创造了人类文明新形态。新的实践创新基础上结出新的理论成果，习近平新时代中国特色社会主义思想创立，实现了马克思主义中国化时代化新的飞跃，开辟了马克思主义中国化时代化新境界；"中国之治"的制度优势越来越彰显，保障中国特色社会主义的制度体系越来越成熟；传承中华优秀传统文化的精神基因、永葆革命文化的红色基因、吸收世界文化合理因素的中国特色社会主义文化越来越彰显中国特色、中国风格、中国气派，成为引领中华民族伟大复兴的强大精神动力。正因如此，习近平总书记明确提出："中国特色社会主义是实现中华民族伟大复兴的必由之路。"我们必须始终不渝坚持和发展中国特色社会主义，唯有中国特色社会主义才能发展中国。

党和国家事业所需的团结奋斗的精神状态越来越良好且主动。历史和实践充分证明：团结精神和奋斗精神，不仅是中华民族的精神品格，也是我们党和人民创造伟大成就的关键密码、成就历史伟业的重要保证，是中国共产党和中国人民最显著的精神标识。党的十八大以来，我们战胜一切困难挑战，如期打赢脱贫攻坚战，如期全面建成小康社会、实现第一个百年奋斗目标，继续创造令人刮目相看的新的奇迹，靠的就是团结奋斗，即全党全国各族人民紧密团结在以习近平同志为核心的党中央周围，万众一心、众志成城，敢于斗争、善于斗争。实践再次告诉我们，能否紧紧依靠人民团结奋斗，决定着党能否在中国特色社会主义道路上行稳致远，决定着党能否在新的历史征程中实现新的历史伟业。正因如此，习近平总书记明确提出："团结奋斗是中国人民创造历史伟业的必由之路。"完成既定新目标，创造新的历史伟业，更加需要团结一切可以团结的力量，调动一切可以调动的积极因素，凝聚起心往一处想、劲往一处使的奋斗合力。

党和国家事业持续快速发展的发展理念越来越科学。以"创新、协调、绿色、开放、共享"为主要内容的新发展理念，是以习近平同志为核心的党中央的重大理论创新，回答了关于发展的目的、动力、方式、路径等一系列理论和实践问题，阐明了党关于发展的政治立场、价值导向、发展模式、发展道路等重大政治问题。党的十八大以来，在新发展理念指引下，我们化压力为动力，积优势为胜势。在创新发展上，坚持科技自立自强，在某些关键领域实现了从跟跑到并跑、从并跑到领跑的转变，不断化解"卡脖子"风险；在协调发展上，京津冀协同发展、长江经济带发展、粤港澳大湾区建设、长三角一体化发展、黄河流域生态保护和高质量发展等系列区域战略发展举措稳步推进，推动国家经济社会高质量发展；在绿色发展上，坚持山水林田湖草沙冰一体化保护和系统治理，生产发展、生态良好、生活富裕相互融合的高水平发展道路逐步形成；在开放发展上，坚持开放的大门越开越大，在推动构建人类命运共同体和与各国共建"一带一路"的过程中，增强我国发展的竞争力与影响力；在共享发展上，坚持以民生为中心，完成艰巨的脱贫攻坚任务，解决人类历史上的绝对贫困问题，全体人民共同富裕进入扎实推进阶段。这些发展成就充分证明，新发展理念不仅经得起实践检验，也经受住了历史检验。正因如此，习近平总书记明确提出："贯彻新发展理念是新时代我国发展壮大的必由之路。"当前，全面贯彻新发展理念刻不容缓，要充分发挥其管全局、管根本、管长远的导向作用，以及战略性、纲领性、引领性的基础作用。

党和国家事业所需要的马克思主义政党越来越先进和纯洁。党的十八大以来，以习近平同志为核心的党中央坚持推进全面从严治党，以刀刃向内的勇气、前所未有的定力推进党风廉政建设和反腐败斗争，不断清除一切损害党的先进性和纯洁性的有害因素，不断清除一切侵蚀党的健康肌体的病原体，刹住了一些多年未刹住的歪风邪气，解决了许多长期没有解决的顽瘴痼疾，探索出了依靠党的自我革命跳出历史周期率的成功路径。在这条成功道路上，反腐败斗争取得压倒性胜利并全面巩固，全面从严治党取得历史性、开创性成就，产生全方位、深层次的影响，党的"质色味"变得越来越纯正。正因如此，习近平总书记明确提出："全面从严治党是党永葆生机活力、走好新的赶考之路的必由之路。"当前，腐败与反腐败之间的较量没有消失，被资本腐蚀"围猎"的隐患时时刻刻存在，唯有不断推进全面从严治党，使中国共产党始终走在时代前列，以保持强大生命力、战斗力、凝聚力、号召力、组织力和领导力，才能不断向人民交出满意的答卷。

"五个必由之路"构成有机整体，丰富了中国特色社会主义道路

"五个必由之路"，系统回答了"新时代坚持和发展什么样的中国特色社会主义、怎样坚持和发展中国特色社会主义，建设什么样的社会主义现代化强国、怎样建设社会主义现代化强国，建设什么样的长期执政的马克思主义政党、怎样建设长期执政的马克思主义政党"等重大时代课题：要坚持党的全面领导，以此为政治保证，解决由谁来领导、怎样领导的问题；要坚持和发展中国特色社会主义，以此作为道路选择，解决走什么样的路的问题；要坚持蕴含内在发展动力的团结奋斗精神，以此作为精神风貌，解决保持什么样的工作状态问题；要坚持贯彻新发展理念，以此引领新发展阶段的高质量发展，解决坚持什么样的发展理念问题；要坚持全面从严治党，以保证党的先进性、纯洁性，解决如何保障党的领导问题。这五个方面环环相扣，是一个逻辑严密、不可分割的有机整体，未来任何时候都不能任意拆开，否则会影响其历史作用的发挥而迟缓或中断中华民族伟大复兴历史进程，甚至会导致颠覆性错误的发生，这决不是耸人听闻。

第一，中国特色社会主义始终是党的全部理论和实践的主题主线，其内在地蕴含着党的全面领导、全面从严治党、全党全国各族人民的团

结奋斗、贯彻新发展理念等内容，离开这些理解中国特色社会主义必然是空洞、抽象的。第二，党的全面领导是坚持和发展中国特色社会主义的根本前提，没有党的全面领导，中国特色社会主义伟大事业与中华民族伟大复兴就无从谈起；团结奋斗是全党全国各族人民应有的精神状态和历史动力，团结奋斗离不开党的坚强领导，否则中国人民就又可能成为当年孙中山曾哀叹的"一盘散沙"。第三，新发展理念是破解新时代中国发展难题的"金钥匙"，是引领新时代中国高质量发展的思想武器，是发展中国特色社会主义与实现中华民族伟大复兴的应有之义。第四，无论是坚持党的全面领导，还是实现高质量发展，抑或是团结全国各族人民共同奋斗，都需要通过全面从严治党以不断保证党的先进性和纯洁性，为中华民族伟大复兴赋能。如果我们把"五个必由之路"作单一理解，而不是从整体上理解，甚至是把它们割裂和对立起来理解，会对党和国家事业造成严重影响。

总之，"五个必由之路"，是中国共产党团结带领全国人民在接续推进新时代党的自我革命和社会革命伟大实践中找到的正确道路，其积蓄了中国共产党的战略性优势，赋予了中国特色社会主义道路新内涵，揭示了中国特色社会主义发展规律。在新的赶考路上，我们要坚定不移走好"五个必由之路"，任何时候都不能有丝毫动摇。

（作者为中国社会科学院马克思主义研究院马克思主义中国化
研究部副主任、研究员）

（《人民论坛》2022 年第 23 期）

实现中华民族伟大复兴的必由之路

陈志刚

习近平总书记在党的二十大报告中指出："中国特色社会主义是实现中华民族伟大复兴的必由之路"。习近平总书记的重要论述，深刻阐明了过去我们为什么能够成功、未来我们怎样才能继续成功，为实现中华民族伟大复兴的中国梦指明了前进方向。

一个国家实行什么样的主义，关键要看这个主义能否解决这个国家面临的历史性课题。实现中华民族伟大复兴，是近代以来中国人民最伟大的梦想。鸦片战争后，中国逐步成为半殖民地半封建社会，国家蒙辱、人民蒙难、文明蒙尘，中华民族遭受了前所未有的劫难。为拯救民族危亡，实现中华民族伟大复兴，无数仁人志士进行了可歌可泣的斗争，但终究未能改变旧中国的社会性质和中国人民的悲惨命运。实践证明，不触动旧的社会根基的自强运动，各种名目的改良主义，旧式农民战争，资产阶级革命派领导的民主主义革命，照搬西方政治制度模式的各种方案，都不能完成中华民族救亡图存和反帝反封建的历史任务，都不能让中国的政局和社会稳定下来，也都谈不上为中国实现国家富强、人民幸福提供制度保障。

实现中华民族伟大复兴，必须在科学理论指导下，在先进政党领导下，探索出一条适合本国国情的发展道路。中国共产党一经诞生，就把为中国人民谋幸福、为中华民族谋复兴确立为自己的初心和使命，团结带领人民历经千辛万苦、付出巨大代价，开辟出中国特色社会主义这一创造人民美好生活、实现中华民族伟大复兴的康庄大道。中国特色社会主义承载着几代中国共产党人的理想和探索，寄托着无数仁人志士的夙愿和期盼，凝聚着亿万人民的奋斗和牺牲，是近代以来中国社会发展的必然选择。

中国特色社会主义进入新时代，以习近平同志为核心的党中央在立场、方向、原则、道路等根本性问题上旗帜鲜明、毫不含糊，着力正本清源、固本培元，始终高举中国特色社会主义伟大旗帜，以伟大的历史主动精神、巨大的政治勇气、强烈的责任担当，采取一系列战略性举措，推进一系列变革性实践，实现一系列突破性进展，取得一系列标志性成果，推动党和国家事业取得历史性成就、发生历史性变革，为实现中华民族伟大复兴提供了更为完善的制度保证、更为坚实的物质基础、更为主动的精神力量。当前，实现中华民族伟大复兴进入了不可逆转的历史进程，中国共产党和中国人民正信心百倍推进中华民族从站起来、富起来到强起来的伟大飞跃。

方向决定道路，道路决定命运。实现中华民族伟大复兴，道路是最根本的问题。历史雄辩地证明，中国特色社会主义是科学社会主义理论逻辑和中国社会发展历史逻辑的辩证统一，是实现中华民族伟大复兴的唯一正确道路。这条道路符合中国实际、反映中国人民意愿、适应时代发展要求，不仅走得对、走得通，而且走得稳、走得好。

中国特色社会主义这条道路，我们看准了、认定了，必须坚定不移走下去。坚定不移走中国特色社会主义这条唯一正确的道路，坚持道不变、志不改，把国家和民族发展放在自己力量的基点上、把中国发展进步的命运牢牢掌握在自己手中，就一定能够不断谱写新时代中国特色社会主义新篇章，奋力实现中华民族伟大复兴的中国梦，在人类的伟大时间历史中创造中华民族的伟大历史时间。

（作者为中国社会科学院马克思主义研究院习近平新时代中国特色
社会主义思想研究部主任、研究员）

（《人民日报》2022 年 12 月 13 日第 13 版）

中国式现代化的本质特征和根本保证

李正华

中国式现代化，是中国共产党领导的社会主义现代化，既有各国现代化的共同特征，更有基于自己国情的中国特色。党的领导是推进中国式现代化的根本保证，就在于中国共产党是拥有马克思主义科学理论指导、坚持以人民为中心、勇于自我革命的政党。

党的二十大报告强调，"中国式现代化，是中国共产党领导的社会主义现代化"。中国共产党自成立以来，始终把为中国人民谋幸福、为中华民族谋复兴作为自己的初心使命，团结带领中国人民不懈奋斗，推动中华民族迎来了从站起来、富起来到强起来的伟大飞跃，开创、坚持、捍卫、发展中国特色社会主义，创造了中国式现代化新道路。

成功走出中国式现代化道路

现代化是人类社会从传统农业社会向现代工业社会以及更高阶段的转型过程，代表了更先进的社会生产力、更完善的社会制度和更美好的生活条件，是世界各国孜孜追求的发展目标。

近代以来，中国人民在内外交困中苦苦探索通向现代化的发展道路。太平天国运动、戊戌变法、义和团运动、辛亥革命接连而起，各种救国方案轮番出台，进行了各式各样的尝试，但都以失败而告终，未能改变中国半殖民地半封建的社会性质，未能让中国人民摆脱水深火热的苦难境地，未能找到符合中国国情、解决中国问题的现代化道路。中国共产党的成立，给在黑暗和痛苦中摸索前行的中国人民带来了光明和希望。

以民族复兴为己任的中国共产党登上历史舞台后，就把实现现代化作为不懈奋斗的目标，团结带领中国人民努力探索并成功走出中国式现代化新道路。我们党提出民主革命纲领，带领中国人民完成反帝反封建的任务，建立中华人民共和国，开启中国发展的新纪元；领导中国人民完成社会主义革命，提出努力把我国建设成为一个具有现代农业、现代工业、现代国防和现代科学技术的社会主义强国，开展全面的大规模的社会主义建设；开启改革开放和社会主义现代化建设新时期，确立党在社会主义初级阶段的基本路线，制定到 21 世纪中叶分三步走、基本实现社会主义现代化的发展战略，实现人民生活从温饱不足到总体小康、奔向全面小康的历史性跨越。党的十八大以来，以习近平同志为核心的党中央统筹推进"五位一体"总体布局，协调推进"四个全面"战略布局，团结带领人民如期全面建成小康社会、实现了第一个百年奋斗目标，并乘势而上开启全面建设社会主义现代化国家新征程。党的二十大报告强调，全面建成社会主义现代化强国，总的战略安排是分两步走：从 2020 年到 2035 年基本实现社会主义现代化；从 2035 年到本世纪中叶把我国建成富强民主文明和谐美丽的社会主义现代化强国。

中国式现代化的特征与特色

中国式现代化的本质要求是：坚持中国共产党领导，坚持中国特色社会主义，实现高质量发展，发展全过程人民民主，丰富人民精神世界，实现全体人民共同富裕，促进人与自然和谐共生，推动构建人类命运共同体，创造人类文明新形态。中国式现代化既有各国现代化的共同特征，更有基于自己国情的中国特色。

中国式现代化是人口规模巨大的现代化。中国人口规模长期位居世界首位，14亿多人口整体迈进现代化社会，规模超过现有发达国家人口的总和，是人类发展史上前所未有的壮举。因此，中国实现现代化的艰巨性和复杂性前所未有，发展途径和推进方式也必然具有自己的特点。中国始终坚持人民至上，始终坚持从中国基本国情出发，始终坚持稳中求进、循序渐进、持续推进，走出一条属于自己的道路。

中国式现代化是全体人民共同富裕的现代化。共同富裕是中国特色社会主义的本质要求，中国式现代化以全体人民共同富裕为重要特征。党的十八大以来，党中央把握发展阶段新变化，把逐步实现全体人民共同富裕摆在更加重要的位置上，推动区域协调发展，采取有力措施保障和改善民生，打赢脱贫攻坚战，全面建成小康社会，为促进共同富裕创造了良好条件。到2035年基本实现社会主义现代化时，全体人民共同富裕取得更为明显的实质性进展；本世纪中叶建成社会主义现代化强国时，全体人民共同富裕基本实现。

中国式现代化是物质文明和精神文明相协调的现代化。物质富足、精神富有是社会主义现代化的根本要求。物质贫困不是社会主义，精神贫乏也不是社会主义。改革开放后，党坚持物质文明和精神文明两手抓、两手硬，推动社会主义文化繁荣发展，振奋了民族精神，凝聚了民族力量。党的十八大以来，积极培育和践行社会主义核心价值观，旗帜鲜明地反对拜金主义、享乐主义、极端个人主义和历史虚无主义等错误思潮，建设具有强大凝聚力和引领力的社会主义意识形态，汇聚实现中华民族伟大复兴中国梦的强大正能量，巩固全党全国各族人民团结奋斗的共同思想基础。

中国式现代化是人与自然和谐共生的现代化。党的十八大把生态文明建设纳入中国特色社会主义事业"五位一体"总体布局，把"美丽中国"作为生态文明建设的宏伟目标。根据对实现第二个百年奋斗目标作出分两个阶段推进的战略安排，到 2035 年生态环境根本好转、美丽中国目标基本实现，到本世纪中叶生态文明将全面提升。

中国式现代化是走和平发展道路的现代化。在探索和实现现代化的过程中，一些西方国家通过战争、殖民、掠夺等方式进行资源控制、资本积累和商品倾销，设置形形色色的壁垒限制后发国家发展，给广大发展中国家人民带来深重苦难。中国始终坚持走和平发展道路，站在历史正确的一边、站在人类文明进步的一边，倡导和坚持和平共处五项原则，提出共建"一带一路"倡议，推动构建人类命运共同体，高举和平、发展、合作、共赢旗帜，在坚定维护世界和平与发展中谋求自身发展，又以自身发展更好维护世界和平与发展。

推进中国式现代化的根本保证

中国共产党是领导我们事业的核心力量。中国人民和中华民族之所以能够扭转近代以后的历史命运、取得今天的伟大成就，最根本的是有中国共产党的坚强领导。历史和现实都证明，没有中国共产党，就没有新中国，就没有中华民族伟大复兴。

党的领导是推进中国式现代化的根本保证，就在于中国共产党是拥有马克思主义科学理论指导的政党。党的二十大报告指出："实践告诉我们，中国共产党为什么能，中国特色社会主义为什么好，归根到底是马克思主义行，是中国化时代化的马克思主义行。"马克思主义揭示了人类社会发展规律，是认识世界、改造世界的科学真理。中国共产党把马克思主义基本原理同中国具体实际相结合、同中华优秀传统文化相结合，坚持运用辩证唯物主义和历史唯物主义，从理论和实践的结合上深入回答关系党和国家事业发展、党治国理政的一系列重大时代课题，成功推进和拓展了中国式现代化。

党的领导是推进中国式现代化的根本保证，就在于中国共产党是坚持以人民为中心的政党。中国式现代化是全体人民共同富裕的现代化，需要全体人民共同参与。中国共产党代表最广大人民根本利益，坚持一切为了人民、一切依靠人民，赢得了人民的衷心拥戴和广泛支持，全国各族人民心往一处想、劲往一处使，使我们的国家从积贫积弱、一穷二白到全面小康、繁荣富强，仅用几十年时间就走完发达国家几百年走过的工业化历程，创造了经济快速发展和社会长期稳定两大奇迹。

党的领导是推进中国式现代化的根本保证，就在于中国共产党是勇于自我革命的政党。党的二十大报告提出，"经过不懈努力，党找到了自我革命这一跳出治乱兴衰历史周期率的第二个答案"。自我革命精神是中国共产党永葆青春活力的强大支撑，党历经百年沧桑更加充满活力，其奥秘就在于始终坚持真理、修正错误。勇于自我革命，不断增强党自我净化、自我完善、自我革新、自我提高的能力，确保党永远不变质、不变色、不变味，确保党永葆先进性和纯洁性，确保党在新时代坚持和发展中国特色社会主义的历史进程中始终成为坚强领导核心。

（作者为中国社会科学院当代中国研究所副所长、研究员）

（《经济日报》2022 年 12 月 14 日第 10 版）

国家现代化目标的丰富提升

郑有贵

　　党的二十大报告指出："在新中国成立特别是改革开放以来长期探索和实践基础上，经过十八大以来在理论和实践上的创新突破，我们党成功推进和拓展了中国式现代化。"这是对中国式现代化演进历程的高度概括。2022 年 7 月，习近平总书记在省部级主要领导干部"学习习近平总书记重要讲话精神，迎接党的二十大"专题研讨班上强调："我们推进的现代化，是中国共产党领导的社会主义现代化，必须坚持以中国式现代化推进中华民族伟大复兴，既不走封闭僵化的老路，也不走改旗易帜的邪路，坚持把国家和民族发展放在自己力量的基点上、把中国发展进步的命运牢牢掌握在自己手中。"[①] 中国式现代化推进和拓展的历程，是中国共产党带领全国人民踔厉前行，不断推进中华民族伟大复兴的奋斗历程。中国共产党坚持以中国式现代化推进中华民族伟大复兴，其目标内涵既基于生产力发展提升，又基于人的现代化不断丰富，由四

---

　　① 《高举中国特色社会主义伟大旗帜 奋力谱写全面建设社会主义现代化国家薪新篇章》，《人民日报》2022 年 7 月 28 日第 1 版。

个现代化到富强民主文明和谐美丽的社会主义现代化强国，经历了提出、转换、拓展、提升的过程：1949—1978 年，以四个现代化为目标；1978—2002 年，由四个现代化向富强民主文明的社会主义现代化国家转换；2002—2012 年，由富强民主文明的社会主义现代化国家向富强民主文明和谐的社会主义现代化国家拓展；党的十八大以来，由富强民主文明和谐的社会主义国家向全面建成富强民主文明和谐美丽的社会主义现代化强国提升。

目标提出：四个现代化

建立独立的比较完整的工业体系和国民经济体系是新中国成立后较长时期内的现代化建设重要目标。党的二十大报告指出："发展是党执政兴国的第一要务。没有坚实的物质技术基础，就不可能全面建成社会主义现代化强国。"考察世界现代化历程不难看出，尽管对现代化有不同的界定，但都离不开工业化这一基本要素。有的论述在界定现代化时，直接将工业化与现代化进程同步，如将现代化界定为一般是指工业革命以来世界经济急剧变革、工业化程度不断提升的过程。[①] 有的论述基于生产力的社会结构界定现代化，认为现代化是指一个国家由农业社会向工业社会转变的历史过程。从与农业社会对应的工业社会界定现代化，其内涵不仅仅包括生产力及以此为基础的经济转型发展，还包括基于经济发展所引发的政治、文化、社会的转型发展。[②] 简言之，从现代化是受工业化引领驱动的历史进程考察，工业化既是现代化的先导性基础，也是现代化的重要组成部分和重要标志。新中国现代化建设离不开

① 《从文明起源到现代化——中国历史 25 讲》，人民出版社 2002 年版，第 599 页。
② 参见张跃国：《中国式现代化及其生成条件》，《开放时代》2022 年第 1 期。

工业化这个先导性基础，也是先从推进国家工业化着力的。1949年3月，党的七届二中全会提出要将我国从农业国变为工业国。以1953年起实施国民经济第一个五年计划为标志，我国开始了以实施国家工业化战略为重点的大规模经济建设。1956年，党的八大政治报告提出："据我国人口众多、资源丰富的条件，我们应当在三个五年计划的时期内，基本上建成一个完整的工业体系"。①

　　以毛泽东同志为主要代表的中国共产党人把四个现代化明确为国家现代化目标。1957年2月，毛泽东在最高国务会议第十一次（扩大）会议上明确提出，要"将我国建设成为一个具有现代工业、现代农业和现代科学文化的社会主义国家"。②1964年12月，周恩来在三届全国人大一次会议上所做的《政府工作报告》中提出："今后发展国民经济的主要任务，总的说来，就是要在不太长的历史时期内，把我国建设成为一个具有现代农业、现代工业、现代国防和现代科学技术的社会主义强国，赶上和超过世界先进水平。为了实现这个伟大的历史任务，从第三个五年计划开始，我国的国民经济发展，可以按两步来考虑：第一步，建立一个独立的比较完整的工业体系和国民经济体系；第二步，全面实现农业、工业、国防和科学技术的现代化，使我国经济走在世界的前列。"③简言之，四个现代化这一目标是基于中国处于以农业为主的经济社会发展阶段形成的，是基于现代化以工业化为主导和重要标志的认识形成的，是基于中国作为工业化后发国家追赶世界发展进程中形成的。

　　新中国成立至20世纪70年代末，中国共产党从时代发展要求和中国的具体实际出发，明确了四个现代化建设的远景目标及"两步走"部

---

　　① 《刘少奇选集》下卷，人民出版社1985年版，第224页。
　　② 《毛泽东文集》第7卷，人民出版社1999年版，第207页。
　　③ 《周恩来选集》下卷，人民出版社1984年版，第439页。

署，统筹全面发展与重点突破、物质文明和精神文明相协调。经过努力，中国的四个现代化建设取得巨大成就，集中体现于在国际上受弱势窘境困扰 ① 和西方国家封锁禁运等多重约束的情况下，艰苦奋斗，自立自强，到 70 年代末实现了建立独立的比较完整的工业体系和国民经济体系的战略目标。

目标转换：由四个现代化丰富为富强民主文明的社会主义现代化国家

在改革开放和社会主义现代化建设新时期，以邓小平同志为主要代表的中国共产党人提出了"中国式的现代化"这一命题。1979 年 3 月，邓小平在党的理论工作务虚会上明确提出："现在搞建设，也要适合中国情况，走出一条中国式的现代化道路"。12 月，邓小平在会见日本首相大平正芳时指出："我们要实现的四个现代化，是中国式的四个现代化。我们的四个现代化的概念，不是像你们那样的现代化的概念，而是'小康之家'。" ②1983 年 6 月，邓小平在会见参加北京科学技术政策讨论会的外籍专家时进一步强调："我们搞的现代化，是中国式的现代化。我们建设的社会主义，是有中国特色的社会主义。我们主要是根据自己的实际情况和自己的条件，以自力更生为主。" ③

20 世纪 70 年代末至 20 世纪末，国家现代化的目标实现转换，由四个现代化丰富为富强民主文明的社会主义现代化国家。中国共产党坚持物质文明和精神文明两手抓、两手硬。

---

① 参见郑有贵：《集中力量办大事与中国的历史性跨越发展》，《中共党史研究》2020 年第 3 期。
② 《邓小平文选》第 2 卷，人民出版社 1994 年版，第 237 页。
③ 《邓小平文选》第 3 卷，人民出版社 1993 年版，第 29 页。

　　1986 年 9 月，党的十二届六中全会审议通过《关于社会主义精神文明建设指导方针的决议》，首次提出"我国社会主义现代化建设的总体布局是：以经济建设为中心，坚定不移地进行经济体制改革，坚定不移地进行政治体制改革，坚定不移地加强精神文明建设，并且使这几个方面互相配合，互相促进"。在此基础上，党的十三大进一步丰富了国家现代化目标的内涵，明确提出："在社会主义初级阶段，我们党的建设有中国特色的社会主义的基本路线是：领导和团结全国各族人民，以经济建设为中心，坚持四项基本原则，坚持改革开放，自力更生，艰苦创业，为把我国建设成为富强、民主、文明的社会主义现代化国家而奋斗。"①

　　以江泽民同志为主要代表的中国共产党人将实现富强民主文明这三大目标纳入党在社会主义初级阶段的基本纲领，明确指出"围绕建设富强民主文明的社会主义现代化国家的目标，进一步明确什么是社会主义初级阶段有中国特色社会主义的经济、政治和文化，怎样建设这样的经济、政治和文化，是必要的"。②

　　随着经济发展到一个新的台阶和人民生活总体上达到小康水平，党的十六大报告明确提出："全面建设小康社会，开创中国特色社会主义事业新局面，就是要在中国共产党的坚强领导下，发展社会主义市场经济、社会主义民主政治和社会主义先进文化，不断促进社会主义物质文明、政治文明和精神文明的协调发展，推进中华民族的伟大复兴。"③ 这就逐步形成了"三位一体"的中国特色社会主义事业总体布局。简言之，国家现代化目标由四个现代化向富强民主文明的转换，是在建立起独立

---

　　① 《改革开放三十年重要文献选编》上，中央文献出版社 2008 年版，第 477 页。
　　② 《江泽民文选》第 2 卷，人民出版社 2006 年版，第 17 页。
　　③ 《十六大以来重要文献选编》上，中央文献出版社 2005 年版，第 43 页。

的比较完整的工业体系和国民经济体系基础上形成的，是基于对现代化认识的发展形成的，是在点出中国式的现代化命题下形成的，是在中国特色社会主义事业"三位一体"总体布局下形成的，是在中国特色社会主义理论体系下形成的。

随着"中国式的现代化"的提出和国家现代化目标的丰富，中国共产党明确了国家现代化"三步走"战略和实现小康的阶段性目标，国家现代化建设稳步推进，到 20 世纪末人民生活总体上达到小康水平。

目标拓展：由富强民主文明的社会主义现代化国家拓展为富强民主文明和谐的社会主义现代化国家

21 世纪初，中国将和谐纳入社会主义现代化建设目标，国家现代化的目标拓展为富强民主文明和谐的社会主义国家。

党的十六大以后，以胡锦涛同志为主要代表的中国共产党人根据经济社会发展的新特点，提出构建社会主义和谐社会。2003 年 10 月，党的十六届三中全会强调，要"坚持以人为本，树立全面、协调、可持续的发展观，促进经济社会和人的全面发展"。[1] 党的十六届四中全会又将构建社会主义和谐社会同社会主义物质文明、政治文明、精神文明建设统一起来。2006 年 10 月，党的十六届六中全会明确指出："为把我国建设成为富强民主文明和谐的社会主义现代化国家而奋斗"。[2] 至此，国家现代化目标拓展为富强民主文明和谐的社会主义现代化国家。

为实现这一目标，2005 年 2 月，胡锦涛在省部级主要领导干部提高构建社会主义和谐社会能力专题研讨班上指出："我们党明确提出构

---

① 《中共十六届三中全会在京举行》，《人民日报》2003 年 10 月 15 日第 1 版。
② 《中共十六届六中全会在京举行》，《人民日报》2006 年 10 月 12 日第 1 版。

建社会主义和谐社会的重大任务，就是要求全党同志在建设中国特色社会主义伟大实践中更加自觉地加强社会主义和谐社会建设，使社会主义物质文明、政治文明、精神文明建设与和谐社会建设全面发展。这表明，随着我国经济社会不断发展，中国特色社会主义事业总体布局更加明确地由社会主义经济建设、政治建设、文化建设三位一体发展为社会主义经济建设、政治建设、文化建设、社会建设四位一体"。2007 年 10 月，党的十七大进一步提出："要按照中国特色社会主义事业总体布局，全面推进经济建设、政治建设、文化建设、社会建设，促进现代化建设各个环节、各个方面相协调，促进生产关系与生产力、上层建筑与经济基础相协调。"①

社会主义事业总体布局由"三位一体"拓展为"四位一体"，全面反映了社会主义现代化建设的内在要求，更加清晰地明确了科学发展的思路，也明确了国家现代化的目标。简言之，国家现代化目标由富强民主文明向富强民主文明和谐的拓展，是在人民生活总体上达到小康水平基础上形成的，是基于中国特色社会主义事业的总体布局由社会主义经济建设、政治建设、文化建设"三位一体"向经济建设、政治建设、文化建设、社会建设"四位一体"拓展所形成的，是在科学发展观下形成的。

中国共产党推动科学发展，围绕全面建设小康社会加快推进社会主义现代化建设，明确到 21 世纪头 20 年全面建设小康社会的阶段性目标。随着科学发展观的确立和贯彻，2002—2012 年全面建设小康社会取得明显成效。②

---

① 《胡锦涛文选》第 2 卷，人民出版社 2016 年版，第 624 页。

② 参见郑有贵：《中共十六大至中共十八大：全面建设小康社会的部署和成就》，《当代中国史研究》2020 年第 6 期。

目标提升：由富强民主文明和谐的社会主义国家提升为全面建成富强民主文明和谐美丽的社会主义现代化强国

进入中国特色社会主义新时代，以习近平同志为核心的党中央将"美丽"纳入社会主义现代化建设目标，将国家现代化的目标提升为全面建成富强民主文明和谐美丽的社会主义现代化强国。

党的十八大提出努力建设"美丽中国"①，党的十八届五中全会将"美丽中国"写入国家经济社会发展规划②。党的十九大首次把"美丽中国"作为建设社会主义现代化强国的重要目标，提出："新时代中国特色社会主义思想，明确坚持和发展中国特色社会主义，总任务是实现社会主义现代化和中华民族伟大复兴，在全面建成小康社会的基础上，分两步走在本世纪中叶建成富强民主文明和谐美丽的社会主义现代化强国"。从 2020 年到 2035 年，生态环境根本好转，美丽中国目标基本实现。③ 党的二十大进一步指出，全面建成社会主义现代化强国，总的战略安排是分两步走：从 2020 年到 2035 年基本实现社会主义现代化；从 2035 年到本世纪中叶把我国建成富强民主文明和谐美丽的社会主义现代化强国。

把"美丽"纳入国家现代化目标，丰富了国家现代化的目标内涵，也就形成了五大文明全面协调发展的现代化目标，更能满足人民对美好生活的向往，更能体现现代化的本质是人的现代化的要求。简言之，这一目标的提升，是基于中国特色社会主义事业的总体布局由社会主义经

---

① 《中国共产党第十八次全国代表大会在京闭幕》，《人民日报》2012 年 11 月 15 日第 1 版。
② 《中共十八届五中全会在京举行》，《人民日报》2015 年 10 月 30 日第 1 版。
③ 《十九大以来重要文献选编》上，中央文献出版社 2019 年版，第 13—14 页。

济建设、政治建设、文化建设、社会建设"四位一体"向经济建设、政治建设、文化建设、社会建设、生态文明建设"五位一体"拓展所形成的，是基于进入新时代中国社会主要矛盾已经转化为人民日益增长的美好生活需要和不平衡不充分的发展之间的矛盾形成的，是从实现中华民族伟大复兴的中国梦出发形成的，是在习近平新时代中国特色社会主义思想指引下形成的。

新时代十年，以习近平新时代中国特色社会主义思想为指引，在新中国成立特别是改革开放以来的长期探索和实践基础上，经过理论和实践的创新突破，中国统筹推进"五位一体"总体布局、协调推进"四个全面"战略布局，成功推进和拓展了中国式现代化，取得了改革开放和社会主义现代化建设的历史性成就，推动党和国家事业发生历史性变革，将中华文明发展提升到了新的历史高度。国家经济实力、科技实力、综合国力、国际影响力持续增强。中国经济实力实现历史性跃升，经济总量连上新台阶：国内生产总值从 54 万亿元增加到 114 万亿元，人均国内生产总值从 3.98 万元增加到 8.1 万元。中国经济发展质量和效率不断提升，实现了多年想实现却没有实现的重大结构性变革，经济结构、经济活力和韧性也都迈上了新的台阶：经济总量在世界经济中的占比由 11.3% 上升到 18.5%，世界经济"稳定器""动力源"的作用愈加凸显。中国深入贯彻以人民为中心的发展思想，在幼有所育、学有所教、劳有所得、病有所医、老有所养、住有所居、弱有所扶上持续用力，人民生活全方位改善，居民人均可支配收入从 1.65 万元增加到 3.51 万元。中国已建成世界上规模最大的教育体系、社会保障体系、医疗卫生体系，教育普及水平实现历史性跨越，基本养老保险覆盖 14.4 亿人，基本医疗保险参保率稳定在 95%。全国人均预期寿命由 75.4 岁提高到 78.2 岁，居于中高收入国家前列。中国谱写全面建成小康社会的历史性篇章，历史性地解决了困扰中华民族几千年的绝对贫困问题，基本公共服务水平显著提高，生态环境保护发生历史性、转折性、全局性变化，国民素质和社会文明程度显著提高，人民群众获得感、幸福感、安全感更加充实、更有保障、更可持续，共同富裕取得新成效。

综上所述，在中华民族伟大复兴的历史进程中，随着理论创新发展和经济社会发展，国家现代化的目标内涵由四个现代化向富强民主文明和谐美丽的社会主义现代化强国丰富提升，并在实践中建设独立的比较完整的工业体系、四个现代化、小康社会，如今已迈上全面建设社会主义现代化国家新征程。党的二十大明确中国式现代化的中国特色和本质要求，使中国式现代化演进的方向更加明确。

（作者为中国社会科学院当代中国研究所经济史研究室主任、研究员）

（《当代中国史研究》2022 年第 6 期）

扎实推进全体人民共同富裕的中国式现代化建设

李　文

党的二十大报告提出"以中国式现代化推进中华民族伟大复兴"，并把"实现全体人民共同富裕"作为中国式现代化的本质要求之一，明确指出："中国式现代化是全体人民共同富裕的现代化。共同富裕是中国特色社会主义的本质要求，也是一个长期的历史过程。我们坚持把实现人民对美好生活的向往作为现代化建设的出发点和落脚点，着力维护和促进社会公平正义，着力促进全体人民共同富裕，坚决防止两极分化。"党的十八大以来，中国共产党日益把推进共同富裕放在更加突出的位置，党的二十大更是清晰绘制了在高质量发展中促进共同富裕、在新发展阶段实现共同富裕的新画卷，这一新任务直接对应着党的第二个百年奋斗目标，具有重大历史和现实意义。

实现共同富裕是中国共产党向全体人民做出的庄严承诺

共同富裕是中国共产党矢志不渝的奋斗目标。新中国成立后，经过初期的计划经济实践及其后的经济体制改革，中国共产党探索出了一条让一部分地区一部分人先富起来、先富带后富、逐步实现共同富裕的正确路径。早在 1985 年 3 月，邓小平就在全国科技工作会议上对共同富裕做了初步阐述："我们提倡一部分地区先富裕起来，是为了激励和带动其他地区也富裕起来，并且使先富裕起来的地区帮助落后的地区更好地发展。提倡人民中有一部分人先富裕起来，也是同样的道理。对一部分先富裕起来的个人，也要有一些限制，例如，征收所得税。还有，提倡有的人富裕起来以后，自愿拿出钱来办教育、修路。当然，决不能搞摊派，现在也不宜过多宣传这样的例子，但是应该鼓励。"① 在 1992 年初的南方谈话中，邓小平又对此做了详尽的阐释："走社会主义道路，就是要逐步实现共同富裕。共同富裕的构想是这样提出的：一部分地区有条件先发展起来，一部分地区发展慢点，先发展起来的地区带动后发展的地区，最终达到共同富裕。如果富的愈来愈富，穷的愈来愈穷，两极分化就会产生，而社会主义制度就应该而且能够避免两极分化。解决的办法之一，就是先富起来的地区多交点利税，支持贫困地区的发展。当然，太早这样办也不行，现在不能削弱发达地区的活力，也不能鼓励吃'大锅饭'。什么时候突出地提出和解决这个问题，在什么基础上提出和解决这个问题，要研究。可以设想，在本世纪末达到小康水平的时候，就要突出地提出和解决这个问题。到那个时候，发达地区要继续发展，并通过多交利税和技术转让等方式大力支持不发达地区。不发达地区又大都是拥有丰富资源的地区，发展潜力是很大的。"②

　　20 世纪末，我们宣布实现了总体小康，但是"突出地提出和解决

---

① 《邓小平文选》第 3 卷，人民出版社 1993 年版，第 111 页。
② 《邓小平文选》第 3 卷，人民出版社 1993 年版，第 373—374 页。

（共同富裕）这个问题"的时机并不成熟，因为"蛋糕"还远不够大，而且还只是一个低水平不全面不平衡的小康，尽管如此，中国共产党在酝酿提出全面建设更高水平的小康社会的同时，还是为实现全民共同富裕设定了一个明确的任务书和时间表。1997年9月，党的十五大将邓小平提出的"三步走"战略中的第三步具体化，进一步提出了一个"新三步走"战略，并首次明确了两个一百年奋斗目标："第一个十年实现国民生产总值比二○○○年翻一番，使人民的小康生活更加宽裕，形成比较完善的社会主义市场经济体制；再经过十年的努力，到建党一百年时，使国民经济更加发展，各项制度更加完善；到世纪中叶建国一百年时，基本实现现代化，建成富强民主文明的社会主义国家"。①1998年6月，胡锦涛在中国共产主义青年团第十四次全国代表大会上的祝词中指出："党的十五大站在新的历史高度，对我国改革开放和现代化建设跨世纪发展作出了全面部署。我们的奋斗目标是，再经过半个世纪努力，到建国一百年时，基本实现现代化，把祖国建成富强民主文明的社会主义国家。到那时，中国将进入世界中等发达国家行列，中国人民将达到现代化基础上的共同富裕，中华民族将实现伟大复兴。"1999年，胡锦涛在五四运动八十周年纪念大会上重申了这一说法。

由此可见，从党的十五大起，实现全体人民共同富裕就已纳入党的第二个百年奋斗目标，构成中国式现代化的一项重要内容，并同实现中华民族伟大复兴的宏伟目标紧密联系在一起，这也是中国共产党向全国人民做出的庄严承诺。此后，党的十六大至十七大关注的主要是全面建设小康社会。党的十八大首次提出全面建成小康社会，并明

---

① 《十五大以来重要文献选编》上，中央文献出版社2000年版，第4页。

确要"逐步实现全体人民共同富裕，建设富强民主文明和谐的社会主义现代化国家"。① 党的十九大在擘画全面建成小康社会之后的发展战略和发展步骤时，将"人的全面发展、全体人民共同富裕基本实现"进一步明确规定为全面建设社会主义现代化强国第二个阶段的一项重要目标。② 党的十九届五中全会将"全体人民共同富裕取得更为明显的实质性进展"明确为 2035 年基本实现社会主义现代化远景目标之一。③

新时代十年为促进共同富裕创造了良好条件

中国共产党最讲认真，言必信、行必果，脱贫攻坚、全面小康是如此，共同富裕、全面现代化也同样如此。习近平总书记指出："共同富裕是中国特色社会主义的本质要求。共同富裕路子应当怎么走？我们正在进行探索。实现共同富裕的目标，首先要通过全国人民共同奋斗把'蛋糕'做大做好，然后通过合理的制度安排正确处理增长和分配关系，把'蛋糕'切好分好。这是一个长期的历史过程，我们要创造条件、完善制度，稳步朝着这个目标迈进。"④ 党的十八大以来，以习近平同志为核心的党中央不忘初心、牢记使命，始终坚持以人民为中心的发展思想，维护社会公平正义，深化收入分配制度改革，提高公共服务均等化水平，领导人民全面建成小康社会，为推进全民共同富裕打下了良好的制度基础和物质基础。

---

① 胡锦涛：《坚定不移沿着中国特色社会主义道路前进 为全面建成小康社会而奋斗——在中国共产党第十八次全国代表大会上的报告》，《人民日报》2012 年 11 月 18 日第 1 版。

② 习近平：《决胜全面建成小康社会 夺取新时代中国特色社会主义伟大胜利——在中国共产党第十九次全国代表大会上的报告》，《人民日报》2017 年 10 月 28 日第 1 版。

③ 《中共十九届五中全会在京举行》，《人民日报》2020 年 10 月 30 日第 1 版。

④ 《习近平谈治国理政》第四卷，人民出版社 2022 年版，第 210 页。

　　共同富裕要以发展为基础，以公平为保障。党的十八大报告提出八个"必须坚持"①，"必须坚持维护社会公平正义"是第四个，放在"必须坚持走共同富裕道路"的前面。新时代十年，中国共产党在大力推动经济建设的同时，积极回应人民的期盼，以保障和改善民生为重点，把社会公平保障体系建设贯穿社会建设的全过程：制定并实施了几十个涉及多领域的保障人民生存权、发展权的政策文件，全方位推进公民权利公平；积极创造条件，让所有的人和市场主体都有通过公平竞争获得通畅的向上流动的机会，确保机会公平；全面依法治国，维护司法公正，遏制权力腐败，大力推进诚信体系建设，致力规则公平。以上述三个方面为主要内容的社会公平保障体系，营造了公平的社会环境，确保全体公民不分民族、种族、性别、职业、家庭出身、宗教信仰、教育程度、财产状况、居住期限，一律无差别地享有平等参与、平等发展的权利。

　　完善收入分配制度、优化收入分配结构是实现共同富裕的重要路径。新时代十年，中国共产党高度重视健全工资支付保障机制、完善劳动争议处理机制、加大劳动保障监察执法力度等，尤其在针对农民工的劳动权益保护方面做出了持续不断的努力，多措并举全面治理拖欠农民工工资问题。在积极维护劳动者合法权益的同时完善了产权保护，特别是知识产权保护，增强了人民群众财产财富安全感和各类经济主体创业创新动力。在提高较低收入方面，把关注的重点放在了农村：通过发展现代农业、提升农村经济、增强农民工务工技能、强化农业支持政策、拓展基本公共服务、提高农民进入市场的组织化程度，多途径增加农民

---

　　① 即必须坚持人民主体地位、必须坚持解放和发展社会生产力、必须坚持推进改革开放、必须坚持维护社会公平正义、必须坚持走共同富裕道路、必须坚持促进社会和谐、必须坚持和平发展、必须坚持党的领导。

收入；大力推进新型城镇化和乡村振兴战略，逐步实现城乡要素、产业、建设融合发展和城乡居民收入同步提高；组织实施了人类历史上规模空前、力度最大、惠及人口最多的脱贫攻坚战，完成了消除绝对贫困的艰巨任务。通过上述努力，全国农民增收取得明显成效，城乡发展协调性稳步提高。在收入调节方面，推动完善公司治理结构，改革分配制度，健全技术要素参与分配机制、国有资本收益分享机制、公共资源占用及其收益分配机制，强化税收征管，逐步加大对资本利得和高档消费的税收调节，大力整顿和规范收入分配秩序，推动形成公平合理收入分配格局。除了加大扶贫力度以外，国家还健全以税收、社会保障、转移支付为主要手段的再分配调节机制，有效缩小收入差距，不断壮大中等收入群体。

基本公共服务均等化是推进全民共同富裕的一项基础性工程。党的十八大以来，基本公共服务均等化进一步被纳入了社会体制改革和基本民生建设的重要范畴。习近平总书记一再强调必须多谋民生之利、多解民生之忧，在幼有所育、学有所教、劳有所得、病有所医、老有所养、住有所居、弱有所扶上不断取得新进展，保证全体人民在共建共享发展中有更多获得感。新时代十年，我国基本公共服务制度体系更加健全，城乡区域基本公共服务均等化水平不断提高。基本公共服务持续倾斜，向基层、农村、边远地区和困难群众延伸，城乡差距、区域差距不断缩小。城乡二元结构逐步扭转，实现了"新农合"与城镇居民医保制度并轨运行，城乡居民基本养老保险制度得到初步整合；面向部分农村的教育扶贫、健康扶贫、农村危房改造，在助力打赢脱贫攻坚战中发挥了积极作用。基本公共服务领域财政支出持续增加，教育、健康、文化体育、养老、特殊人群、住房等重点领域服务保障能力显著增强。建成世界上规模最大的教育体系、社会保障体系、医疗卫生体系，人民群众获得感、幸福感、安全感更加充实、更有保障、更可持续。

　　打赢脱贫攻坚战，如期全面建成小康社会，以推动共同小康为推进共同富裕提供了基础和范例。到 2020 年实现全面建成小康社会的宏伟目标，是中国共产党做出的庄严承诺和战略部署。党的十八大以来，中国共产党先后为全面建成小康社会设定了若干新目标、新任务，特别是党的十八届五中全会提出要实现我国现行标准下农村贫困人口全部脱贫、贫困县全部摘帽、解决区域性整体贫困的艰巨任务，生动体现了致力于共同富裕的社会主义本质要求。中国共产党坚持不让一个人掉队，不让一个区域落下，不让一个民族滞后，以坚定决心、精准思路、有力措施，举全社会之力，向绝对贫困发起总攻，经过八年接续奋斗，脱贫攻坚战取得全面胜利，贫困人口收入水平显著提高，"两不愁三保障"全面实现。与此同时，我国物质文明、政治文明、精神文明、社会文明、生态文明协调发展和城乡居民收入翻番等一些非约束指标也全面实现。2021 年 7 月 1 日，习近平总书记在庆祝中国共产党成立 100 周年大会上庄严宣告："经过全党全国各族人民持续奋斗，我们实现了第一个百年奋斗目标，在中华大地上全面建成了小康社会，历史性地解决了绝对贫困问题，正在意气风发向着全面建成社会主义现代化强国的第二个百年奋斗目标迈进。"[1]

中国式现代化一定是全体人民共同富裕的现代化

　　从党的十八大突出强调公平正义，到党的十八届五中全会提出新发

---

　　[1] 习近平：《在庆祝中国共产党成立 100 周年大会上的讲话》，《人民日报》2021 年 7 月 2 日第 2 版。

展理念，再到党的十九大明确宣示社会主要矛盾发生变化，这一思想发展脉络表明，新时代日益强调实现共同富裕，是在实践的基础上做了精心的理论准备的。2021年1月28日，习近平总书记在党的十九届中央政治局第二十七次集体学习时指出："共同富裕本身就是社会主义现代化的一个重要目标。我们不能等实现了现代化再来解决共同富裕问题，而是要始终把满足人民对美好生活的新期待作为发展的出发点和落脚点，在实现现代化过程中不断地、逐步地解决好这个问题。要自觉主动解决地区差距、城乡差距、收入差距等问题，坚持在发展中保障和改善民生，统筹做好就业、收入分配、教育、社保、医疗、住房、养老、扶幼等各方面工作，更加注重向农村、基层、欠发达地区倾斜，向困难群众倾斜，促进社会公平正义，让发展成果更多更公平惠及全体人民。促进全体人民共同富裕是一项长期任务，也是一项现实任务，急不得，也等不得，必须摆在更加重要的位置，脚踏实地，久久为功，向着这个目标作出更加积极有为的努力。"[1] 8月17日，中央财经委员会召开的第十次会议集中研究了扎实促进共同富裕问题，习近平总书记在会上再次强调："党的十八大以来，党中央把握发展阶段新变化，把逐步实现全体人民共同富裕摆在更加重要的位置上，推动区域协调发展，采取有力措施保障和改善民生，打赢脱贫攻坚战，全面建成小康社会，为促进共同富裕创造了良好条件。""现在，我们正在向第二个百年奋斗目标迈进。适应我国社会主要矛盾的变化，更好满足人民日益增长的美好生活需要，必须把促进全体人民共同富裕作为为人民谋幸福的着力点，不断夯实党长期执政基础。"[2]

为了落实上述精神，2021年党和国家先后密集推出多项重大举措：

[1] 习近平：《全党必须完整、准确、全面贯彻新发展理念》，《求是》2022年第16期。
[2] 习近平：《扎实推动共同富裕》，《求是》2021年第10期。

十三届全国人大四次会议通过的《中华人民共和国国民经济和社会发展第十四个五年规划和 2035 年远景目标纲要》和党的十九届六中全会通过的《中共中央关于党的百年奋斗重大成就和历史经验的决议》分别 6 次、5 次提到"共同富裕"①；中共中央、国务院先后发布了《关于实现巩固拓展脱贫攻坚成果同乡村振兴有效衔接的意见》和《关于支持浙江高质量发展建设共同富裕示范区的意见》，前者标志着相对贫困问题取代绝对贫困问题成为推进全民共同富裕的主攻方向，后者旨在探索破解新时代社会主要矛盾的有效途径，为全国推动共同富裕提供省域范例；中央财经委员会第十次会议专题研究了扎实促进共同富裕问题，明确了扎实促进共同富裕的重要意义、基本原则、总体要求和实现路径，提出了在高质量发展中促进共同富裕的总要求；年底的中央经济工作会议对如何正确认识与把握实现共同富裕的战略目标和实践途径做出了进一步说明；等等。显然，进入新的历史交汇点以来，扎实促进共同富裕的工作部署已陆续全面展开。

在进入全面建设社会主义现代化国家新征程的关键时刻，党的二十大进一步科学谋划未来 5 年乃至更长时期党和国家事业发展的目标任务和大政方针，提出一系列新思路、新战略、新举措，对指导我们全面建设社会主义现代化国家、向第二个百年奋斗目标进军具有重大意义。会议审议通过的政治报告，通篇体现了以人民为中心的发展思想，是中国共产党领导全国各族人民全力推进中国式现代化建设的动员书。报告重申了"做大蛋糕"和"分好蛋糕"相结合的理念，在强调发展是党执政兴国的第一要务、高质量发展是全面建设社会主义

---

① 《中华人民共和国国民经济和社会发展第十四个五年规划和 2035 年远景目标纲要》，《人民日报》2021 年 3 月 13 日第 1 版；《中共中央关于党的百年奋斗重大成就和历史经验的决议》，《人民日报》2021 年 11 月 17 日第 1 版。

现代化国家的首要任务的同时，明确提出必须坚持在发展中保障和改善民生，鼓励共同奋斗创造美好生活，不断实现人民对美好生活的向往。报告指出："我们要实现好、维护好、发展好最广大人民根本利益，紧紧抓住人民最关心最直接最现实的利益问题，坚持尽力而为、量力而行，深入群众、深入基层，采取更多惠民生、暖民心举措，着力解决好人民群众急难愁盼问题，健全基本公共服务体系，提高公共服务水平，增强均衡性和可及性，扎实推进共同富裕。"报告从收入、就业、教育、社会保障、住房、健康、生态文明等多个方面，对增进民生福祉、提高人民生活品质、扎实推进共同富裕作了统筹规划。报告还在阐述促进共同富裕的基础性制度——分配制度改革时，首次提出"规范财富积累机制"，体现了中国共产党对加快一次分配和二次分配体制机制改革的新认识。

　　与此同时，党的二十大还将"逐步实现全体人民共同富裕"写入了新修改的《中国共产党章程》。①实现第二个百年奋斗目标，时间紧迫，任重道远，其中尤以实现全体人民共同富裕的任务最为艰巨，要有攻坚克难的准备。当然我们也必须认识到，这依然是一个相对还比较长的历史过程，不可能一蹴而就。习近平总书记指出："我们要实现14亿人共同富裕，必须脚踏实地、久久为功，不是所有人都同时富裕，也不是所有地区同时达到一个富裕水准，不同人群不仅实现富裕的程度有高有低，时间上也会有先有后，不同地区富裕程度还会存在一定差异，不可能齐头并进。这是一个在动态中向前发展的过程，要持续推动，不断取得成效。"②2021年4月27日，习近平总书记在广西南宁考察时强调："我说过，脱贫路上一个也不能少。中国人说话、中国共产党说话、中国共

---

① 《中国共产党章程》，《人民日报》2022年10月27日第1版。
② 习近平：《扎实推动共同富裕》，《求是》2021年第10期。

产党的领导说话是算数的！""现在全中国 56 个民族都脱贫了，兑现了我们的庄严承诺。但我们还不能停步，接下来要向着第二个百年奋斗目标新征程迈进，一个民族也不能少，加油、努力，再长征！"[①]

（作者为中国社会科学院当代中国研究所研究员）

（《当代中国史研究》2022 年第 6 期）

---

① 《"加油、努力，再长征！"——习近平总书记考察广西纪实》，《人民日报》2021 年 4月 29 日第 1 版。

中国式现代化演进中破解不平衡不充分发展问题的路径

郑有贵

党的二十大基于中国社会主要矛盾——人民日益增长的美好生活需要和不平衡不充分的发展之间的矛盾，就全面建设社会主义现代化国家、全面推进中华民族伟大复兴作出重大决策部署。破解不平衡不充分的发展问题，促进全面协调发展，是全面建设社会主义现代化国家的内在要求。在总结长期实践经验的基础上，党的十八届五中全会提出包括协调在内的新发展理念。这次全会通过的《中共中央关于制定国民经济和社会发展第十三个五年规划的建议》指出，协调是持续健康发展的内在要求，必须牢牢把握中国特色社会主义事业总体布局，正确处理发展中的重大关系，重点促进城乡区域协调发展，促进经济社会协调发展，促进新型工业化、信息化、城镇化、农业现代化同步发展，在增强国家硬实力的同时注重提升国家软实力，不断增强发展

整体性 ①。2022 年 7 月 26 日，习近平总书记在省部级主要领导干部"学习习近平总书记重要讲话精神，迎接党的二十大"专题研讨班上指出，要紧紧抓住解决不平衡不充分的发展问题，着力在补短板、强弱项、固底板、扬优势上下功夫。②党的二十大报告指出，必须坚持系统观念，不断提高战略思维、历史思维、辩证思维、系统思维、创新思维、法治思维、底线思维能力，为前瞻性思考、全局性谋划、整体性推进党和国家各项事业提供科学思想方法。我国持续探索促进全面协调发展的实现路径，改革开放前通过计划经济体制和实施国民经济社会发展计划保障全面协调发展，改革开放后在推进市场改革进程中通过国家发展战略规划、国家宏观调控等促进全面协调发展。进入新时代后，中国共产党加强对经济工作的统一领导和战略谋划，不断完善党领导经济工作的体制机制，充分发挥市场在资源配置中的决定性作用，更好发挥政府作用，健全完善宏观经济治理体系，发挥国家发展规划的战略导向作用，创新宏观调控思路和方式。在新发展理念引领下，我国辩证地把全面性与重点性统一起来，既推进重点，又着力解决现代化进程中的发展不平衡不充分问题，形成了促进现代化全面协调发展的路径。

基于人的现代化促进经济社会协调发展

习近平总书记强调，现代化的本质是人的现代化。③没有人的现代化，就没有社会现代化。马克思主义认为，社会现代化要以人的现代化、

①《十八大以来重要文献选编》中，中央文献出版社 2016 年版，第 792 页。
②《高举中国特色社会主义伟大旗帜 奋力谱写全面建设社会主义现代化国家崭新篇章》，《人民日报》2022 年 7 月 28 日第 1 版。
③《十八大以来重要文献选编》上，中央文献出版社 2014 年版，第 594 页。

人的全面发展为中心和目的，要为人的现代化提供条件和基础。物质富足、精神富有是社会主义现代化的根本要求。党的二十大报告指出，中国式现代化是物质文明和精神文明相协调的现代化。在实现中华民族伟大复兴的新征程上，要把精神文明建设贯穿中国式现代化全过程，促进物的全面丰富和人的全面发展。中国共产党担当起中华民族伟大复兴的使命，以中国式现代化推进中华民族伟大复兴。中国共产党在百余年奋斗的历史进程中，尽管在不同发展阶段要解决的主要问题不同，但都从更好满足人民群众日益增长的美好生活需要出发，基于人的现代化促进经济社会协调发展，探索形成了实现路径。

（一）把人民当家作主作为促进人的全面发展和人的现代化的政治保障

人民受压迫、受剥削是不可能实现全面发展的。中国共产党为人民谋幸福，首先是从推翻压在人民头上的帝国主义、封建主义、官僚资本主义三座大山开始的。中国共产党建立的第一个红色政权组织，是1927年11月成立的湘赣边界的茶陵县工农兵政府，这就把政权组织的人民性显著地标注在政府的名称上。中国共产党领导人民取得新民主主义革命胜利，实现了中华民族的独立，人民也实现了翻身解放。自中华人民共和国成立起，在政府名称上加了人民这个前置词。中华人民共和国选择人民民主专政的国体、人民代表大会制度的政体。在中国共产党领导下，我国实现了党的领导、人民当家作主、依法治国的有机统一。进入新时代以后，习近平总书记提出发展全过程人民民主。党的二十大指出，全过程人民民主是社会主义民主政治的本质属性，是最广泛、最真实、最管用的民主。这次大会对"发展全过程人民民主，保障人民当家作主"作出部署，进一步创新和丰富了人民当家作主的实现路径，使现代化进程中人的全面发展和人的现代化有了更有力的政治保障。

（二）把统筹经济发展和民生改善作为促进人的全面发展和人的现代化的重要路径

"一要吃饭，二要建设"，这是以毛泽东同志为主要代表的中国共产党人在追赶世界发展进程中面临的命题。中华人民共和国的现代化建设是在一个民不聊生的历史基础上起步的。中国作为落后的发展中国家，要赶上世界工业化发展步伐，既要改善民生，又要集中力量推进工业化，如何解决好这两个问题确实存在难度。在这一历史进程中，中国共产党统筹全局与局部、长远与近期的发展关系，致力于在促进经济发展与民生改善上找到平衡点。中华人民共和国成立的头三年，中国共产党着力政权巩固、社会稳定、财经秩序整顿、国民经济恢复，让人民休养生息，民生得到改善。在国民经济快速恢复之后，中国共产党抓住苏联对我国进行技术援助的时机，启动了以 156 个重大工程项目为主的大规模经济建设，促进国家工业化。即便是为追赶世界工业化步伐快速积累资本，也要注重改善民生。1956 年 4 月，毛泽东在《论十大关系》中提出多发展一些农业、轻工业才会使重工业发展得多些和快些①。毛泽东、周恩来十分强调实行"要重工业，又要人民"的方针。1956 年 11 月，周恩来在党的八届二中全会上作关于 1957 年国民经济计划的报告时指出："苏联和其他一些社会主义国家都是优先发展重工业，这个原则是对的，但是在发展中忽视了人民的当前利益。直接与人民利益关系最大的是轻工业、农业，轻视这两者就会带来不好的后果，就会发生经济发展上的严重不平衡。毛泽东同志在这几个月常说，我们要重工业，又要人民。这样结合起来，优先发展重工业才有基础。"② 在追赶世界工业化步伐的进程中，我国所选择的计划经济体

①《毛泽东文集》第 7 卷，人民出版社 1999 年版，第 25 页。
②《周恩来选集》下卷，人民出版社 1984 年版，第 230 页。

制，能够将资源向工业化进行倾斜配置，但也存在政府投资饥渴问题，加之受"大跃进"和"文化大革命"影响，"要重工业，又要人民"方针在实践中没有很好落实，工业实现了快速发展，在较短时期建立起独立的比较完整的工业体系，与之相比，民生改善则相对滞后。

基于中华人民共和国成立后建立起来的物质技术基础，党的十一届三中全会明确了在生产迅速发展的基础上显著地改善人民生活的政策取向。这次全会指出："城乡人民的生活必须在生产发展的基础上逐步改善，必须坚决反对对人民生活中的迫切问题漠不关心的官僚主义态度。同时，我国经济目前还很落后，生活改善的步子一时不可能很大，必须把有关的情况经常告诉人民，并在人民和青年中继续加强自力更生、艰苦奋斗的革命思想教育，各级领导同志必须以身作则。"[1]改革开放以来，随着经济的快速发展，党和政府切实统筹经济发展和民生改善，创新性地明确了"小康""全面小康"的中国式现代化阶段目标，并将其明确到"三步走"发展战略，切实推进了人的全面发展。

（三）把统筹推进"五位一体"总体布局和协调推进"四个全面"战略布局作为促进人的全面发展和人的现代化、经济社会协调发展的战略保障

人民对美好生活的向往，不仅包括物质财富，还有对政治、文化、社会、生态的需要。新时代我国遵循现代化的本质是人的现代化的要求，以物质财富增长为基础，促进五大文明全面发展。统筹推进"五位一体"总体布局，促进了物的现代化和人的现代化协调推进，促进了现代化的全面演进。协调推进"四个全面"战略布局，把战略目标与战略举措协调起来，构成了社会发展的保障系统。统筹推进"五位一体"总

---

[1]《改革开放三十年重要文献选编》上，中央文献出版社 2008 年版，第 17 页。

体布局和协调推进"四个全面"战略布局，使经济社会发展更加协调，使人民的获得感、幸福感、安全感更加充实、更有保障、更可持续。

在产业体系现代化演进中促进产业协调发展

党的十九大提出建立现代经济体系的命题，党的二十大对建设现代化产业体系作出进一步部署。建设现代化经济体系，是以习近平同志为核心的党中央从党和国家事业全局出发，着眼于实现"两个一百年"奋斗目标作出的重大决策部署。建设现代化经济体系的重要内容之一是建设创新引领、协同发展的产业体系。我国坚持致力于产业协调发展，为建设创新引领、协同发展的现代产业体系提供了历史基础。顺应科技革命和产业革命的时代发展步伐，我国产业结构发生历史性演进，实现了由农业为主向工业为主的转变，由集中力量发展实体经济向实体经济与虚拟经济协同发展转变。这一结构性演进的实现，源于中国共产党统筹先导产业的发展引领、基础产业的夯实、产业门类的齐全发展，在构建独立的完整的工业体系和国民经济体系进程中夯实农业基础。随着虚拟经济规模的扩大，国家注重夯实实体经济根基，进而成为全球产业门类最全的国家，加之与人口大国及与之对应的消费大国等因素共同作用，使我国成为韧性强的经济体。

（一）在构建独立的完整的工业体系和国民经济体系进程中夯实农业基础

促进工农协调发展是工业化进程中的问题。工业快速增长和农业增长速度相对较慢的运行是工业化进程中的普遍现象。我国作为发展中国家，在推进国家工业化战略进程中，致力于建立独立的完整的工业体系和国民经济体系。尽管在经济建设中以国家工业化为主攻课题，但在实践中不断深化对工农业协调发展的认识，在指导思想上始终坚持促进工农协调发展。马克思主义主张工农联盟和致力于缩小工农差别。自"一五"计划实施大规模经济建设起，我国在推进工业化过程中，注重促进工农协调发展。其显著标志是，随着实践的发展，不断深化农业是国民经济的基础的认识，并以此为发展国民经济的指导思想。1956 年，毛泽东在《论十大关系》中提出要以苏联为鉴，处理好农轻重关系。基于对农业在国民经济中基础地位的深刻认识，1960 年 3 月，毛泽东明确提出"农业是基础，工业为主导"的方针。之后，党中央反复强调农业是国民经济的基础。1960 年 8 月 10 日，经毛泽东批准、中共中央发出的《关于全党动手，大办农业，大办粮食的指示》强调，"农业是国民经济的基础，粮食是基础的基础"。党的八届十中全会进一步强调"农业是国民经济的基础"。

改革开放以来，随着经济的发展，党和政府进一步认识到，经济越发展，农业在国民经济的基础地位越需要加强。邓小平指出："工业越发展，越要把农业放在第一位。"[1] 江泽民指出："在建立社会主义市场经济体制的过程中，要继续坚定不移地贯彻以农业为基础的方针，坚定不移地把农业放在经济工作的首位。越是加快改革开放，越要重视农业、保护农业、加强农业。"[2] 2003 年 1 月 8 日，胡锦涛在中央农村工作会议上指出："农业是安天下的战略产业。无论经济发展到什么水平，无论农业在国民经济中的比重下降到什么程度，农业的基础地位都不会变。……随着我国人口的增长和人民生活水平的提高，随着经济的不断发展，全社会对农产品的需求会不断增加，需求结构会发生新的变化，对农产品的质量和品种要求也会越来越高。如果农业的发展不能满足这

---

[1] 《邓小平文选》第 2 卷，人民出版社 1994 年版，第 29 页。
[2] 江泽民：《论社会主义市场经济》，中央文献出版社 2006 年版，第 144 页。

些要求，整个经济的发展就会受到影响，甚至可能出大问题。"①

我国在推进现代化建设的实践中，从产业演进规律出发，在构建独立的完整的工业体系和国民经济体系进程中夯实农业基础，采取一系列措施促进工农协调发展。

1. 运用多种政策工具，促进工农协调发展。其中，特别注重运用资金投入和土地使用政策，守住农业基本盘，将其作为应变局、开新局的"压舱石"。在资金投入方面，国家根据所处工业化发展阶段采取相应政策。综观一些工业化国家发展历程，工农、城乡发展有两个普遍趋向，即在工业化初始阶段农业支持工业、为工业提供积累是带有普遍性的趋向，在工业化达到相当程度以后工业反哺农业、城市支持农村也是带有普遍性的趋向②。中国共产党在推进工业化发展的实践中，从实际出发，在工业化初期实行农业养育工业政策，尽管如此，仍然对农业实行必要支持。毛泽东在《论十大关系》中辩证地指出，重工业是投资的重点，也要"注重农业、轻工业，使粮食和轻工业原料更多些，积累更多些，投到重工业方面的资金将来也会更多些"③。进入工业化中期后，基于国家经济实力的增强，将农业养育工业政策调整为工业反哺农业政策，以国家强大经济实力支持农业发展。进入新时代，通过健全投入保障制度，创新投融资机制，拓宽资金筹集渠道，加快形成财政优先保障、金融重点倾斜、社会积极参与的多元投入格局，加大惠农资金投入力度，大幅度提升对农业的支持水平，为解决工业化进程中农业发展受弱质性困扰提供了有力支持。在土地使用方面，大力建设高标准农田，并实行耕地红线制度。工业化、城镇化进程中，土地、水等资源配置普遍向工

---

① 《十六大以来重要文献选编》上，中央文献出版社 2005 年版，第 114 页。
② 《胡锦涛文选》第 2 卷，人民出版社 2016 年版，第 247 页。
③ 《毛泽东文集》第 7 卷，人民出版社 1999 年版，第 25 页。

业和城市倾斜。国家从人多地少的资源禀赋出发，在建设高标准农田的同时，确保耕地面积不突破红线。党的十七届三中全会提出，坚决守住18亿亩耕地红线；党的十八大以来，进一步强调，坚守18亿亩耕地红线，农民可以非农化，但耕地不能非农化[①]；实施藏粮于地战略，采取"长牙齿"的硬措施保护耕地。

2. 发挥工业化的先导作用提升农业综合生产能力。一是在工业化进程中，大力发展农用工业，用现代工业装备农业。工业革命以来，农业现代化是以工业化发展为前提和引领的。1957年1月，毛泽东在省、自治区、直辖市党委书记会议上的讲话中指出："要说服工业部门面向农村，支援农业。要搞好工业化，就应当这样做。"[②]1959年6—7月，毛泽东在庐山会议上强调工业和农业之间的综合平衡问题，指出："过去安排是重、轻、农，这个次序要反一下，现在是否提农、轻、重？要把农、轻、重的关系研究一下。……重工业我们是不会放松的，农业中也有生产资料。如果真正重视了优先发展生产资料，安排好了轻、农，也不一定要改为农、轻、重。重工业要为轻工业、农业服务。"[③]1975年8月，邓小平在谈到发展工业问题时明确指出，要"确立以农业为基础、为农业服务的思想"[④]1992年12月，江泽民指出："从中央到地方，无论是主管农业和农村工作的部门，还是其他部门，都要在党的统一领导下协同一致，大力支援农业，真心实意为农民服务，想农民之所想，急农民之所急，坚决反对一切损农、伤农、坑农的行为。"[⑤]我国自实施国家工业化战略以来，统筹工农两大部门的发展，在发展

---

① 《十八大以来重要文献选编》上，中央文献出版社2014年版，第662页。
② 《毛泽东文集》第7卷，人民出版社1999年版，第200页。
③ 《毛泽东文集》第8卷，人民出版社1999年版，第78页。
④ 《邓小平文选》第2卷，人民出版社1994年版，第28页。
⑤ 《江泽民文选》第1卷，人民出版社2006年版，第275页。

基础工业的同时，大力发展农用工业、农业科技装备。在农业基础设施上大力组织水利和农田基本建设，以提升农业技术装备水平和综合生产能力。二是在推进技术进步方面，大力发展农业科技，以科技提升农业。早在农垦事业创建初期，毛泽东就指出：共产党宣言的十大纲领中，有一条就是建立农业产业军，所以要开垦荒地，建设一支采用现代化机械和科学技术的农业大军①。1955 年 7 月，毛泽东在《关于农业合作化问题》的报告中强调："中国只有在社会经济制度方面彻底地完成社会主义改造，又在技术方面，在一切能够使用机器操作的部门和地方，统统使用机器操作，才能使社会经济面貌全部改观。"②毛泽东关于积极推进农业技术改造的思想，是 20 世纪 80 年代科教兴农战略形成的思想基础。20 世纪 50 年代末，毛泽东对农业技术改造和机械化问题提出了精辟的论断，如土、肥、水、种、密、保、管、工的农业"八字宪法"、"农业的根本出路在于机械化"。在农业现代化建设实践中，毛泽东特别重视推进农业机械化问题。早在 1937 年，毛泽东在《矛盾论》中就指出："不同质的矛盾，只有用不同质的方法才能解决。……在社会主义社会中工人阶级和农民阶级的矛盾，用农业集体化和农业机械化的方法去解决。"③1958 年 11 月 10 日，毛泽东在对《郑州会议关于人民公社若干问题的决议》的修改和信件中，将机械化列为农业工厂化的主要内容，指出："要使人民公社具有雄厚的生产资料，就必须实现公社工业化，农业工厂化（即机械化和电气化）。"④1962 年党的八届十中全会确定："我们党在农业问题的根本路线是，第一步实

---

① 农业部政策研究会：《毛泽东与中国农业——专家学者纪念毛泽东诞辰一百周年文集》，人民出版社、新华出版社 1995 年版，第 222 页。
② 《毛泽东文集》第 6 卷，人民出版社 1999 年版，第 438 页。
③ 《毛泽东选集》第 1 卷，人民出版社 1931 年版，第 311 页。
④ 《建国以来毛泽东文稿》第 7 册，中央文献出版社 1992 年版，第 515 页。

现农业集体化，第二步是在农业集体化基础上实现农业机械化和电气化。"根据毛泽东的意见，1966 年召开的第一次全国农业机械化会议，对到 1980 年基本实现机械化的任务进行了部署。此后，又于 1971 年 8 月、1978 年 1 月，先后召开了第二次和第三次全国农业机械化会议，以加快农业机械化的进程。20 世纪 70 年代，杂交稻研制成功就是主动实施全国协同攻关的结果。新时代，我国实行藏粮于技，推动种业科技自立自强、种源自主可控，确保把中国人的饭碗牢牢端在自己手中。

3. 实施激励政策促进农业发展。中国共产党从为农民谋幸福出发，建立社会主义制度和实行改革开放，激发农民的主动性和创造性，解放和发展了生产力，促进了农业农村现代化的快速推进。进入新时代，我国在促进工农城乡协调发展上采取了乡村振兴战略这一新战略。以习近平同志为核心的党中央站在全面建成小康社会、全面推进中华民族伟大复兴的高度，把解决好"三农"问题作为全党工作重中之重，坚持农业农村优先发展。党的十九大提出实施乡村振兴战略，要求坚持农业农村优先发展，按照产业兴旺、生态宜居、乡风文明、治理有效、生活富裕的总要求，建立健全城乡融合发展体制机制和政策体系，加快推进农业农村现代化。乡村振兴战略提出后，中国共产党明确了一系列举措促进乡村振兴战略扎实推进。一是中共中央、国务院发布《乡村振兴战略规划（2018—2022 年）》，提出到 2050 年，乡村全面振兴，全面实现农业强、农村美、农民富的目标。二是在 2017 年年底中央农村工作会议上，习近平总书记明确提出走中国特色社会主义乡村振兴道路，并作出部署。三是党的十九届五中全会提出，实施乡村建设行动，实现巩固拓展脱贫攻坚成果同乡村振兴有效衔接，全面推进乡村振兴。四是制定了《中国共产党农村工作条例》《中华人民共和国乡村振兴促进法》，为全面推动乡村振兴提供了法律法规保障。五是针对工业化、城镇化进程中"三农"发展受弱质性困扰，农村是全面建设现代化的短板问题，明确举全党全社会之力推动乡村振兴。党的二十大提出了加快建设农业强国的目标任务。

党的十八大以来，我国农业农村现代化加快推进，乡村振兴全面推进，工业与农业关联度的提升，走出了产业链、价值链一体化联结的产业融合发展之路，农业农村发展空间进一步拓展，农业的基础地位进一步巩固，工农发展的协调性进一步增强。我国克服新冠疫情冲击和严重自然灾害影响，2021年全国粮食总产量达到1.37万亿斤，连续7年稳定在1.3万亿斤以上，谷物总产量稳居世界首位，14亿多人的粮食安全得到有效保障，为应变局、开新局发挥了"压舱石"作用。全国农村居民人均可支配收入稳定持续增长，2019年提前1年实现比2010年翻一番目标；2021年达到18931元，比2012年翻了一番多，年均实际增长7.3%，比同期全国居民人均可支配收入增长率6.6%高0.7个百分点；城乡居民可支配收入比值由2012年的2.88∶1缩小到2021年的2.5∶1。

（二）在发展虚拟经济时，发挥其服务作用、夯实实体经济根基

随着虚拟经济的发展，处理好实体经济与虚拟经济的关系成为新的课题。把发展经济的着力点放在实体经济上是建设现代化经济体系的要求。党的十九大报告提出，建设现代化经济体系，必须把发展经济的着力点放在实体经济上。党的十九届五中全会提出："坚持把发展经济着力点放在实体经济上，坚定不移建设制造强国、质量强国、网络强国、数字中国，推进产业基础高级化、产业链现代化，提高经济质量效益和核心竞争力。"[1]党的二十大进一步指出："建设现代化产业体系。坚持把

① 《十九大以来重要文献选编》中，中央文献出版社2021年版，第795页。

发展经济的着力点放在实体经济上，推进新型工业化，加快建设制造强国、质量强国、航天强国、交通强国、网络强国、数字中国。"① 以习近平同志为核心的党中央，在推动我国经济发展向形态更高级、分工更优化、结构更合理演进中，全面实施供给侧结构性改革，发挥虚拟经济服务作用，防止虚热实伤，注重夯实实体经济根基，促进实体经济和虚拟经济协同发展。

振兴实体经济，夯实实体经济根基，以服务实体经济为虚拟经济的最终目的。实体经济是人类社会赖以生存和发展的根基，是经济发展的立身之本，是社会生产力的体现。2016 年 12 月 14 日，习近平总书记在中央经济工作会议上强调要"着力振兴实体经济"。振兴实体经济是供给侧结构性改革的主要任务，供给侧结构性改革要向振兴实体经济发力、聚力。不论经济发展到什么时候，实体经济都是我国经济发展、我们在国际经济竞争中赢得主动的根基。我国经济是靠实体经济发展起来的，也要靠实体经济走向未来 ②。

把政策基点放在夯实实体经济根基，着力解决实践中实体经济面临困境，坚决防止脱实向虚和虚热实伤现象的发生。2015 年 10 月 29 日，习近平总书记在党的十八届五中全会第二次全体会议上指出："我们的政策基点要放在企业特别是实体经济企业上，高度重视实体经济健康发展，增强实体经济赢利能力。"③ 在 2016 年 12 月召开的中央经济工作会议上，习近平总书记深刻地指出："当前，我国经济运行面临的突出矛盾和问题，虽然有周期性、总量性因素，但根源是重大结构性失衡。概

---

① 习近平：《高举中国特色社会主义伟大旗帜 为全面建设社会主义现代化国家而团结奋斗——在中国共产党第二十次全国代表大会上的报告》，《人民日报》2022 年 10 月 26 日第 1 版。

② 中共中央文献研究室编：《习近平关于社会主义经济建设论述摘编》，中央文献出版社 2017 年版，第 116 页。

③ 《习近平谈治国理政》第二卷，外文出版社 2017 年版，第 77 页。

括起来，主要表现为'三大失衡'。一是实体经济结构性供需失衡。我国供给体系产能十分强大，但大多数只能满足中低端、低质量、低价格的需求，同投资和出口主导的需求结构是相匹配的。现在，消费结构加快升级，出口需求和投资需求相对下降，供给结构很不适应需求新变化。更深层的一个问题是，我国人口结构发生重大变化，老年人口比重上升，劳动年龄人口减少，中等收入群体扩大，但供给体系未能跟进，结果是一方面过剩，另一方面不足。二是金融和实体经济失衡。在实体经济结构性失衡、盈利能力下降的情况下，不能把结构性供需矛盾当作总需求不足，以增发货币来扩大需求，因为缺乏回报，增加的货币资金很多没有进入实体经济领域，而是在金融系统自我循环，大量游资寻求一夜暴富，再加上监督人员同'金融大鳄'内外勾结，股市异常波动就与此有关。在这样的背景下，金融业在经济中的比重快速上升，而工业特别是制造业比重下降。三是房地产和实体经济失衡。房地产本来属于实体经济，但用加杠杆的办法进行房地产投机就不同了。在实体经济结构性失衡的过程中，由于缺乏投资机会，加上土地、财税、金融政策不配套，城镇化有关政策和规划不到位，致使大量资金涌入房地产市场，投机需求旺盛，带动一线城市和热点二线城市房地产价格大幅上涨。房地产高收益进一步诱使资金脱实向虚，导致经济增长、财政收入、银行利润越来越依赖于'房地产繁荣'，并推高实体经济成本，使回报率不高的实体经济雪上加霜。这'三大失衡'有着内在因果关系，导致经济循环不畅。如果只是简单采取扩大需求的办法，不仅不能解决结构性失衡，反而会加剧产能过剩、抬高杠杆率和企业成本，加剧这种失衡。基于这个考虑，我们强调要从供给侧、结构性改革上想办法、定政策，通过去除没有需求的无效供给、创造适应新需求的有效供给，打通供求渠道，努力实现供求关系新的动态均衡。"①

从夯实实体经济根基出发，以金融服务实体经济为原则，构建金融支持实体经济的体制机制。金融是实体经济的血脉。党的十九届五中全会提出，构建金融有效支持实体经济的体制机制，提升金融科技水平，增强金融普惠性。党的十八大以来，我国实行稳健货币政策，加大对实体经济的支持力度。自 2015 年 8 月 26 日起，人民银行实施降息及"普降＋定向"降准的"双降"组合措施，促进社会融资成本降低。2018年以来，人民银行共 12 次下调存款准备金率，释放长期资金 10.3 万亿元，支持金融机构加大对实体经济信贷支持力度，支持实体经济持续健康发展。2018—2021 年，我国广义货币供应量（M2）平均增速为 9%，与同期名义国内生产总值 8.3% 平均增速大致相当。人民银行发挥货币政策工具的总量和结构双重功能，引导金融机构加大对普惠小微、"三农"、绿色发展和制造业等重点领域和薄弱环节的支持力度。2022 年 1月底，普惠小微贷款余额为 19.7 万亿元，为 2018 年年初的 2.4 倍；普惠小微贷款支持小微经营主体 4813 万户，是 2018 年年底的 2.3 倍。普惠小微贷款增量在各项贷款增量中的占比由 2018 年的 7.7% 大幅提升至 2021 年的 20.7%。2021 年新发放的普惠小微企业贷款加权平均利率为 4.93%，比 2020 年下降 0.22 个百分点，比 2018 年下降 1.38 个百分点。企业贷款利率从 2019 年 7 月的 5.32% 降至 2022 年 1 月的 4.5%，累计降幅达 0.82 个百分点，为改革开放以来的最低水平，在很大程度上缓解了长期以来存在的小微企业融资难融资贵问题②。

---

① 中共中央文献研究室编：《习近平关于社会主义经济建设论述摘编》，中央文献出版社 2017 年版，第 113—115 页。
② 《货币政策持续发力增长》，《经济日报》2022 年 3 月 18 日第 7 版。

基于实现全体人民共同富裕的本质要求，致力于促进城乡协调发展和区域协调发展

工业化、城镇化进程中的城乡二元结构和循环累积因果效应下区域发展分化是促进全体人民共同富裕进程中必须破解的难题。中国共产党从实现全体人民共同富裕这一中国式现代化的本质要求出发，致力于促进城乡协调发展和区域协调发展。党的二十大针对"城乡区域发展和收入分配差距仍然较大"的问题，对促进城乡协调发展和区域协调发展作出部署，提出"加快构建新发展格局，着力推动高质量发展"进程中，要"着力推进城乡融合和区域协调发展"。

（一）在城镇化进程中致力于促进城乡协调发展

马克思主义主张消灭城乡差别和促进城乡协调发展。1949年3月5日，毛泽东在党的七届二中全会上指出："从现在起，开始了由城市到乡村并由城市领导乡村的时期。党的工作重心由乡村移到了城市。""城乡必须兼顾，必须使城市工作和乡村工作，使工人和农民，使工业和农业，紧密地联系起来。决不可以丢掉乡村，仅顾城市，如果这样想，那是完全错误的。"①1952年11月，我国在即将启动大规模经济建设之际，鉴于中央、中央局、分局和省委的领导重心要放在城市工业建设上，为了不减弱党对农村工作的领导，中共中央决定在省委以上的党委领导下，建立农村工作部。这就从组织机构和工作布局上对城乡兼顾予以了保障。国家从保障工业化的低成本推进出发，选择把农业人口留在农村及相应的城乡二元户籍制度，到1978年的较长时期内城镇化处于徘徊

---

① 《毛泽东选集》第4卷，人民出版社1999年版，第1427页。

状态，没有与工业化同步，城乡二元结构固化。

20世纪70年代末，中国共产党基于国际形势由冷战到和平发展的转变、国内已建立起独立的比较完整的工业体系和国民经济体系，在改革开放的实践中探索出中国特色农村城镇化道路，形成城乡协调发展的新路径。1984年6月30日，邓小平在会见第二次中日民间人士会议日方委员会代表团时指出："从中国的实际出发，我们首先解决农村问题。中国有百分之八十的人口住在农村，中国稳定不稳定首先要看这百分之八十稳定不稳定。城市搞得再漂亮，没有农村这一稳定的基础是不行的。"[1] 在改革政策下，乡镇企业异军突起，农村工业化快速发展，农村城镇化随之迅速发展，农民进城就业创业，步入农业现代化、农村工业化、农村城镇化并进发展格局，促进了农村经济社会的快速发展。

进入21世纪，在全面建设小康社会进程中，由于我国已进入工业化中期阶段，国家注重解决全面建设小康社会中城乡差距的问题。2001年，江泽民提出逐步解决我国二元经济社会结构问题[2]。自党的十六大起，国家实施统筹城乡发展方略，逐步推进城乡一体化发展改革，明确"以工促农、以城带乡"[3]，推进社会主义新农村建设。尽管改革开放以来我国农村面貌发生了翻天覆地的变化，但城乡二元结构没有根本改变，城乡发展差距拉大趋势没有根本扭转。

党的十八大以来，以习近平同志为核心的党中央站在全面建成小康社会、实现中华民族伟大复兴的战略高度，把解决好"三农"问题作为全党工作重中之重，着力补齐全面小康社会"三农"和贫困地区贫困人口短板。2013年10月，党的十八届三中全会做出重大判断：城乡发展

---

[1] 《邓小平文选》第3卷，人民出版社1993年版，第65页。
[2] 《江泽民文选》第3卷，人民出版社2006年版，第407页。
[3] 《胡锦涛文选》第2卷，人民出版社2016年版，第248页。

不平衡不协调，是我国经济社会发展存在的突出矛盾，是全面建成小康社会、加快推进社会主义现代化必须解决的重大问题[1]。党的十九大提出实施乡村振兴战略，要求坚持农业农村优先发展，按照产业兴旺、生态宜居、乡风文明、治理有效、生活富裕的总要求，建立健全城乡融合发展体制机制和政策体系，加快推进农业农村现代化。2020 年 12 月，习近平总书记在中央农村工作会议上指出，从中华民族伟大复兴战略全局看，民族要复兴，乡村必振兴。从世界百年未有之大变局看，稳住农业基本盘、守好"三农"基础是应变局、开新局的"压舱石"。习近平总书记强调："全党务必充分认识新发展阶段做好'三农'工作的重要性和紧迫性，坚持把解决好'三农'问题作为全党工作重中之重，举全党全社会之力推动乡村振兴，促进农业高质高效、乡村宜居宜业、农民富裕富足。"[2]

随着乡村振兴战略的实施，城乡融合发展之路的探索形成，城镇基础设施向农村延伸，城镇公共服务向农村覆盖，城镇现代文明向农村辐射，人才下乡、资金下乡、技术下乡，我国探索出了城乡协调发展之路。2012—2021 年，城镇化率由 53.1% 上升到了 64.7%，朝着城乡共同繁荣方向迈进。

（二）应对循环累积因果效应促进区域协调发展

我国幅员辽阔，人口众多，各地区自然资源禀赋差异明显，区域发展不平衡是长期存在的问题，统筹区域发展是一个重大问题。中国共产党从实现全体人民共同富裕这一中国式现代化的本质要求出发，全国一盘棋，着力均衡布局区域生产力，建立健全区域合作机制，持续探索促进区域协调发展的实现方式。

---

① 《十八大以来重要文献选编》上，中央文献出版社 2014 年版，第 503 页。
② 《习近平谈治国理政》第四卷，外文出版社 2022 年版，第 195 页。

我国自"一五"计划启动大规模经济建设起，就明确了生产力区域均衡布局的思路。毛泽东在《论十大关系》中，把处理好沿海工业与内地工业的关系作为要处理好的十大关系之一。我国自实施"一五"计划起到改革开放前，在实施国家工业化战略进程中，所实施的 156 项重大工程和三线建设两个大规模工业建设计划，是在国际上的冷战环境和国内的计划经济体制下进行的。鉴于此，当时从生产力区域均衡布局和国防安全等方面统筹考虑，向中西部地区布局工业生产力。这一生产力区域布局的实施，缓解了循环累积因果效应，为区域协调发展奠定了基础。

改革开放初期，针对计划经济体制下低水平区域均衡中的低效问题，从提高经济效益出发，以邓小平同志为主要代表的中国共产党人提出和实施"两个大局"的战略思想。区域协调发展是一个动态的实现过程。1978 年 12 月 13 日，邓小平在中共中央工作会议闭幕会上发表题为《解放思想，实事求是，团结一致向前看》的讲话中指出，在经济政策上，要允许一部分地区、一部分企业、一部分工人农民，由于辛勤努力成绩大而收入先多一些，生活先好起来。一部分人生活先好起来，就必然产生极大的示范力量，影响左邻右舍，带动其他地区、其他单位的人们向他们学习。这样，就会使整个国民经济不断地波浪式地向前发展，使全国各族人民都能比较快地富裕起来[1]。1986 年 3 月 28 日，邓小平在会见外宾时指出："我们的政策是让一部分人、一部分地区先富起来，以带动和帮助落后的地区，先进地区帮助落后地区是一个义务。"[2] 这一区域发展思想的形成改变了各区域同步富裕的政策思路。基于这一新的区域发展思路，国家从战略上把全国划分为东部、

---

① 《邓小平文选》第 2 卷，人民出版社 1994 年版，第 152 页。
② 《邓小平文选》第 3 卷，人民出版社 1993 年版，第 155 页。

中部、西部三个经济地带，并基于不同地带的资源条件、经济基础等安排投资项目。其中，对东部沿海地区实施吸引外资、更多放活政策和给予财税优惠等先富政策，以促进东部地区发展和发挥东部地区对外开放的地缘优势。到 1988 年 9 月，在改革开放初期积累实践经验后，邓小平进一步提出"两个大局"的战略思想，即沿海地区要加快对外开放，使这个拥有两亿人口的广大地区较快地先发展起来，从而带动内地更好地发展，这是一个事关大局的问题。内地要顾全这个大局。反过来，发展到一定的时候，又要求沿海拿出更多力量来帮助内地发展，这也是个大局①。在实施东部地区先富政策和市场经济中的马太效应下，东中西部地区发展差距扩大。1980—1991 年，相当于东部地区人均社会总产值的比例，中部地区由 68% 下降到 45.4%，西部地区由 52.7% 下降到 23.9%②。

自 20 世纪 90 年代起，国家针对东中西部地区发展差距扩大的问题，开始推动区域协调发展和缩小地区发展差距。1995 年 9 月，党的十四届五中全会通过的《中共中央关于制定国民经济和社会发展"九五"计划和 2010 年远景目标的建议》(以下简称《建议》)明确提出，把"坚持区域经济协调发展，逐步缩小地区发展差距"作为今后 15 年我国经济和社会发展必须贯彻的 9 条重要方针之一。《建议》指出，改革开放以来，鼓励一部分地区发展得快一些，先富起来，提倡先富带动和帮助后富，各地经济都有很大发展，人民生活水平都有很大提高。但是，由于多种因素影响，地区经济发展差距有所扩大。从战略上看，沿海地区先发展起来并继续发挥优势，这是一个大局，内地要顾全这个大局。发展到一定时候沿海多做一些贡献支持内地发展，这也是大局，沿海也要

---

① 《邓小平文选》第 3 卷，人民出版社 1993 年版，第 277—278 页。
② 刘再兴：《中国生产力总体布局研究》，中国物价出版社 1995 年版，第 55 页。

服从这个大局。从"九五"开始，要更加重视支持内地的发展，实施有利于缓解差距扩大趋势的政策，并逐步加大工作力度，积极朝着缩小差距的方向努力。逐步缩小地区发展差距和解决好社会分配不公，最终实现共同富裕，是保持社会稳定的重要条件，是体现社会主义本质的重要方面。《建议》还提出，引导地区经济协调发展，形成若干各具特色的区域经济，促进全国经济布局合理化。按照统筹规划、因地制宜、发挥优势、分工合作、协调发展的原则，正确处理全国经济总体发展与地区经济发展的关系，正确处理建立跨省（区、市）的具有特色的区域经济与发挥各省（区、市）积极性的关系，正确处理地区与地区之间的关系。1997 年 9 月，党的十五大报告强调要从多方面努力，逐步缩小地区发展差距。

在世纪之交，国家启动西部大开发战略，开启以区域发展战略促进区域协调发展进程。1999 年 6 月 9 日，江泽民在中央扶贫开发工作会议上宣布："现在，加快中西部地区发展步伐的条件已经具备，时机已经成熟。……在继续加快东部沿海地区发展的同时，必须不失时机地加快中西部地区的发展。从现在起，这要作为党和国家一项重大的战略任务，摆到更加突出的位置。"[1] 8 天后，江泽民在西安主持召开西北地区国有企业改革和发展座谈会时进一步提出不失时机地实施西部大开发战略[2]。9 月，党的十五届四中全会明确实施西部大开发战略，并提出要通过优先安排基础设施建设、增加财政转移支付等措施，支持中西部地区和少数民族地区加快发展。2000 年 12 月，国务院印发《关于实施西部大开发若干政策措施的通知》。《通知》指出，实施西部大开发战略，加快中西部地区发展，是我国现代化战略的重要组成部分，

---

① 《十五大以来重要文献选编》中，中央文献出版社 2001 年版，第 855 页。
② 《江泽民文选》第 2 卷，人民出版社 2006 年版，第 340 页。

是党中央高瞻远瞩、总揽全局、面向新世纪做出的重大决策，具有十分重大的经济和政治意义。《通知》明确了国家重点支持西部地区的政策措施。

按照统筹区域发展的要求实施区域发展总体战略。党的十六大提出，积极推进西部大开发，促进区域经济协调发展。实施西部大开发战略，关系全国发展的大局，关系民族团结和边疆稳定。要打好基础，扎实推进，重点抓好基础设施和生态环境建设，争取十年内取得突破性进展。积极发展有特色的优势产业，推进重点地带开发。发展科技教育，培养和用好各类人才。国家要在投资项目、税收政策和财政转移支付等方面加大对西部地区的支持，逐步建立长期稳定的西部开发资金渠道。着力改善投资环境，引导外资和国内资本参与西部开发。西部地区要进一步解放思想，增强自我发展能力，在改革开放中走出一条加快发展的新路。中部地区要加大结构调整力度，改造传统产业，培育新的经济增长点，加快工业化和城镇化进程。东部地区要加快产业结构升级，发展现代农业，发展高新技术产业和高附加值加工制造业，进一步发展外向型经济。鼓励经济特区和上海浦东新区在制度创新和扩大开放等方面走在前列。支持东北地区等老工业基地加快调整和改造，支持以资源开采为主的城市和地区发展接续产业，支持革命老区和少数民族地区加快发展，国家要加大对粮食主产区的扶持。加强东、中、西部经济交流和合作，实现优势互补和共同发展，形成若干各具特色的经济区和经济带。2003年10月，党的十六届三中全会作出《中共中央关于完善社会主义市场经济体制若干问题的决定》，明确了包括统筹区域发展在内的"五个统筹"的要求；将区域经济协调发展机制纳入完善社会主义市场经济体制的目标和任务之一；在转变政府经济管理职能方面，明确加强对区域发展的协调和指导，积极推进西部大开发，有效发挥中部地区综合优势，支持中西部地区加快改革发展，振兴东北地区等老工业基地，鼓励东部有条件地区率先基本实现现代化。2005年10月，党的十六届五中全会通过的《中共中央关于制定国民经济和社会发展第十一个五年规划的建议》提出了全面系统的区域发展总体战略：实施西部大开发、东北地区等老工业基地振兴、中部地区崛起、东部地区率先发展。2007年10月，党的十七大报告明确提出要继续实施区域发展总体战略。尽管国家采取措施促进区域协调发展，但受市场机制下循环积累因果效应影响，我国经济总量和生产力布局仍不断向东部地区集中。

新时代，我国以新发展理念引领区域协调发展，更好地促进发达地区和欠发达地区、东中西部和东北地区共同发展。习近平总书记指出："不平衡是普遍的，要在发展中促进相对平衡。这是区域协调发展的辩证法"①。党的二十大对促进区域协调发展作出新的部署，提出促进区域协调发展，深入实施区域协调发展战略、区域重大战略、主体功能区战略、新型城镇化战略，优化重大生产力布局，构建优势互补、高质量发展的区域经济布局和国土空间体系。

党的十八大以来，我国着力建立更加有效的区域协调发展新机制，制定并扎实推进区域重大战略、区域协调发展战略、主体功能区战略等一系列具有全局性意义的区域重大战略，推动区域协调发展向更高水平和更高质量迈进，我国区域协调发展成效明显。2021年，东部、中部、西部、东北地区生产总值稳步增长；中部地区、长江经济带、长江三角洲的地区生产总值分别比上年增长8.7%、8.7%、8.4%，都高于全国国内生产总值增长8.1%的水平；粤港澳大湾区建设、黄河流域生态

---

① 《习近平谈治国理政》第三卷，外文出版社2020年版，第271页。

保护和高质量发展等区域重大战略深入实施。中西部地区居民收入增长快于全国水平。2021年，中部地区居民人均可支配收入比上年名义增长9.2%，西部地区居民人均可支配收入名义增长9.4%，分别比全国高出0.1个和0.3个百分点。党的十八大以来的十年，我国区域发展发生历史性变化、取得历史性成就，发展的平衡性、协调性和优势互补性持续增强。一是培育形成了带动全国高质量发展的动力源。京津冀地区紧紧抓住北京非首都功能疏解这个"牛鼻子"推动区域协同发展，雄安新区高标准高质量推进建设。粤港澳大湾区深化合作迈出新步伐，2021年粤港澳大湾区内地9市地区生产总值超过10万亿元。长三角创新发展活力持续增强，长三角生态绿色一体化发展示范区、上海自由贸易试验区新片区建设再结硕果。二是逐步走上了生态优先、绿色发展的区域发展道路。长江经济带生态环境保护修复稳步推进，长江"十年禁渔"全面实施，我国第一部流域法《长江保护法》颁布实施。黄河流域防洪体系不断完善，实现了黄河干流连续20多年不断流。三是推动构建了优势互补高质量发展的区域经济布局。中心城市和城市群等经济发展优势区域的承载能力增强，农产品主产区、重点生态功能区、能源资源富集地区和边境地区的保障能力进一步提升，特殊类型地区振兴发展迈出新的步伐①。

　　综上所述，我国在促进现代化全面协调发展的进程中，从人的现代化发展出发促进经济社会协调发展，在产业体系现代化演进中促进产业协调发展，在构建独立的完整的工业体系和国民经济体系进程中夯实农业基础，在发展经济中发挥虚拟经济服务作用夯实实体经济根基，在城镇化进程中促进城乡协调发展，在循环累积因果效应固化区域发展不平

①　陆娅楠：《经济发展大提高生态环境大改善》，《人民日报》2022年5月13日第4版。

衡下促进区域协调发展。动态地破解中国式现代化演进中的不平衡不充分问题，促进我国经济社会协调发展，在全面协调发展中拓宽发展空间，在加强薄弱领域中增强发展后劲，是我国成为韧性强的经济体、经济长期快速发展和社会长期稳定相互促进的重要因素，是我国应对国际环境复杂变化和不确定性因素增多的支点和优势。

（作者为中国社会科学院当代中国研究所经济史研究室主任、研究员）

（《中南财经政法大学学报》2022 年第 6 期）

后　记

　　马克思主义理论创新智库，是中国社会科学院的专业智库。党的二十大召开后，本智库成员单位的科研人员从各个方面各个领域，对二十大报告内容及其精神进行深入全面的学习、研究、解读和宣传，形成和发表了一系列重要理论和学术文章。为更好地用习近平新时代中国特色社会主义思想和党的二十大精神武装全党、教育全国人民，把全党全国各族人民思想统一到党的二十大精神上来，把力量凝聚到实现党的二十大确定的各项任务上来，马克思主义理论创新智库与人民日报出版社共同决定，从智库科研人员已经发表的所有文章中，撷取部分重要选题的重要文章，辑录成册，予以出版，以供参考学习使用。

　　本书构架和文章选取标准由马克思主义理论创新智库副秘书长贺新元研究员设计，书稿内容由马克思主义理论创新智库负责人辛向阳研究员审定，书稿整理和校对工作由智库办公室张亚宁（中国社会科学院马克思主义学院博士生）负责。

2023 年 10 月　北京